일본 우익 설계자들

일본 우익 설계자들

아베安倍를 등뒤에서 조종하는 극우조직 '일본회의'의 실체

스가노 다모쓰 지음 | 우상규 옮김

살림

일러두기

- 이 책은 『日本会議の研究』(扶桑社, 2016)를 우리말로 옮긴 것입니다.
- 미주 중 원주가 아닌 역주는 '[옮긴이]'라고 표시했습니다.
- 일본의 현실을 그대로 반영하기 위해 '일왕(日王)' '왕비' '왕실' 등으로 바꾸지 않고 원서
  대로 '천황(天皇)' '황후' '황실' 등으로 표기했습니다.

시작하며

아베 정권의 폭주가 멈추지 않고 있다.

2012년 제2차 아베 정권이 발족한 이후 특정비밀보호법(特定秘密保護法) 채택, 집단적 자위권(集團的自衛權)에 관한 각료회의(국무회의) 결정, 그리고 이른바 '안보법제(安保法制)'의 강행 처리라는 안하무인격 정권 운영은 멈출 줄 모른다.[1]

각료와 자민당(自民党, 자유민주당) 의원들의 분방한 언동도 눈에 띈다. 총리의 야스쿠니신사(靖国神社) 참배에 대해 "실망했다"고 발표한 미국에 대해 "오히려 우리가 실망이다"라고 발언한 에토 세이이치(衛藤晟一) 총리보좌관, 개헌에 대해 "나치스의 방법을 모방하면 어떨까"라고 말한 아소 다로(麻生太郎) 부총리 겸 재무상, 당내 조직인 '문화예술간담회(文化芸術懇談会)'에 참석해 "오키나와의 신문사 두 곳을 짓뭉개버리고 싶다" 같은 언론 통제 발언을 하며 큰소리친 자민당 의원들, "방송국이 정치적 공정성을 결여한 방송을 반복하고 있다고 판단한 경우 방송법 제4조 위반을 이유로 전파법 제76조에 근거해 전파 정지를 명령할 수도 있다"라고 발언한 다카이치 사나에(高市早苗) 총무상 등, 그 사례는 일일이 열거하기 힘들 정도다.

보수라고 부르기에는 너무 유치한, 이런 궤도를 벗어난 발언이 눈에 띄는 일은 아베 정권 주변에만 머무르지 않는다.

전국 각지의 길거리에서는 "조선인을 죽이자" "한국인은 나가라"라고 외치는 시위와 집회가 여전히 벌어지고 있다. 더구나 '헤이트(hate, 증오)책'의 출판 붐도 지속 중이다. 어느 서점이든 혐한이나 배외주의(排外主義, 쇼비니즘)를 부추기는 책이 계속해서 쌓여 있다. 일반 서점의 월간지 코너에는 「세론(正論, 정론)」 「윌(WiLL)」 등 보수 월간지가 잔뜩 자리를 차지하고 있다. 이와나미쇼텐(岩波書店, 암파서점)의 「세카이(世界, 세계)」는 물론이고, 「주오코론(中央公論, 중앙공론)」과 「분게이슌주(文藝春秋, 문예춘추)」까지 구석으로 밀려나 있다.

이런 사실과 현상을 보고 사람들은 "일본은 우경화했다"라고 한다.

그러나 과연 그럴까?

안보법제의 강행 처리로 아베 정권의 궤도를 벗어난 정권 운영이 절정을 맞은 2015년 여름, SEALDs(실즈)[2]로 대표되는 강력하고 견고한 반대의견의 물결을 우리는 분명히 목격했다. 국회 앞에 모인 수만 명의 인파는 저마다 안보법제 반대를 외치며 아베 정권 퇴진을 호소했다.

오키나와·히로시마·나가사키의 위령제에 참석한 아베 신조(安倍晋三) 총리를 향해 유족들과 참석자들은 그의 자세를 비판하는 야유를 퍼부었다. 3대 위령제 모두에서 총리를 규탄하는 야유가 쏟아진 것은 전대미문의 일이다.

정계에서 길거리로 눈을 돌려보면, 여전히 반복되는 인권의식이라고는 눈곱만큼도 없는 헤이트 스피치(hate speech, 증오 발언) 시위에 대항하기 위해 나서는, 이른바 '카운터(counter, 반대편)'인 사람들이 전국 각지에 존재한다. 헤이트 책·혐한 책이 출판될 때 출판사와 서점에 항의하는 시민도 분명히 존재한다. "일본은 우경화했다"는 총괄 평가는 이런 사람들의 존재를 무시하는 것이 아닐까?

데이터를 좀 살펴보자.

이 책을 집필하는 시점에서 가장 가까웠던 선거인 제47회 중의원 총선거(2014년 12월 14일 실시)에서는 확실히 자민당·공명당(公明黨) 연립 여당이 의석 배분으로는 압도적인 승리를 거두었다. 그러나 득표율을 보면 자민당·공명당 연립 정권은 49.54퍼센트, 야당·무소속 합계는 50.46퍼센트로 아주 약간이지만 후자의 득표율이 더 높았다.

오랜 기간에 걸쳐 이루어진 여론조사의 해석 결과는 더욱 흥미로운 경향을 보여준다.

다니구치 마사키(谷口將紀)는 2003년부터 2014년까지 장기간에 걸쳐 정치가와 유권자 쌍방에 대해 실시한 대규모 여론조사를 분석했다. 그는 유권자가 좋아하는 정책 쟁점은 최근 10년 동안 좌우로 흔들리지 않고 거의 변함이 없는데도 불구하고, 정치가 특히 자민당 정치인만이 우측으로 계속 가고 있다는 분석 결과에 근거하여 이렇게 지적한다. "만약 과거 10년간 일본 정치가 보수화했다고 해도, 그것은 정치가의 우경화이며 유권자의 정책 위치가 오른쪽으로 갔다는 것은 아니다."(다니구치, 2015)

이런 수치와 분석을 고려해보면 "일본 사회 전체가 우경화하고 있다"고는 말하기 어렵다.

사회 전체가 우경화했다고 말하기는 어려워도, 정권 담당자 주변과 길거리에서 맞닥뜨리는 풍경만은 급속히 우경화하고 있다……. 이것은 정말 이상한 일이다.

　조금 사사로운 이야기를 해보겠다.

　내가 "이상한 자들이 세상에 날뛰고 있네?" 하고 생각하기 시작한 것은 2008년쯤이다. 당시 니시무라 슈헤이(西村修平) '주권 회복을 도모하는 모임(主權回復を目指す会)' 대표, 사쿠라이 마코토(櫻井誠) '재일 특권을 용납하지 않는 시민 모임(在日特權を許さない市民の会)' 전 회장, 극우 정치가 세토 히로유키(瀬戸弘幸) 등은 도쿄 히가시무라야마(東村山) 시의 시의회 의원이었던 아사키 아키요(朝木明代)가 세이부 히가시무라야마 역 근처 빌딩에서 추락사한 사건에 관해 이미 이상한 짓을 했다. 현장 부근에서 가두선전 활동으로 위장해 큰 목소리로 창가학회(創價學会)와 해당 사건이 관련되어 있다고 떠들어대거나 부근 상점에 난입하는 등 눈살을 찌푸리게 하는 짓을 하면서, 그 모습을 인터넷상에 즐거운 듯 공개했다.[3]

　이런 자들은 그 뒤 외국인 배척으로 운동의 중심을 옮겨갔다. 불법 입국을 이유로 강제 퇴거 명령을 받은 칼데론 씨 일가에 대한 항의 시위를 시작으로, 그들의 운동은 과격하다기보다 추악한 쪽으로 도를 더해갔다.[4]

　그즈음부터 나는 그들의 데모와 시위 현장에 잠입해 사진을 찍거나 음성을 녹음했다. 그들의 주장도, 운동 방법도 나에게는 도저히 용서할 수 없는 것이었기 때문이다. 당시는 이른바 '카운터'라고 불리는 사람은 아직 극소수였으며, 나 같은 활동을 하는 사람은 극히 드물었다. 게다가 당시 나는 일개 샐러리맨에 불과했다. 지금 생각해보면 소극적인 일에 한정되었는데, 다수인 상대에 비해 세력이 없었기 때문에 할 수 있는 일은 한계가 있었다.

　그들이 하는 운동의 실태를 지켜보는 동안, 운동 참가자의 얼굴과 이름을 기억하게 되었다. 심지어 그들이 나누는 대화를 듣는 동안 그들이 무엇을 읽고, 무엇을 정보 출처로 삼고, 무엇을 어떻게 인식하고 있는지에 대해서까지 대강 알게 되었다.

'넷우익'이라는 말에서 보듯, 확실히 그들은 인터넷 사이트를 정보 출처로 삼는 경우가 많다. '2채널'[5]을 비롯한 인터넷 사이트 주장에 감화돼, 인터넷 사이트의 요청에 응해 시위와 집회에 참가한다. 하지만 그 근원인 인터넷 글을 자세히 살펴보면, 개인들이 제멋대로 떠들어대는 망상이거나 떠오르는 대로 써놓은 것도 있는 반면, 대부분은 '출처'가 붙어 있는 것들이다. 그리고 그런 '출처'는 대부분 「세론」「WILL」「레시키쓰우(歷史通, 역사통)」 같은 '보수 잡지'다.

이런 점들을 눈여겨보게 된 나는 보수 잡지를 닥치는 대로 읽었다. 당시에는 직장인이었기 때문에 출퇴근 시간이 있었다. 그 시간을 보수 잡지를 읽는 데 계속 썼다.

그러던 중 기묘한 사실을 발견했다. 이런 보수 잡지에 등장하는 사람들에게는 '맥락'이 없었다. 월간지나 종합지라고 불리는 종류에 등장하는 사람들은, 어떤 학술적 업적을 올린 사람이거나, 특정 분야의 연구·조사에 실적이 있는 언론인이거나, 세간의 이목을 끌었던 사건·사고의 당사자거나 하는, "왜 이 사람이 이 기사를 썼을까" 같은 '맥락'이 존재한다. 그러나 보수 잡지에는 그것이 없다. 스모 해설자인 마이노우미 슈헤이(舞の海 秀平)가 왜 헌법에 대해 말하는지, 교육학자인 다카하시 시로(高橋史朗)가 왜 연합군총사령부(GHQ)의 점령 정책의 과오에 대해 논하는지, 냉정하게 생각해보면 맥락이 전혀 없는 것이다.

게다가 또 하나 기묘한 점이 있다.

내가 보수 잡지를 읽기 시작한 2008년 무렵은 제1차 아베 정권의 붕괴 직후와 겹친다. 건강 문제 때문이라고는 해도, 대표 연설 직후 사임이라는 전대미문의 엄청난 추태를 부린 아베 신조의 정치 생명은 완전히 끝난 것으로 여겨졌다. 사실 당시의 여론조사에서도 70퍼센트에 달하는 유권자들이 "아베의 갑작스런 사임은 무책임하다"라고 대답했다.[6]

그럼에도 불구하고 보수 잡지들에는 아베 신조가 계속 등장했다. 유권자들로부터 무책임하다는 낙인이 찍혀 아베 신조 자신조차 소리를 죽이고 드러나는 움직임을 보이지 않던 시기였다. 그런데도 무슨 이유에서인지 보수 잡지의 '지식인'들은 아베 신조의 이름을 계속 언급했다. 더군다나 매우 일찍부터 아베 신조의 재등장을 열망하는 듯한 기사가 실린다.[7]

이것은 기묘한 일이 아닌가?

길거리에서 벌어지는 추악한 헤이트 데모(hate demo, 증오 시위) 참가자들의 일차적인 정보 원천도 보수 잡지였고, 퇴진해 정치생명이 끝난 아베 신조를 열렬하게 계속 응원한 것도 보수 잡지였다. 그런 경향은 아베 신조가 다시 총리로 복귀한 뒤 더욱 현저해진다. "어쩌다 보니 그렇게 되었을 뿐이야" "같은 성향을 가진 사람들이기 때문에, 같은 잡지에 모이는 것은 자연스러운 일이야" 하며 신경을 꺼버려도 괜찮다고는 도저히 생각할 수 없다. 물론 그런 판단도 성립할 수 있다. 다만 지금까지 내내 같은 구성원이 같은 소재를 사용해 같은 분위기를 계속 달구는 것은 옆에서 보기에 이상하다. 아베의 퇴진부터 재등장까지는 5년이나 된다. 그 5년간 그들은 완전 똑같은 일을 계속했다. 그동안 민주당(民主黨) 정권의 등장과 와해, 동일본 대지진 등 여러 가지 일이 있었다. 그런데도 그들은 변하지 않았다. 같은 일을 반복하고 있었다. 뭔가 있었다. 이 지속성과 반복성을 낳는 어떤 원인이 있을 터였다.

샐러리맨이던 당시의 나는 한 부서의 책임자로 근무하고 있었다. 예산과 인사 책임뿐 아니라 그 부서의 고객 대응과 품질 관리의 최종 책임까지 내 직무 범위였다. 제조 라인이든 서비스 부서든 나름대로의 결과물이 어떤 '편향'이나 '불균등'을 보일 때, 그 '편향'이나 '불균등'에는 반드시 원인이 존재한다. 품질 관리 기법에 따르면 고객 설문조사나 직원 설문조사 같은 정성적(定性的)인 정보에 의존하지 않고, 철저하게 데이터를 수집하고 그 데이터를 냉정하게 분석해 '편향'과 '불균등'을 발생시킨 근본 원인을 밝혀가는 수밖에 없다. 그 근본 원인은 종종 예상치 못한 것일 때가 있다.

이런 품질 관리 기법을 '보수 잡지'와 '보수 잡지 등장인물'의 해석에 이용하면 그들의 '편향'을 낳는 근본 원인을 규명할 수 있을 것이다.

그런 목표를 정한 후 닥치는 대로 '샘플'을 모으기 시작했다. 샘플은 길거리의 헤이트 데모, 보수 잡지 기사 자체, 지방의회 의원의 인터뷰 등으로 다양했다. 시간에 따른 변화 분석에서도 제1차 아베 정권 탄생 시점을 훨씬 거슬러 올라가, 무라마쓰 다케시(村松剛)와 시미즈 이쿠타로(清水幾太郎) 같은 '원조 보수 논객'이 활약하기 시작한 1950년대 말까지 이르렀다.

그렇게 해서 하나의 답에 도달했다. 바로 '일본회의(日本会議)'라는 존재였다.

일본회의는 민간 보수단체로, 이 단체 사이트에 따르면 '전국에 풀뿌리 네트워크를 가진 국민운동단체'다.

내가 모은 샘플은, 보수 논객 일부가 지금까지 '우익' 또는 '보수'라고 불렸던 사람들과, 사는 세상뿐 아니라 주장 내용마저 크게 다르다는 것을 보여주었다. 샘플에서 읽을 수 있는 그들의 주장 내용은 "우익이자 보수"라고 자처하는 나[8]의 눈으로 봐도 기이함 그 자체였으며, '보수'와 '우익'

의 기본 소양이 결여되었다고 생각할 수밖에 없는 것들뿐이었다.

이런 경향은 1970년대부터 서서히 높아져 1990년대 중반을 기점으로 절정에 도달하고, 그 이후 현재에 이르기까지 그 수위를 계속 유지하고 있음을 보여준다.

그리고 그런 일부 보수 논객들의 공통분모가 민간 보수단체 '일본회의'다.

"일본회의 주변의 보수 논객은 이질적이다."
"일본회의 주변은 지금까지 보수와 우익과는 분명히 다르다."

모은 샘플을 허심탄회하게 해독하면 이런 결론을 내릴 수밖에 없었다.

그러나 일본회의라는 존재에 도달했지만, 미디어는 일본회의에 관한 것을 전혀 보도하는 기색이 없었다. 나로 말하자면 일개 샐러리맨에 불과했다. 이런 견해를 발표하는 자리 같은 것이 주어질 리 만무했다. 어쩔 수 없이 트위터 등 SNS에서 내 나름대로의 논고를 개인적으로 계속 발표했다.

그런 논고 중 하나가 후소샤(扶桑社, 부상사)가 새롭게 시작한 웹 미디어 '하버 비즈니스 온라인(HBO)'의 편집자 눈에 띄었다. 편집자 나름대로 내 논고를 파고들어 조사해봤는데, 그 해석 내용이 무리하거나 억지스럽지는 않다고 느꼈다는 연락을 받았다. 그리고 이 논고를 연재하지 않겠느냐는 제안을 받았다.

이렇게 해서 2015년 2월 14일, 웹 미디어 연재「풀뿌리 보수의 준동(草の根保守の蠢動)」이 시작되었다. 조사 작업에 대한 편집부의 지원 덕분에 연재 당초에는 예상도 하지 못했던 사실을 속속 파고들 수 있었다. 그래서인지 연재는 호평을 받았고, 독자들로부터 기대 이상의 반응을 얻었으며, 책

으로 출판하면 좋겠다는 목소리도 많았다.

그렇게 해서 태어난 것이 이 책이다.

편집할 때는 이 '시작하며'와 책 끝에 있는 '맺으며'만 추가해, 연재 당시 쓴 내용에 최대한 손대지 않는 것을 기본 방침으로 정했다.

그 때문에 이 책을 통독하는 경우 다소 읽기 불편한 부분도 있으리라 생각한다. 하지만 때때로 사회 정세('자민당 문화예술간담회에서 나온 언론 통제 발언으로 인한 설화舌禍 사건' '안보법제의 국회 심의') 등을 반영하면서 진행되었던 연재 당시의 분위기가 남아 있게 하기 위한 노력이라고 이해해주기 바란다.

차례

제 1 장

일본회의란 무엇인가

아베 내각을 지배하는 일본회의의 면면

2015년 2월 4일. 후나다 하지메(船田元) 당시 자민당 헌법개정추진본부장은 아베 총리와 회담 후 기자들에게 "헌법 개정안 원안 발표는 2016년 여름에 있을 참의원 선거 전이 아니라 선거 후가 될 것"이라는 전망을 내놓았다.

각 신문의 보도[9]를 보면, 자민당 내 논의 상황은 이미 '개헌 여부'가 아니라 '개헌을 언제 할 것인가'로 바뀌고 있다는 것을 여실히 간파할 수 있다.

'개헌 여부'가 아니라 '언제 개헌을 할 것인가'가 논의의 축이 되고 있는 것은 자민당 내에 국한된 이야기가 아니었다.

2014년 10월, "헤이세이(平成) 28년(2016) 7월에 실시될 예정인 참의원 선거에서 '헌법 개정 국민투표'의 실현과 과반수 찬성에 의한 헌법 개정의 성립을 목표로, 1,000만 명의 찬성자를 모집할 것"을 운동 목표로 하는 '아름다운 일본의 헌법을 만드는 국민의 모임(美しい日本の憲法をつくる国民の

会)'이라는 단체가 출범했다.

같은 해 10월 1일에 개최된 이 단체의 설립 총회에 참석한 에토 세이이치 총리보좌관은 내빈 인사에서 "1993년에 처음으로 자민당이 정권을 잃었을 때[10] 자민당 내에서는 당 강령에서 자주(自主) 헌법 제정을 제외해야 하는 것 아닌가 하는 논의가 이루어졌지만, 당시 초선이던 아베 총리와 우리는 '헌법 개정을 포기하면 자민당이라고 하기를 그만둬야 한다'고 반대했다. 지금 그 멤버가 중심이 되어 제2차 아베 내각을 만들었다. 아베 내각은 헌법 개정이라는 최종 목표를 위해 모두의 힘을 모아 세워졌다"라고 말했다.(아름다운 일본의 헌법을 만드는 국민의 모임, 2014)

이 '모두'는 누구일까?

'아름다운 일본의 헌법을 만드는 국민의 모임' 웹사이트(http://kenpou1000. org/)를 살펴보자.

메인 페이지를 스크롤하면 가장 먼저 나오는 것이 공동대표 3명의 얼굴 사진이다. 사쿠라이 요시코(櫻井よしこ, 저널리스트), 다쿠보 다다에(田久保忠衛, 교린대학杏林大学 명예교수), 미요시 도루(三好達, 전 최고재판소 장관)라는 친

아름다운 일본의 헌법을 만드는 국민의 모임 웹사이트.

숙한 얼굴들.

미요시 도루 전 최고재판소 장관은 당시 일본회의 회장이었고, 다쿠보 다다에 교린대학 명예교수는 당시 일본회의 대표위원이기도 했다.[11] 또한 임원 명부를 보면 사무총장을 일본회의 사무총장인 가바시마 유조(椛島有三)가 맡은 것을 비롯해 이 모임 임원 대부분이 일본회의 임원과 겹친다. 이러한 임원 명부 중복에서 알 수 있듯이, '아름다운 일본의 헌법을 만드는 국민의 모임'은 '새로운 시대에 맞는 새로운 헌법'의 제정을 운동 목표로 하는 일본회의가 1,000만 명의 일반 시민 찬성자를 모으기 위해 만든, 별동단체였다. 실제로 2014년 10월 1일 설립 총회에는 다수의 일본회의 회원이 참석했다. 에토 세이이치는 늘어선 일본회의 회원들에게 "아베 내각은 우리 모두의 힘으로 만들었다"라고 성원을 보냈다.

일본회의의 '동료 내각'이 된 제3차 아베 내각

에토 세이이치가 "우리 모두의 힘으로" 만든 "아베 내각"이라고 일본회의의 공적을 기린 것도 무리는 아니다. 일본회의가 지원하는 단체인 '일본회의국회의원간담회(日本会議国会議員懇談会)'에 소속된 국회의원이 2014년 9월 성립한 제3차 아베 내각의 모든 각료 19명 중에서 차지하는 비율은 80퍼센트를 넘었다.(〈표 1〉 참조)

〈표 2〉에서 알 수 있듯이, 공명당 출신 각료 외에는 거의 모두가 일본회의국회의원간담회에 소속되어 있다는 것이 제3차 아베 내각의 특징이다. 이미 아베 내각은 '일본회의 동료 내각'이라고 해도 과언은 아닐 것이다.

〈표 1〉 각 의원연맹 소속 의원이 제3차 아베 내각의 각료에서 차지하는 비중

의원연맹 이름	인원(명)	비율(퍼센트)
일본회의국회의원간담회	16	84.2
교과서의원연맹	9	47.4
신도의원연맹	18	94.7
야스쿠니의원연맹	16	84.2
헌법조사추진의원연맹	14	73.7
신(新)헌법제정의원동맹	6	36.1
창생'일본'	8	42.1

• 출처: 다와라 요시후미(俵義文, 어린이와 교과서 전국 네트 21), 「제3차 아베 신조 내각의 매파(극우) 대신들」.

〈표 2〉 제3차 아베 내각 각료의 의원연맹 참가 현황

직책	이름	일본회의	교과서 의원연맹	신도 의원연맹	야스쿠니 의원연맹	헌법조사 추진 의원연맹	신(新) 헌법제정 의원동맹	창생 '일본'
총리	아베 신조 (安倍晋三)	O	O	O	O	O	O	O
재무	아소 다로 (麻生太郎)	O	–	O	O	O	O	O
총무	다카이치 사나에 (高市早苗)	O	O	O	O	O	O	–
법무	가미카와 요코 (上川陽子)	–	–	O	–	O	–	–
외무	기시다 후미오 (岸田文雄)	O	O	O	–	–	–	–
문부	시모무라 하쿠분 (下村博文)	O	O	O	O	O	O	–

후생 노동	시오자키 야스히사 (塩崎恭久)	O	O	O	O	O	O	–
농림 수산	니시카와 고야 (西川公也)	O	–	O	O	O	–	O
경제 산업	미야자와 요이치 (宮澤洋一)	–	–	O	O	–	–	–
국토 교통	오니 아키히로 (太田昭宏)	–	–	–	–	O	–	–
환경	모치즈키 요시오 (望月義夫)	O	–	O	O	–	–	–
방위	나카타니 겐 (中谷元)	O	–	O	O	O	–	–
부흥	다케시타 와타루 (竹下亘)	O	–	O	O	O	–	–
국가 공안	야마타니 에리코 (山谷えり子)	O	O	O	O	O	O	O
지방 창생	이시바 시게루 (石破茂)	O	–	O	O	O	–	–
과학 기술	야마구치 슈이치 (山口俊一)	O	O	O	O	O	O	–
경제 재정	아마리 아키라 (甘利明)	O	–	O	O	O	–	–
행정 개혁	아리무라 하루코 (有村治子)	O	O	O	O	O	–	O

관방장관	스가 요시히데 (菅義偉)	O	O	O	O	O	O	-
총리보좌관	에토 세이이치 (衛藤晟一)	O	O	O	O	O	O	O
총리보좌관	이소자키 요스케 (礒崎陽輔)	O	-	O	O	O	O	O
총리보좌관	기무라 다로 (木村太郎)	O	-	O	O	O	O	O
총리보좌관	가토 가쓰노부 (加藤勝信)	O	-	O	O	-	O	O
총리보좌관	세코 히로시게 (世耕弘成)	O	-	O	O	O	O	-

• 출처: 다와라 요시후미(俵義文, 어린이와 교과서 전국 네트 21), 「제3차 아베 신조 내각의 매파(극우) 대신들」.

일본회의는 무엇을 목표로 하는가?

이처럼 일본회의는 이제 내각의 거의 모든 각료에 소속 의원을 배출하기까지 세력을 확대했다.

여기까지 세력을 확대한 일본회의는 도대체 어떤 단체인가? 그들은 도대체 무엇을 목표로 하는가?

우선 그들의 주장을 살펴보자.

일본회의의 웹사이트에는 '일본회의가 지향하는 것'이라는 코너가 마련되어 있다.(http://www.nipponkaigi.org/about/mokuteki) 이에 따르면 일본회의가 목표로 하는 것은 다음 6가지다.

1. 아름다운 전통의 국민성을 내일의 일본에
2. 새로운 시대에 맞는 새로운 헌법을
3. 국가의 명예와 국민의 생명을 지키는 정치를
4. 일본의 감성을 키우는 교육의 창조를
5. 국가의 안전을 높이고 세계 평화에 기여를
6. 공생공영의 마음으로 이은 세계와의 우호를

이 6가지 항목 각각에는 미사여구가 동원된 설명문이 붙어 있다. 그 내용에는 들어 있지 않지만 설명 글을 읽으면 이렇게 요약할 수 있을 것 같다.

'황실을 중심으로 삼아 우러러보며 동질적인 사회를 창조해야 하지만 (1), 쇼와헌법(昭和憲法)[12]이 저해 요인이 되고 있기 때문에 개헌하고 그에 더해 쇼와헌법의 부산물인 지나친 가족관이나 권리의 주장을 억제하고 (2), 야스쿠니신사 참배 등으로 국가의 명예를 최우선으로 하는 정치를 수행하고(3), 국가의 명예를 책임질 인재를 육성하는 교육을 실시하고(4), 국방력을 강화하고 자위대의 적극적인 해외 활동을 실시하며(5), 그렇게 해서 각국과의 공존공영을 도모한다(6).'

키워드로는 '황실 중심' '개헌' '야스쿠니 참배' '애국 교육' '자위대 해외 파견'이 전부여서, '일본회의가 목표로 하는 것'에 나타난 내용의 사상성과 정치성에 새로운 점은 전혀 없다.[13]

아무리 주장의 내용이 진부하고 새롭거나 기묘한 것이 없다 해도, 지금 일본회의는 각료의 80퍼센트 이상을 지원하는 어마어마한 세력이다. 실제로 그들은 이런 '새롭거나 신기한 것이 아무것도 없는 낡은 주장'을 확실하게 정책화하고 현실화하고 있다.

일본회의의 활동 방법

일본회의의 특징은 앞서 언급한 개별 목표에 상응하는 분과 모임 같은 별동단체를 다수 보유하고 있다는 점이다.

예를 들어 '개헌'이라는 목표를 달성하기 위해, 일본회의는 앞서 소개한 '아름다운 일본의 헌법을 만드는 국민의 모임'(통칭 '1,000만 명 네트워크')을 비롯해 '신헌법연구회'와 '21세기의 일본과 헌법 전문가간담회'(통칭 '민간헌법임시조사회') 등 여러 별동단체를 보유하고 있다.

이런 각종 별동단체는, 특별히 일본회의인 것을 밝히지는 않지만, 일본회의 계열 단체인 것을 숨기지도 않는다. 어디까지나 별동대로서 개별로 심포지엄을 개최하거나 서명 활동을 하거나 가두연설을 하는 등 참으로 다양한 채널에서 자신들의 주장을 되풀이하고 있다.

또한 활발한 지방 활동도 특징 중 하나다. 일본회의 본체가 '일본회의지방의원연맹'이라는 조직을 보유하고 있을 뿐 아니라, 앞서 언급한 것처럼 개별 사안마다 여러 별동단체가 각 지방 조직을 가지고 있어, 그 지방 조직이 지방의원을 지원하면서 각 지자체 의회에서 영향력을 행사하고 있다.

이 운동 방법의 전형적인 '성공 사례'가 '역사 교과서 채택 운동'과 '남녀 공동 참여 배싱(bashing)'(성평등 사회에 대한 맹비난)일 것이다.

일본회의가 결성된 것은 1997년이다. 마침 '새로운 역사 교과서를 만드

는 모임(新しい歴史教科書をつくる会)'의 역사 교과서 채택 운동이 전국으로 확산되던 무렵과 겹친다. 이런 시대 배경에 따라, 설립 초기의 일본회의는 각 지자체에서 교과서 채택을 목표로 활발한 활동을 펼쳤다.(다와라, 2015)

또한 남녀 공동 참여 배싱에서도 비슷한 수법을 취했다. 일본회의 계열 각종 단체가 지방의회에 청원과 진정을 하는 것과 동시에, 각지의 교육 현장에서 성교육 실시 반대 운동을 전개했다. 일본회의 계열의 지방의원들은 이런 반대 운동을 배경 삼아 의회에서 질문 공세를 퍼붓는 것으로 행정 당국과 학교 현장에 대한 개입을 강화했다.(야마구치, 2014; 다와라, 2010)

단숨에 진행된 개헌 운동

현재 일본회의가 역사 교과서 채택 운동이나 남녀 공동 참여 배싱의 성공 사례를 통해 다듬어온 운동 방법을 사용해 총력을 기울여 몰두하고 있는 것이 개헌 운동이다. 중앙에서는 '아름다운 일본의 헌법을 만드는 국민의 모임'을 통해 1,000만 명 개헌 찬성 서명을 모으는 것을 목표로 활동하는 한편, 지방 활동에도 빈틈이 없다.

일본회의는 지방 지부를 통해 또는 별동단체의 지방 지부와 지방 협력 단체를 통해 지방의회의 의원에게 영향을 미쳐, 차례차례로 청원서와 의견서를 채택하고 있다. 2015년 1월 10일 현재 이 '헌법 개정의 조기 실현을 요구하는 지방의회 결의'를 한 지방의회는 25개 부(府)·현(県) 광역자치단체 의회, 36개 시(市)·구(区)·정(町)·촌(村) 기초자치단체 의회에 이른다.(다와라, 2015)(〈표 3〉〈표 4〉 참조) 주목해야 할 것은 이 개헌을 요구하는

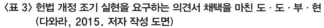

**〈표 3〉 헌법 개정 조기 실현을 요구하는 의견서 채택을 마친 도 · 도 · 부 · 현
(다와라, 2015. 저자 작성 도면)**

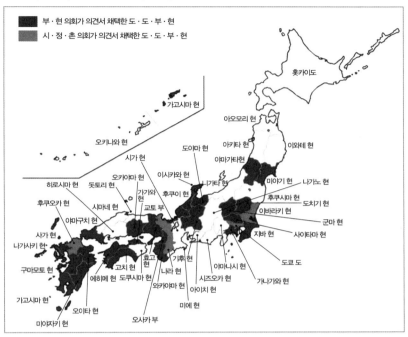

• 출처: 다와라 요시후미, 「지방에서 일본회의의 책동, 그 동향」 및 각 지자체 홈페이지.

의견서 채택의 움직임이 제2차 아베 내각 성립 후 최근 몇 년 사이에 단숨
에 추진되어왔다는 점이다.

'헌법 개정의 조기 실현을 요구하는 지방의회 결의'가 채택된 최초 사례
는 2014년 2월 이시카와 현 의회다. 그 뒤 구마모토, 지바, 에히메 등 각지
현의회에서 속속 유사한 의견서가 채택되었다. 첫 번째 사례가 된 이시카
와 현 의회 의견서는 일본회의의 문안 그대로였다고 한다. 이후 자민당 본
부가 각 도(都) · 도(道) · 부 · 현 지부에 이시카와 현 의회의 의견서를 참고하
라는 통지를 하달했고, 2014년부터 2015년에 걸쳐 단숨에 의견서 채택의

〈표 4〉 2014년에 '헌법 개정 조기 실현 의견서'를 채택한 지방의회

구분	도·도·부·현 의회	시·구·정·촌 의회
2월	이시카와 현	–
3월	지바 현, 도야마 현, 효고 현, 가가와 현, 에히메 현, 구마모토 현, 가고시마 현	–
4월	–	–
5월	–	오사카 시
6월	미야기 현, 도치기 현, 군마 현, 사이타마 현, 고치 현	히노 시, 도야마 시, 나메리카와 시, 다테야마 정, 후나하시 촌, 도스 시
7월	야마가타 현, 오카야마 현, 야마구치 현, 사가 현, 나가사키 현, 오이타 현	아라카와 구
8월	와카야마 현	–
9월	미야자키 현	조소 시, 다와라혼 정, 오가사와라 촌, 아야베 시, 오카와 시, 유쿠하시 시, 가스가 시, 온가 정, 아시야 정, 오키 정
10월	가나가와 현, 기후 현, 오사카 부	–
11월	–	–
12월	후쿠이 현	요코하마 시, 후지사와 시, 아마노가사키 시, 즈시 시, 야마토 시, 에비나 시, 자마 시, 하타노 시, 이세하라 시, 아쓰기 시, 이즈미 시, 마쓰야마 시, 이마바루 시, 이토시마 시, 가와사키 정, 사세보 시, 고시 시

• 출처: 다와라 요시후미, 「지방에서 일본회의의 책동, 그 동향」 및 각 지자체 홈페이지.

움직임이 확산되었다.(이케지리·와타나베, 2014)

이처럼 일본회의는 교과서 채택과 남녀 공동 참여 배싱에서 실천한 "다수의 별동단체를 통해 활발한 지방 활동을 한다"는 운동 방법을, 개헌 운동에도 사용하고 있다. 그리고 이런 움직임은 정부의 움직임과 연동하면서 단번에 끝을 보려고 돌진하고 있는 것처럼 보인다.[14]

일본회의에 모인 종교단체

지방의회에서 의견서 채택 등의 활동 방법은 기존 리버럴(liberal, 진보) 진영과 좌익 진영이 전개해온 운동 방법으로, 특별히 새롭거나 신기하다고는 할 수 없다. 오히려 일본회의가 그동안 좌파가 해온 운동 방법을 모방하고 있는 것처럼 보인다.

그러나 일본회의의 운동 방법은, 방법 자체보다 규모의 거대함과 집요함에 더 특색이 있다. 일본회의와 관련 단체가 실시하는 이벤트에는 매번 다수의 참가자가 있으며, 각종 단체가 연일 여기저기서 다양한 이벤트를 개최하고 있다. 그리고 무엇보다 일본회의는 다수의 의원을 통해 시·정·촌 의회부터 국회까지 압력을 가하고 있다. 이 동원력이야말로 일본회의의 특징이다.

일본회의는 어떻게 이러한 동원력을 보유하기에 이르렀을까? 그들의 '본대(本隊)'는 도대체 어떤 사람들일까?

이런 일본회의의 활동과 동원을 지적할 때, 반드시라고 해도 좋을 정도로 언급되는 것이 종교단체와의 관계다. 가장 두드러진 예는 "일본 최대 우파 조직 일본회의를 검증"이라는 제목의 2014년 7월 31일 자「도쿄신문(東京新聞)」특집 기사일 것이다. 이 기사에서는 일본회의의 내력 분석과 지식인의 논평 형태로 일본회의와 종교단체 간의 관련을 거듭 지적하고 있다.

일본회의 측도 종교단체와의 관계를 특별히 부정하지는 않는다.[15]

공식 사이트에 공개된 일본회의 임원 명단을 바탕으로 임원표를 작성해보았다.(〈표 5〉)

이것을 보면 고문부터 사무국장까지 임원 총 62명 가운데 24명이 종교

관계자로 채워져 있음을 알 수 있다. 임원의 3분의 1 이상이 종교인이라는 계산이 나온다. 일본회의는 종교색이 매우 강한 단체라고 할 수 있겠다.

〈표 5〉 일본회의 본부 임원에 이름을 올린 종교단체 관계자

번호	직책	이름	직위	출신 분야
1	고문	이시이 고이치로 (石井公一郎)	전 브리지스톤사이클(주) 사장	재계
2	고문	기타시라카와 미치히사 (北白川道久)	신사본청(神社本庁) 통리	종교계
3	고문	다카쓰카사 나오타케 (鷹司尚武)	신궁(神宮) 대궁사	종교계
4	고문	핫토리 사다히로 (服部貞弘)	신도정치연맹 상임고문	종교계
5	고문	와타나베 게신 (渡邊惠進)	덴다이슈(天台宗) 좌주전	종교계
6	회장	미요시 도루 (三好達)	전 최고재판소 장관	법조계
7	부회장	안자이 아이코 (安西愛子)	성악가	문화인
8	부회장	오다무라 시로 (小田村四郎)	전 다쿠쇼쿠대학(拓殖大学) 총장	학계
9	부회장	고호리 게이치로 (小堀桂一郎)	도쿄대학(東京大學) 명예교수	학계
10	부회장	다나카 쓰네키요 (田中恒清)	신사본청(神社本庁) 총장	종교계
11	대표위원	아키모토 교토쿠 (秋元協徳)	신세붓쿄교단(新生佛教教団) 최고고문	종교계
12	대표위원	이시하라 신타로 (石原慎太郎)	작가	문화인
13	대표위원	이지리 가즈오 (井尻千男)	다쿠쇼쿠대학 명예교수	학계
14	대표위원	이타가키 다다시 (板垣正)	전 참의원 의원	구군관계 (旧軍関係)

15	대표위원	이치카와 신마쓰 (市川晋松)	전 일본스모협회 상담역	문화인
16	대표위원	이토 겐이치 (伊藤憲一)	아오야마가쿠인대학 (青山学院大学) 명예교수	학계
17	대표위원	이나야마 레이호 (稲山霊芳)	넨포신쿄(念法真教) 등주	종교계
18	대표위원	이마바야시 겐유키 (今林賢郁)	(공사)국민문화연구회 이사장	문화인
19	대표위원	이리에 다카노리 (入江隆明)	메이지대학(明治大學) 명예교수	학계
20	대표위원	우쓰노미야 데쓰히코 (宇都宮鐵彦)	주식회사 닛카(日華) 대표 회장	재계
21	대표위원	오이시 야스히코 (大石泰彦)	도쿄대학 명예교수	학계
22	대표위원	오카다 고우 (岡田光央)	수쿄마히카리(崇教真光)교 대표	종교계
23	대표위원	오카노 세이호 (岡野聖法)	다쓰카이(解脱会) 법주	종교계
24	대표위원	오구시 가즈오 (小串和夫)	아쓰타신궁(熱田神宮) 궁사	종교계
25	대표위원	오쓰지 히데히사 (尾辻秀久)	일본유족회 회장	구군관계
26	대표위원	가세 히데오키 (加瀬英明)	외교평론가	언론계
27	대표위원	기우치 야쓰미쓰 (城内康光)	전 그리스대사	관계
28	대표위원	구로즈미 무네하루 (黒住宗晴)	구로즈미쿄(黒住教) 교주	종교계
29	대표위원	게이노 요시오 (慶野義雄)	일본교사회 회장	시민운동
30	대표위원	사에키 쇼이치 (佐伯彰一)	문예평론가	문화인
31	대표위원	사토 가즈오 (佐藤和男)	아오야마가쿠인대학 명예교수	학계

32	대표위원	시부키 마사유키 (澁谷正幸)	주식회사 고켄(廣建) 회장	경제계
33	대표위원	시마 아쓰시 (志摩篤)	(공재)가이코샤(偕行社) 이사장	구군관계
34	대표위원	시마 도시코 (志摩淑子)	(주)아사히사진뉴스사 회장	언론계
35	대표위원	스모게 이와오 (住母家岩夫)	일본회의경제인동지회 상담역	재계
36	대표위원	세키구치 노리타카 (関口徳高)	붓쇼고넨카이쿄단 (佛所護念会教団) 회장	종교계
37	대표위원	센 겐시쓰 (千玄室)	전 다도 우라센케(裏千家) 당주	문화인
38	대표위원	소노다 덴코코 (園田天光光)	각종 여성단체 연합회 회장	시민운동
39	대표위원	다카기 하루노부 (高治延)	신궁(神宮) 소궁사	종교계
40	대표위원	다카하시 아키라 (高橋明)	레유카이(霊友会) 상무이사	종교계
41	대표위원	다쿠보 다다에 (田久保忠衛)	외교평론가	언론계
42	대표위원	다케 가쿠초 (武覚超)	히에이산 엔랴쿠지 (比叡山延暦寺) 대표위원	종교계
43	대표위원	다케모토 다다오 (竹本忠雄)	쓰쿠바대학(筑波大学) 명예교수	학계
44	대표위원	초소카베 노부아키 (長曽我部延昭)	신도정치연맹 회장	종교계
45	대표위원	데라시마 다이조 (寺島泰三)	(사)일본향우연맹 회장	구군관계
46	대표위원	도쿠가와 야스히사 (徳川康久)	야스쿠니신사 궁사	종교계
47	대표위원	나카지마 세타로 (中島精太郎)	메이지신궁 궁사	종교계
48	대표위원	나카조 다카노리 (中條高徳)	영령에 보답하는 모임 회장	구군(旧軍)

49	대표위원	나카노 요시코 (中野良子)	오이스카인터내셔널 총재	종교계
50	대표위원	하세가와 미치코 (長谷川三千子)	사이타마대학(埼玉大学) 명예교수	학계
51	대표위원	히로이케 모토타카 (廣池幹堂)	(재)모라로지연구소 이사장	수양단체
52	대표위원	호즈미 히데타네 (穂積秀胤)	다와(大和) 교단 교주	종교계
53	대표위원	마쓰야마 후미히코 (松山文彦)	도쿄도 신사청 청관	종교계
54	대표위원	마루야마 도시아키 (丸山敏秋)	(사)윤리연구소 이사장	수양단체
55	대표위원	무라마쓰 에이코 (村松英子)	배우, 시인	문화인
56	대표위원	야쿠야마 아키라 (役山明)	전 재단법인 가이코샤(偕行社) 회장	구군(旧軍)
57	대표위원	요코쿠라 요시타케 (横倉義武)	일본의사회 회장	시민운동
58	간사	가토 히데아키 (加瀬英明)	외교평론가	언론계
59	간사	시부키 마사유키 (澁谷正幸)	주식회사 고켄(廣建) 회장	재계
60	이사장	오토코나리 요조 (男成洋三)	메이지신궁 숭경회 (明治神宮崇敬会) 이사장	종교계
61	사무총장	가바시마 유조 (椛島有三)	일본협의회 회장	시민운동
62	사무총장	마쓰무라 도시아키 (松村俊明)	일본회의 상임이사	시민운동

일본회의에 모인 종교단체의 활동 실태

이런 종교단체 관계자의 참여는 '명의 대여' '교제 차원의 이름 올리기'
인 것만이 아니다. 일본회의 임원을 배출하고 있는 종교단체는 실제로 일
본회의가 실시하는 수많은 운동의 현장에서 적극적으로 관여하고 있다.

과거에 실시된 일본회의의 이벤트에서는 고쿠추카이(国柱会), 신사본청
(神社本庁), IIC(레이유카이靈友会의 정치 조직), 붓쇼고넨카이쿄단(佛所護念会教
団), 넨포신쿄(念法眞教), 수쿄마히카리(崇教眞光) 등 각종 종교단체별로 접수
창구가 설치된 것이 확인되며, 집회 참가자를 조직적으로 동원하고 있었
음을 엿볼 수 있다.(우에스기, 2003)

조직 동원은 집회나 이벤트의 참가자 수를 늘리기 위해서만 이루어지
는 것은 아니다.

종교단체가 동원한 운동원들은 일본회의가 활발하게 실시하는 지방 활
동 중에서 지방의회와 행정부에 청원과 서명 등을 촉구하는 운동의 최전
선을 담당하고 있다.

예를 들어 신세붓쿄쿄단(新生佛教教団) 계열의 출판사인 일본시사평론사
(日本時事評論社)는 야마구치 현 우베 시가 제안하는 남녀 공동 참여 조례에
대한 반대 운동을 적극 주도했다.(야마구치, 2012)

또한 에히메 현에서 '새로운 역사 교과서를 만드는 모임'이 출판하는 역
사 교과서가 채택되었을 때는 신사본청, 기리스토노마쿠야(キリストの幕
屋, 그리스도의 장막) 등 일본회의에 참가하는 종교단체의 활동이 확인되었
다.(우에스기, 2003)

일본회의 참여 종교단체의 활동은 조례 반대와 교과서 채택 등 지방자

치단체를 대상으로 한 활동에 그치지 않고, 국정 선거의 선거 운동에서도 관찰된다.

'새로운 역사 교과서를 만드는 모임' 공동 설립자이자 전 회장 니시오 간지(西尾幹二)는 예전부터 일본회의 주변 사람들과 교류가 깊었는데, 자신의 블로그에 2005년 중의원 선거에서 일본회의 참여 종교단체가 활동하는 모습을 아주 분명하게 기록하고 있다.

> 8월 15일 야스쿠니신사 경내에서 일본회의 사무총장인 가바시마 유조 씨에게 내가 이번 선거에서 지키고 싶은 6명의 이름을 알렸다. 가바시마 씨의 의중에 있는 이름과 정확하게 일치했다. 나는 응원하러 가고 싶다고 말했다. "협력합시다"라고 그는 말했다.
> 일본회의, 새로운 역사 교과서를 만드는 모임, 모라로지연구소(モラロジー研究所), 기리스토노마쿠야, 자민당 현 지부, 시의회 의원, 기타 관련 단체 사람들이 가는 곳마다 나를 반겨주고 안내해주었다. 가바시마 씨와 같은 일본회의 소식인 마쓰무라 씨가 오이타에서 기다려주었다.(니시오, 2005)

니시오의 이 증언을 통해 다양한 종교단체가 운동 현장에서 실제로 움직이고 있는 모습을 볼 수 있다. 이런 사례를 고려하면 일본회의 참여 종교단체는 단순히 '명의 대여'나 '교제'라는 범주를 넘어서 매우 적극적으로 운동에 참가하고 있다고 할 수 있다.

일본회의 참여 종교단체의 다양성

여기에서 다시 한 번 어떤 종교단체가 일본회의에 참가하고 있는지를 단체명 기준으로 살펴보자. 〈표 6〉은 일본회의 본부 임원 명단과 일본회의 지방 조직 임원 명단에서 찾아볼 수 있는 종교단체를 나열한 것이다.[16]

이 표에서 특히 눈에 띄는 것은 붓쇼고넨카이쿄단(佛所護念会教団)과 레이유카이(霊友会) 등 메이지 유신(明治維新) 이후에 탄생한 이른바 '신종교'라고 불리는 종교단체의 비율이 높다는 점이다. 또한 신사신도(神社神道)계, 교파신도(教派神道)계, 신교신도(新教神道)계, 불교계, 제교(諸教)계[17] 등 실로 다양한 종파에 걸쳐 있다는 점도 특징적이라고 할 수 있다.

만약 일본회의에 참가하는 종교단체가 동일한 종파와 신앙 대상을 공유하는 종교단체뿐이라면 '끼리끼리 모인 친목회' 같은 의도를 지녔다고 추측할 수 있을지 모른다. 또한 동일한 종파와 신앙 대상의 이익에 부합하는 활동을 하는 것이라는 추측도 가능할 것이다.

그러나 전통과 격식을 자랑하는 오래된 종교(엔랴쿠지, 덴다이슈 등)와 메이지 유신 이후 성립된 이른바 '신종교'가 어깨를 나란히 하는 등, 분명한 통일성이 보이지 않는다. 또한 레이유카이와 레이유카이에서 분파한 붓쇼고넨카이쿄단처럼 신앙 현장에서는 신자 쟁탈전을 벌일 것 같은 단체도 함께하고 있다.

교리도 신앙 대상도 신자 층도 제각각 다른(그리고 때로는 서로 빼앗는) 이들 종교단체의 면면을 보면, "신앙 면에서 공통 목적을 가지고 있기 때문에 참여하고 있다"라고는 말하기 어렵다.

하지만 현실에서 그들은 일본회의라는 단체 안에서 동거하고 있다. 그

〈표 6〉 일본회의 참여와 일본회의 내 활동이 확인된 종교단체와 수양단체

단체명	분류	비고
신사본청(神社本庁)	신도(神道)계	
이세신궁(伊勢神宮)	신도계	
아쓰타신궁(熱田神宮)	신도계	
야스쿠니신사(靖国神社)	신도계	
메이지신궁(明治神宮)	신도계	
이와즈텐만구(岩津天満宮)	신도계	
구로즈미쿄(黒住敎)	교파신도(教派神道)계	
오이스카인터내셔널	신교파(新教派)계	본체는 아나나이쿄(三五教)
다이와쿄단(大和教団)	신교파계	
덴다이슈(天台宗)	불교계(덴다이天台)	
엔랴쿠지(延暦寺)	불교계(덴다이)	
넨포신쿄(念法真教)	불교계(덴다이)	
붓쇼고넨카이쿄단(佛所護念会教団)	불교계(니치렌日蓮)	레이유카이에서 분파
레이유카이(霊友会)	불교계(니치렌)	
고쿠추카이(国柱会)	불교계(니치렌)	
신세붓쿄쿄단(新生佛教教団)	불교계(기타)	
기리스토노마쿠야(キリストの幕屋)	기독교계	
수쿄마히카리(崇教真光)	제교(諸教)	
게다쓰카이(解脱会)	제교	
모라로지연구소	수양단체	
윤리연구소	수양단체	

- 종파 분류는 문화청의『종교 연감』(2013년 판)에 따름.
- 기리스토노마쿠야의 정식 법인 명칭은 '기리스토세쇼주쿠(キリスト聖書塾)'.
- 일본회의 임원 명단과 저자 단독 취재를 바탕으로 작성.

리고 지방자치단체에 영향을 미치거나 선거운동을 할 때 공동 작업을 할 정도로 일본회의의 운동을 지원하고 있다.

왜 그들은 종파와 신앙 대상과 전통의 차이를 넘어서서, 일본회의를 중심으로 규합할 수 있을까.

　　이 물음에 대한 답을 찾기 위해, 다음 장에서는 이들이 일본회의를 중심으로 규합하기에 이른 경위를 1960년대까지 거슬러 올라가 검증한다. '종교 우익'이라고도 할 그들의 행동 궤적이 드러날 것이다.

제 2 장

역사

'설립 선언'과 '설립 취지서'로 본 일본회의 계보

일본회의에는 많은 종교단체가 참가하고 있다. 그러나 그것은 결코 '컬트(cult, 유사종교)에 의한 지배'도, '종교 우익의 음모'도 아니다. 일본회의에 대해 알려면 그런 유치하고 어설픈 음모론적 판단이나 오해를 배제할 필요가 있다. 그런 인식을 버린 다음, 일본회의가 걸어온 역사를 되돌아보자.

일본회의 공식 사이트에는 설립 대회에서 채택된 '설립 선언'이 남아 있다.

이 설립 선언은 "여기에 20여 년의 활동 성과를 계승하고, 뜻을 같이하는 이들의 열정과 힘을 결집해 광범위한 국민운동에 매진할 것을 선언한다"(일본회의, 1997)라는 문장으로 마무리된다. 그러니까 일본회의는 1997년 설립되기 이전부터 "20여 년의 활동" 기간이 있었다는 이야기다.

또한 같은 페이지에서 일본회의가 공개하고 있는 설립 당시 문서를 살펴보자. 설립 경위를 설명하는 '설립 취지서'는 이렇게 시작한다.

우리 '일본을 지키는 모임(日本を守る会)'과 '일본을 지키는 국민회의(日本を守る国民会議)'는 설립 이래 20여 년에 걸쳐, 전후(戰後) 손실되려고 하는 건전한 국민정신을 널리 확산해, 아름다운 역사와 전통을 기반으로 한 나라를 만들기 위해 서로 제휴하여 광범위한 국민운동을 전개해왔다.

따라서 앞서 인용한 '설립 선언'에서 말하는 "20여 년의 활동"이라는 것은 '일본을 지키는 모임'과 '일본을 지키는 국민회의'가 해온 활동이며, 이 두 단체가 일본회의의 전신 단체인 셈이다. 이 두 단체 중 설립이 빨랐던 것은 '일본을 지키는 모임'으로, 1974년의 일이다. 한편 '일본을 지키는 국민회의'는 추후 언급할 원호 법제화 운동에 즈음해 1978년에 조직된 '원호법제화실현국민회의(元号法制化実現国民会議)'를 전신으로 하여, 1981년에 설립되었다. '일본을 지키는 모임'의 출발부터 생각하면 일본회의의 활동 경력은 무려 40년이나 된다.

이 40년간 '일본을 지키는 모임' '일본을 지키는 국민회의' 그리고 '일본회의'가 전개한 다양한 활동은 일본회의의 웹사이트 '국민운동의 발자취' 코너에 연표 방식으로 정리되어 있다. 이 표를 보면 그들의 운동이 얼마나 다방면에 걸쳐 있고 집요한지 한눈에 알 수 있을 것이다.

원호 법제화 운동이 모든 것의 시작이었다

특히 주목해야 할 것은 이 연표의 앞쪽 부분, 쇼와 52년(1977) 전후부터 시작하는 '원호 법제화 운동'에 관한 기술이 많다는 점이다.

일본회의 웹사이트 중
'국민운동의 발자취'.

연합군총사령부의 점령 정책의 일환으로 메이지(明治: 1868~1912)·다이쇼(大正: 1912~1926)·쇼와(昭和: 1926~1989)라는 원호(元號, 연호年號)에 법적 근거를 부여했던 황실전범(皇室典範)이 개정된 것은 1947년이다. 개정 직후에는 원호제에 관한 열띤 토론이 국회에서 펼쳐졌지만 독립을 회복하는 과정에서 이 문제는 완전히 사람들에게서 잊혀버렸다. 자민당조차 원호제 유지에 적극적이지 않았고, 정부도 1961년에는 원호제에 법적 근거가 없다는 것을 국회 답변에서 명확하게 인정했다.

물론 이런 흐름에 신사본청과 일본유족회(日本i遺族会)를 비롯한 종래의 보수 진영은 기를 쓰고 반론을 전개했다. 그러나 여론을 동원하여 정부와 여당을 움직이는 데까지는 하지 않았다.

그런 분위기를 단번에 바꾼 것이 '일본을 지키는 모임'이다.

'일본을 지키는 모임'은 지방의회의 의견서 채택 운동 전개, 전국 각지에서 원호법 채택 요구 시위 실시, 각계 저명인사를 초빙해 원호법 심포지엄 개최 등 운동을 대대적으로 펼쳐 정부와 여당에 대한 압력을 강화했다. 그 결과 운동 시작 후 불과 2년 만에 원호법 입법이라는 성과를 거두었다.(루오후, 2003, 255~276쪽)

수많은 보수계 단체가 오랜 세월이 걸려도 성공하지 못한 원호 법제화를 '일본을 지키는 모임'이 불과 수년 만에 달성한 것은 보수 진영에 충격을 안겼다. 그 이후 신사본청과 일본유족회 등 기존 보수단체가 '일본을 지키는 모임'의 주위로 모여 연대를 강화하고 운동 기법을 도입하게 된다.

40년 전 원호법 제정 운동으로 화려하게 데뷔한 '일본을 지키는 모임'. 이것이 현재 우리가 맞닥뜨린 '일본회의'의 원류다.

종교단체 모임으로 출발한 '일본을 지키는 모임'

원호법 제정 운동을 추진한 '일본을 지키는 모임'의 발기인은 가마쿠라 엔가쿠지(鎌倉円覚寺) 관장(管長, 주지) 아사히나 소겐(朝比奈宗源)이다. 그는 언젠가 이세신궁(伊勢神宮)에 참배하면서 "세계 평화도 소중하지만 지금 일본을 확실히 하지 않으면 안 된다"는 '하늘의 계시'를 받았다고 한다. 이런 종교 체험이 계기였기 때문에 '일본을 지키는 모임'은 어디까지나 종교인과 문화인의 모임으로 정치인과 경제인은 가입시키지 않았다.(우오즈미, 2007, 116~117쪽)

실제로 '일본을 지키는 모임' 설립 당시의 임원 명단을 보면 메이지신궁(明治神宮), 센소지(浅草寺), 린자이슈(臨済宗), 붓쇼고넨카이쿄단(佛所護念会教団), 생장의 집(生長の家, 세초노이에) 등으로 종교단체의 이름뿐이다.(호리,

2006) 현재 일본회의가 가진 '종교단체 연합체'라는 측면이 '일본을 지키는 모임'에서 계승되어온 것임을 잘 알 수 있다.

한편 지금의 일본회의 임원 명단에서 사라진 종교단체가 있다.

'생장의 집'이다.

원래 생장의 집은 다니구치 마사하루(谷口雅春)가 1930년에 창설한, 강렬한 반공 의식을 기반으로 우파 교리를 설파하는 종교단체였다. 그러나 현재의 '생장의 집'은 '친환경 좌익'이라고 할 노선을 채택하고 있어 기본적으로 일본회의와 일절 인적 교류가 없다.

그러나 당시는 달랐다.

'생장의 집'의 사회운동과 민족파 학생운동

'생장의 집' 창시자 다니구치 마사하루는 전후 공직에서 추방되었다. 그러나 공직 추방이 풀린 직후부터 '메이지헌법(明治憲法, 일본제국헌법) 부활' '점령 체제 타파'를 슬로건으로 내걸고 적극적인 언론 활동을 펼쳐 '애국 종교인'이라는 별명을 가질 정도였다. 또한 강렬한 반공 의식과 때마침 발흥한 창가학회에 대한 경계심을 바탕으로, 적극적인 사회운동을 '1960년 안보투쟁(安保鬪爭)' 시절부터 전개하고 있었다. 이런 다니구치 마사하루와 '생장의 집'의 보수 운동은 당시 성행하던 학생운동 분야에도 영향을 미쳤다.

'생장의 집' 신자의 자녀들로 구성된 '생장의 집 학생회전국총연합(生長の家学生会全国総連合, 생학련生学連)'이 결성된 것은 1966년이었다. 마침 당시 좌익 측에서는 '분트(BUND)'가 재건되고, '삼파전학련(三派全学連)'이 하네다 투쟁(羽田鬪爭)을 시작하는 등 나중에 '전공투(全共鬪) 운동'과 '1970년 안보투쟁' 등으로 불리는 좌익 학생운동의 기초가 정비되기 시작할 즈음이었다.[18]

좌익 학생운동이 계속 확대되면서 전공투 운동은 전국 각지에 파급되었다. 각 지역 대학에서 바리케이드에 의한 캠퍼스 봉쇄와 여러 좌익 분파에 의한 자치회 점거 등이 잇따랐다. 우익 학생들도 각지의 대학에 있었지만, 질과 양 모두에서 대항할 수 없었다.

그런 가운데 일본사회주의청년동맹(日本i社会主義青年同盟, 사청동社青同)을 중심으로 한 좌익 학생들이 점거해 수업이 계속 중단되고 있던 나가사키대학(長崎大学)을 생장의 집 신도들이 '정상화'하는 데 성공한다.

"나가사키대학에서 우익 학생들이 좌익 학생들로부터 캠퍼스를 해방했다"는 뉴스는 전국의 대학에서 압도적 열세에 있던 우익 학생운동의 희망의 별이 되었다. 나가사키대학 학원 정상화를 쟁취한 학생들은 그 이후 나가사키대학학생협의회(長崎大学学生協議会, 나대학협長大学協: 의장 가바시마 유조)를 결성했고, 민족파(民族派) 학생들 사이에서 일약 영웅이 되었다. 규슈의 다른 대학에도 확산해 '규슈학생자치연락협의회(九州学生自治連絡協議会, 규슈학협九州学協)'도 생겼다. 그들의 운동 방법은 '규슈학협 방식'으로 전국의 우익 학생들에게 파급되어갔다. 그리고 나가사키대학에서 거둔 성공과 실적을 바탕으로 '생장의 집 학생회' '원리연(原理研)' '일학동(日学同)' 등 민족파 학생 진영이 대동단결해, 1969년 '민족파의 전학련'을 목표로 '전국학생자치연락협의회(全国学生自治連絡協議会, 전국학협全国学協)'가 결성되었다.

그러나 '전국학협'의 결성은 조금 때가 늦었다.

정치와 학생운동에 무관심한 학생들까지 끌어들여 전국 각지로 불붙은

전국학협 결성을 보도한 「마이니치신문(每日新聞)」 1969년 5월 3일 자 기사.

전공투 운동으로 대표되는 좌익 학생운동은 이미 도쿄대학(東京大學) 야스다 강당 점거 사건과 니혼대학(日本大學) 투쟁을 경계로 시들해지고 있었다.[19]

　운동의 주축이 '좌익 학생운동에 대한 대항'일 뿐인 민족파 학생운동은 목표를 잃어버린 모양새가 되었다. 좌익 학생운동이라는 적을 잃은 그들은 죄다 내분으로 치달았다.

무라카미 마사쿠니와 '일본을 지키는 모임'

　'일본을 지키는 모임'이 결성되어 원호법 제정 운동에 나서기 시작한 1974년은 때마침 목표를 잃은 민족파 학생운동의 방황이 절정에 달했을 무렵과 겹친다.

이 무렵 '일본을 지키는 모임'의 사무국을 총괄했던 사람이 무라카미 마사쿠니(村上正邦)다.

나중에 '참의원의 교황'이라고까지 불리게 되는 그지만, 당시는 '생장의 집' 조직 후보로서 1974년 참의원 선거에 자민당 소속으로 처음 출마했다가 낙선한 직후였는데, 생장의 집을 대표해 '일본을 지키는 모임' 사무국의 중심 멤버로 활동하고 있었다. '일본을 지키는 모임'의 데뷔전으로 무라카미 마사쿠니가 기획한 것이 '쇼와 천황 재위 50년 봉축 행렬'이다. 이 제등 행렬은 메이지신궁의 윤택한 자금과 각종 종교단체의 동원력을 기반으로 성공리에 끝난다. 그러나 무라카미 마사쿠니는 가장 중요한 연호법 제정 운동에 대한 반응을 제대로 못 느끼고 있었다. 그때 그가 주목한 것이 '전국학협'의 OB 조직으로 1970년에 결성된 '일본청년협의회(日本青年協議会)'다.(우오즈미, 2007, 119~120쪽)

앞서 언급한 것처럼 '전국학협'의 전신은 나가사키대학에서 좌익 학생들의 바리케이드를 해제하고 '학원 정상화'를 쟁취한 '생장의 집' 학생 신도 그룹이다. 그 연장선상에서 결성된 전국학협도, OB 조직인 '일본청년협의회'도 '생장의 집' 신도가 그 대부분을 차지하고 있었다. 생장의 집 신자로서 '일본을 지키는 모임'의 사무를 관장하던 무라카미 마사쿠니에게는 같은 종교의 신자들이었다. 무엇보다 일본청년협의회를 이끄는 사람들은 나가사키대학 정상화 운동에서 승리한 투사였으며, 민족파 학생운동의 영웅이었다. 오랜 학생운동의 현장에서 좌익 학생운동과 대치하면서 좌익의 운동 방법과 조직을 움직이는 방법 또한 잘 알고 있었다. 이 정도의 적임자는 없었을 것이다.

일본청년협의회와 가바시마 유조의 등장

이렇게 해서 1977년 일본청년협의회는 '일본을 지키는 모임'의 사무국에 들어간다.

이때 실질적으로 사무를 총괄한 사람이 바로 일본청년협의회 서기장 가바시마 유조(椛島雄三)다. 그는 나가사키대학 학원 정상화 운동의 중심인물 중 한 명이며, 일본에서 민족파 학생으로는 처음으로 좌익 학생운동에 대항해 승리를 거두고 영웅이 된 인물이다.

가바시마는 '일본을 지키는 모임'에 원호 법제화 운동 추진 방식과 관련해 다음과 같은 제안을 한다.

> 이 법제화를 실현하기 위해서는, 아무래도 국회와 정부를 흔들어 움직이게 하는 큰 힘이 필요하다. 이를 위해 전국 방방곡곡까지 원호 법제화의 필요성을 강하게 호소해, 각지에서 원호 문제를 자신들의 문제로 받아들이는 그룹을 만들고자 한다. 그리고 그들을 중심으로 현의회와 정·촌의회 등에서 법제화를 요구하는 의결을 하도록 해, 이 힘으로 정부·국회에 입법 실현을 촉구한다.(신사본청 시국대책본부 편, 1979)

그 후 원호법 제정 운동은 '일본을 지키는 모임'에 모인 각종 종교단체의 동원력을 이용해 가바시마의 전략대로 전국적으로 전개되어 불과 2년이라는 단기간에 원호법 제정을 이루어낸 경위는 앞서 말한 대로다.

1977년 가바시마 유조가 원호법 제정 운동에서 제시한 이 전략의 기본 패턴은 바로 현재 '일본회의의 운동 전략' 바로 그것이다.

'국회와 정부를 흔들어 움직이기' 위해

'각지에 자신들의 문제로 받아들일 그룹을 만들고'

'현의회와 정·촌의회 등에 법제화를 요구하는 의결을 받아'

'이 힘으로 정부·국회에 법제화 실현을 촉구'한다.

나가사키대학 학원 정상화 투쟁에서 민족파 학생운동의 영웅이 되었고, 사회인이 되고 나서는 원호법 제정 운동을 단기간에 성공으로 이끈 가바시마 유조. 그는 이 실적을 바탕으로 보수 진영 안에서 두각을 나타내게 된다. 그리고 현재도 우리 눈앞에 우뚝한 조직 '일본회의'의 사무총장으로 군림하고 있다.

전후 70년 아베 담화에서 엿보인 '압력'의 역사

가바시마가 이끄는 일본회의는 어떻게 정치에 압력을 가하고 있을까. 그 양상을 보여주는 사례가 2015년 봄에 관찰되었다.

2015년은 전후 70주년으로, 아베 정권은 '전후 70년 아베 담화'를 낼 때를 즈음해 2월에 전문가 회의를 개최했다. 이 전문가 회의의 좌장 대리인 기타오카 신이치(北岡伸一, 고쿠사이대학国際大学 학장)는 그해 3월 9일 "일본은 침략 전쟁을 했다. 나는 아베 총리가 '일본이 침략했다'고 말하기 바란다"라고 밝혔다.(「산케이신문産経新聞」 2015년 3월 9일) 그랬던 기타오카 신이치가 4월 10일 돌연 "'식민지 지배와 침략'이나 '사과'의 답습에 집착할 필요는 없다"라며 정반대의 생각을 드러냈다.(「47NEWS」 2015년 4월 11일)

그 간격은 불과 1개월.

분명히 3월 "일본이 침략했다고 말하기 바란다"는 기타오카의 견해에 대해서는 보도 직후부터 각계에서 반발이 빗발쳤다. 그중에서도 특히 기민하게 반응한 쪽은 역시 일본회의 주변 사람들이었다. 일본회의 대표위원이기도 한 하세가와 미치코(長谷川三千子, 사이타마대학埼玉大学 명예교수)는 기타오카 좌장 대리의 "침략했다고 말하기 바란다"는 견해가 보도된 직후인 3월 19일 「산케이신문」의 '세론(正論)'란에 글을 기고해, 직접 이름을 언급하며 기타오카 신이치를 강하게 비판했다.

그런데 아무리 신문을 비롯한 미디어에 기타오카 신이치의 견해에 대한 비판 기사가 쏟아졌다고 해도, 불과 1개월 만에 입장을 180도 바꾸는 것은 이상하다.

도대체 기타오카 신이치에게 무슨 일이 있었던 것일까?

20년 전 '전후 50년 결의'에 가해진 압력

애당초 '종전(終戰) 70년 담화'가 필요했던 배경에는 지금까지 중요 시점마다 해당 전쟁에 대한 견해를 총리 담화와 국회 결의로 발표해온 관습이 존재한다.

특히 큰 주목을 받은 것은 1995년의 '전후 50년 결의'일 것이다. 패전 후 50주년이라는 시점에서 국회 결의와 총리 담화는 이전까지 것보다 기념적인 일이 될 터였다.

그런데 '패전 50년'이라는 중요 시점인 1995년은 또 다른 특징이 있었다. 사회당(社会党) 당수로서 그 전해 제81대 총리에 오른 무라야마 도미이치(村山富市)의 존재다.

1994년 6월 발족한 무라야마 내각은 출범 직후에 자민당·사회당·사키가케(新党さきがけ) 연립정권 유지를 위해 '미일 안보 반대' '히노마루(日の丸: 일장기日章旗)·기미가요(君が代: 일본 국가) 반대' '자위대는 위헌'이라는 기존의 사회당 당시(党是: 당의 기본 방침)를 폐기하고, '미일 안보, 히노마루·기미가요, 자위대 모두를 용인'하는 노선으로 180도 변경한다고 표명한다. 당연히 사회당을 지지해온 노동조합 등은 이 노선 변경에 강력하게 반발했다.

그런 상황 속에서 무라야마 내각은 1995년 패전 50주년을 맞았다.

지지 기반이 떨어져 나가고 있던 이때 사회당으로서는 무슨 일이 있든 실현해내야 했던 것이, 연립 결성 당시 자민당과 합의했던 "그 전쟁은 침략 전쟁이었다"고 인정하는 '전후 50년 결의'의 채택이었다. 그러자 이번에는 자민당 내부에서 반발이 일었다. 예나 지금이나 자민당 내에는 "그 전쟁은 침략 전쟁이 아니다"라는 견해가 뿌리 깊다.

이 반대 의견을 뒷받침한 것이 다름 아닌 가바시마 유조가 이끄는 '일본을 지키는 모임'과 '일본을 지키는 국민회의'였다.

일본청년협의회의 웹사이트(http://www.seikyou.org/nihonkyogikai.html)에는 당시 활동 모습이 "종전 50년을 맞아, 국회 사죄 결의 반대 500만 서명 운동을 전개"라는 절제된 표현으로 남아 있다.

그러나 그들의 활동은 서명 운동에만 그치지 않았다.

그들은 이때도 각 도·도·부·현 의회에서 '전몰자 추도 의견서'를 채택시키고 '사죄결의반대의원연맹'을 결성하는 등 '늘 하던 방법'으로 자민당에 압력을 가했다.

그리고 운동 시작 후 불과 1년도 안 되어 500만 명의 '사죄 결의에 반대하는 서명'을 모으는 데 성공해, 1995년 3월 이 서명을 바탕으로 국회에 청원을 했다.(우오즈미, 2007, 188쪽)

이렇게 해서 사회당을 지지하는 호헌파 시민단체 대 자민당을 지지하는 보수파 시민단체 간 대결이라는 구도를 띤 채 '50년 결의'가 채택될 예정인 국회가 열렸다.

당시 참의원의 자민당 간사장이 무라카미 마사쿠니였다.

첫 출마에서 낙선의 쓰라림을 겪었던 무라카미 마사쿠니가 원호법 제정 운동을 가바시마 유조를 중심으로 한 일본청년협의회와 함께 '국민운동'으로 전개하고, 법제화에 성공한 사실은 앞서 언급한 대로다.

그로부터 20년이 지난 시점에서 무라카미 마사쿠니는 '참의원의 교황'으로 불리는 위치까지 올라가 있었다. 그의 정치력의 원천은 선거 때마다 압도적인 득표를 가져다준 '일본을 지키는 모임'과 '일본을 지키는 국민회의'였다.

당연히 무라카미 마사쿠니는 '전후 50년 부전(不戰) 결의' 반대파의 선봉장이 되었다.

국회 결의는 중의원과 참의원 양원에서 각각 만장일치로 통과되는 것이 통례다. 연립정권은 참의원 간사장인 무라카미 마사쿠니를 어떻게든 납득시킬 필요가 있었다. 자민당 5역은 무라카미 마사쿠니를 제외하고 전원이 결의안에 찬성을 표명했지만, 참의원 간사장인 무라카미 마사쿠니가 납득하지 않는 한 참의원 가결은 불확실했다.

'침략'이라는 한마디를 둘러싼 6월 6일의 공방

1995년 6월 6일.

'50년 결의' 문안 작성 작업은 막바지로 치닫고 있었다.

'침략'이라는 한마디를 둘러싼 이날의 긴박한 상황을 우오즈미 아키라(魚住昭)의 『증언 무라카미 마사쿠니: 나, 나라에 배신당할지라도(証言 村上正邦: 我, 国に裏切られようとも)』에 기술된 내용을 따라 되돌아보자.

자민당 정조회(政調會) 회장 가토 고이치(加藤紘一)와 자치상(自治相) 노나카 히로무(野中広務)가 중심이 되어 자민당 집행부가 추진한 문안 작성 작업은, 사회당의 '침략 전쟁이었다'는 견해를 받아들이는 형태로 진행되고 있었다. 당연히 여태껏 대규모 반대 운동을 펼쳐온 일본청년협의회 회원들은 받아들일 수 없었다. 최종 문안 작성일인 그날 50여 명의 '민족파 간부'가 참의원 자민당 간사장실에 몰려들었다.

무라카미 마사쿠니 간사장은 가토 고이치가 중의원 임원실에서 작성한 결의안을 민족파 간부들이 기다리고 있는 참의원 간사장실로 가지고 돌아왔다. 가바시마 등은 "이래서는 안 된다" "이런 문안은 받아들일 수 없다"며 퇴짜 놓았고, 무라카미 마사쿠니는 다시 중의원 임원실에 문안 수정을 요구했다. 그런 일이 계속 반복되면서 한밤중을 맞이했다.

무라카미 마사쿠니를 통해 일본청년협의회의 강력한 반대 의견을 전달받은 가토 고이치 정조회 회장은 "세계 근대사에서 있었던 수많은 식민지 지배와 침략 행위를 깊이 생각한다"라는 한 문장을 넣어, 식민지 지배와 침략 행위의 주체를 '세계사 전체에서 펼쳐진 일반론'으로 모호하게 표현하는 타협안을 구두로 제시했다. 이 구두 발표안대로라면 행위 주체는 '일본'이라고 한정되지 않는다. 이러면 민족파 간부들을 납득시킬 수 있다고 집행부와 내용을 합의하고, 무라카미는 참의원 간사장실로 돌아가 가바시마 등을 설득했다.

하지만 이 거래는 가토 고이치와 노나카 히로무 콤비 쪽이 한 수 위였다.

집행부로서는 연립을 유지하기 위해 어떻게 해서든 사회당 견해대로 국회 결의안에서 '일본의 침략 행위'를 선언할 필요가 있었다. 가토도 노나카도 필사적이었다.

결국 이날 한밤중에 각 언론사와 각 정당을 대상으로 발표된 '자민·사민 연립정권 최종 문안'에 기술된 내용은, 앞의 구두 발표 문안과 내용이 달라졌다.

무라카미 마사쿠니에게 전해진 구두 발표 문안의 내용
"또한, 세계 근대사에서 있었던 수많은 식민지 지배와 침략 행위를 깊이 생각하며, 일본이 과거에 한 행위와 다른 나라 국민 특히 아시아 여러 나라 국민에게 준 고통을 인식하고, 깊은 반성의 뜻을 표명한다."

공식 문안으로 서면 발표된 내용
"또한, 세계 근대사에서 있었던 수많은 식민지 지배와 침략 행위를 깊이 생각하며, 일본이 과거에 한 이런 행위와 다른 나라 국민 특히 아시아 여러 나라 국민에게 준 고통을 인식하고, 깊은 반성의 뜻을 표명한다."

자민당 집행부는 무라카미 마사쿠니 간사장에게 전했던 구두 발표안에다 "이런"이라는 두 글자를 추가하는 것으로, '식민지 지배' '침략 행위'의 행위 주체에 '일본'이 포함된다고 명기하는 데 성공했다.

다시 말해 자민당 집행부는 구두 발표 문안과 서면 발표 문안에서 서로 다른 내용을 제시함으로써, 무라카미 마사쿠니와 일본청년협의회를 속인 것이다.

이 '속임수'를 알게 된 가바시마 유조와 나카가와 야쓰히로(中川八洋)는 당연히 격분했다. 공식 문안 발표 때 아직 참의원 간사장실에 남아 있던 그들은 "우리에게 속임수를 썼다"라며 무라카미 마사쿠니의 넥타이를 움켜잡고 마구 호통을 쳤다고 한다. 체면을 잃은 무라카미는 가바시마 유조 등에게 "중의원에서 가결됐지만 참의원에서는 반드시 부결시키겠다"고 약속하고, 어렵사리 그들의 분노를 진정시켰다.

이런 경위로 무라야마 내각 때의 '전후 50년 결의'는 '중의원 가결/참의원 불채택'이라는 국회 결의로는 이례적인 결과를 맞이했던 것이다.

기타오카 신이치의 '변절'이 암시하는 것

이상으로 우오즈미 아키라의 『증언 무라카미 마사쿠니』에 근거해, 일본청년협의회가 '50년 결의'에 가한 압력을 되돌아봤다. 우오즈미는 책 후기에 이런 일본회의와 일본청년협의회 주변 사람들을 "한 무리의 사람들"로 표현하고 있다.

주목해야 할 것은, 국회 결의 문안 작성 현장인 참의원 자민당 간사장실을 일본청년협의회 멤버가 점거한 채 '참의원의 교황'이라고 불리던 당시 참의원 최고 권력자 무라카미 마사쿠니에게까지 공감을 일삼고 압력을 행사했다는 사실이다. 그리고 그 압력의 결과 '양원에서 만장일치'라는 일본 의회민주주의 관습이 아주 간단하게 짓밟히고 말았다는 사실이다.

이 책이 갈수록 밝혀내는 것처럼, 현재 아베 정권 주위에는 '총리보좌 관' '비서' '전문가 회의 멤버'의 형태로 일본청년협의회 멤버가 다수 포진 하고 있다. 그리고 그 멤버는 20년 전 무라카미 마사쿠니를 윽박질러 자민 당에 압력을 행사한 멤버와 거의 같은 '한 무리의 사람들'이다.

그런 상황에서 "아베 총리는 침략 전쟁이었다고 말하기 바란다"라고 했 던 기타오카 신이치.

그의 주위에 북적대고 있던 '20년 전과 같은 멤버'와 그들의 사죄 담화 저지를 향한 이상할 정도의 집념을 고려해보면, 그가 상당한 압력('참의원 의 교황'에게조차 '넥타이를 움켜잡고 마구 호통을 칠' 정도의 압력)을 받았으리라 는 것은 상상하기 어렵지 않다.

물론 기타오카 신이치는 집단적 자위권에 관한 전문가 회의인 '안전보장 의 법적 기반 재구축에 관한 간담회(安全保障の法的基盤の再構築に関する懇談 会)'의 좌장 대리로서, 시원스럽게 해석 개헌(解釈改憲)[20]에 의한 집단적 자 위권의 합헌화를 인정해버릴 정도로 '오른쪽으로 치우친' 측면도 가지고 있다.

그러나 기타오카 신이치가 3월에 밝힌 견해는 역사학자 경력도 있는 그 의 학자로서 양심이 말하게 한 것이라고 믿고 싶다. 그 기타오카 신이치가 불과 1개월 만에 변절했다.

그의 변절 이면에는 무슨 일이 있었던 것일까.

'아베 담화'에서 엿볼 수 있는 20년 전부터의 '집념'

그 후 2015년 8월 14일 아베 총리는 각료회의 후 기자회견을 열고 이른바 '전후 70년 담화(아베 담화)'를 발표했다.

담화 발표 직후부터 해외 언론에서는 이런저런 보도가 난무했다.

CNN은 "Abe: 'Profound grief for WWII, but Japan can't keep apologizing'(아베: '제2차 세계대전의 피해에 대해서는 몹시 애석하게 생각해, 그러나 일본이 계속 사죄할 수는 없어')"이라는 제목의 기사에서 "아베 총리가 자신의 말로 사죄를 언급하지 않았다" "사죄의 주체와 대상이 불명확하다"라고 전하며 담화의 '모호함'을 지적했다.(Hanna, 2015)

또한 미국의 국영방송 Voice of America의 논설 "Abe Expresses Deepest Remorse, on WWII Anniversary(아베 패전 기념일에 깊은 회한을 표명)"에서는 일부 긍정적으로 담화를 소개하면서도, "사죄와 반성이 직접적이지 않다" "아베 총리 자신의 언급이 아니다"라며 "주변국으로서는 받아들이기 힘든 것"이라고 아베 담화의 '모호함'을 언급했다.(Padden, 2015) 담화를 환영하는 논조든 비난하는 논조든, 외신들은 한결같이 '아베 담화의 모호함'에 고개를 갸웃거린 셈이다.

그런 지적대로 확실히 '아베 담화'는 사죄의 대상과 주체가 누구인지 명확히 하지 않는 표현으로 이루어져 있다.

예를 들면 다음과 같은 문장을 보자.

일본은 지난 세계대전에서 있었던 행위에 대해 거듭해서 통절한 반성과 마음으로부터의 사죄를 표명해왔다.

이 문장에 등장하는 "지난 세계대전에서 있었던 행위"가 도대체 구체적으로 무엇을 가리키는지 명확하게 판단할 수가 없다. 또한 "통절한 반성과 마음으로부터의 사죄"를 누구에게 "표명해왔다"는 것인지도 알 수가 없다. 이 부분만이 아니라 담화 전체를 통해 '사죄' '반성' '사과' '침략' '식민지' 등의 용어가 나오기는 하지만, 이 말들의 주체가 과연 누구인지, 그리고 대상은 누구인지, 한결같이 불명확하고 불분명한 표현으로 일관하고 있다.

이 일의 옳고 그름을 가리는 일은 여기서는 미루어둔다.

그러나 '50년 결의'에서 있었던 공방을 고려하면, 이 '모호함' '주체성 없음'은 1995년의 '그 압력'의 반복이라고 해석할 수도 있지 않을까.

1995년의 앙갚음

1995년의 '전후 50년 결의' 채택 작업에서는 가토 고이치와 노나카 히로무 콤비라는 '베테랑'들에 의해 '한 무리의 사람들'이 도중에 패배했다.

그로부터 20년이 지났다. 그동안 '50년 결의'는 '무라야마 담화'를 낳고, '무라야마 담화'는 '고노 담화' '고이즈미 담화'로 계승되었다.[21] 사죄 결의 반대 운동에 종사했던 사람들이 이 '50년 결의 계승의 역사'를 굴욕으로 여겨왔을 것임은 상상하기 어렵지 않다.

그들에게는 굴욕인 역사가 계속되는 가운데, 1997년 '일본을 지키는 모임'과 '일본을 지키는 국민회의'가 대동단결해 '일본회의'가 태어났다. 그 후에도 그들의 운동은 국기국가법 제정, 교육기본법 개정, 부부 별성(夫婦別姓) 반대, 황실전범 개정 반대, 남녀 공동 참여 반대 등 꾸준한 성과를 냈고, '일본회의'의 영향력 또한 과시하게 되었다.

그리고 드디어 맞이한 전후 70년.

발표된 '아베 담화'는 앞서 언급한 것처럼 "사죄도 반성도 침략도 식민지도, 누가 주체인지 전혀 명확하지 않다"는 것이 특징이다.

이제 더 말할 것도 없다. 이 "누가 주체인지 전혀 명확하지 않다"는 표현이야말로 20년 전 그들이 요구했던 문안의 방향성 자체가 아닐까.

'50년 결의' 이래로 "침략과 식민지 지배의 행위 주체가 일본임을 명확히 한다"는 표현은 그럭저럭 그 후 이어진 담화에서도 이어져왔다. 그러나 이번에 그 명확성은 안개가 흩어지듯 깨끗이 사라져버렸다. "행위 주체가 누구인지 명확히 할 것인가 하지 않을 것인가" 하는 점에서는, 시곗바늘이 1995년으로 되돌아갔다는 관측도 있다.

그리고 시곗바늘을 되돌린 것은 '한 무리의 사람들'일 가능성이 매우 높다.

일본회의를 만든 남자가 말하는 '전후 50년 결의'의 진상

일본회의의 역사를 쫓아가는 일에서 아무래도 피해갈 수 없는 남자가 있다.

가메이 시즈카(亀井静香)가 "200미터 지하에서 기어 올라온 사나이"라고 감탄했고, 노나카 히로무가 "당신, 천하를 거머쥘 생각은 아니겠지"라며 경악한 남자.

참의원 의원이면서 와타나베 미치오(渡辺美智雄) 사후 옛 나카소네파(中曽根派)를 계승해, 파벌의 수장으로서 역대 총리와 총재 선택에 지대한 영향력을 행사해온 남자.

'생장의 집'을 비롯한 종교 표를 배경으로 참의원에서 계속 군림하며 '참의원의 두목' '참의원의 교황' '무라카미 천황'이라고 불린 남자.

그렇다, 무라카미 마사쿠니다.

무라카미 마사쿠니야말로 일본회의를 만들고, 그 전신인 '일본을 지키는 모임'과 '일본을 지키는 국민회의'의 리더로서 그들이 벌인 국민운동의 선두에 서서 이 연재의 핵심 주제 중 하나인 '일본청년협의회'를 '어른의 세계'에 소개한 인물이다.

그에게 이야기를 듣지 않고 일본회의의 역사를 말할 수는 없다. 일본회의의 역사만이 아니다. 무라카미 마사쿠니의 증언 없이 지금 아베 정권의 배후에 꿈틀거리는 '한 무리의 사람들'을 말할 수는 없을 것이다.

2015년 8월 어느 날, 그 무라카미 마사쿠니를 만나러 나가타초(永田町)의 사무실로 직접 찾아갔다.

넓은 사무실 한쪽에 깨끗한 응접세트가 놓여 있고, 무라카미 씨는 그 소파에 앉아 나를 맞았다.

"그럼, 우선 인사부터 나누어야겠군."

명함을 교환하는 사이에도 빈틈없이 내 표정을 관찰하는 눈빛은 날카롭다. 하지만 싫은 내색은 조금도 하지 않는다. 오히려 애교를 느낄 정도다.

사무실 정면에는 신단이, 그 아래에는 생장의 집 창시자 다니구치 마사하루의 친필로 '천황국 일본'이라고 쓰인 큰 액자가, 신단 좌우에는 작은 액자가 장식되어 있다. 분명 무라카미 씨의 참의원 선거 첫 출마에 즈음해 다니구치 마사하루가 써준 편지일 것이다.

"잘 알고 있군. 그건 마사하루 선생으로부터 받았던 편지가 맞소. 나는 앞으로도 다니구치 마사하루 선생이 목표로 했던 헌법 개정과 우생보호법(優

무라카미 마사쿠니.(기쿠타케 다다시菊竹規 촬영)

生保護法)²² 개정을 조금이라도 이루기 위해 활동해나갈 생각이오."

그렇게 말할 때의 눈은 마치 소년 같다. 목소리의 힘도 83세라고는 생각되지 않을 만큼 기력이 있다. '노익장'이라는 말은 이 사람을 위해 있는 것이었다.

이 인물이다.

이 사람이야말로 1995년 '전후 50년 결의' 책정이라는 무대 뒤에서 결의문 작성 협상의 중심에 있었던 인물이다.

연립 여당 집행부 측의 '속임수'에 의해 결과적으로 '50년 결의'의 문안에는 명확한 사죄가 담기게 되었다. 이에 분개한 사죄 결의 반대 운동 운동가들을 달래기 위해 무라카미 마사쿠니는 "좋습니다! 참의원에서는 가결시키지 않겠습니다"라고 약속한다. 그 결과 '50년 결의'는 참의원에서는 결의안 제출조차 보류되는 사태에 빠진다.

"무라야마 도미이치 씨에게 이렇게 말했소. 내가 50년 결의를 통과시키지 않았기 때문에 당신이 무라야마 담화를 냈다고. 그 무라야마 담화가 이렇게 화제가 되고 있으니 당신은 나에게 감사해야 한다고. 그랬더니 무라야마 씨도 '그렇군요' 하고 말하더군."

무라카미 씨는 농담 비슷하게 말하지만, 확실히 이것은 그의 말대로일 것이다. 만약 50년 결의가 통과되었다면 무라야마 담화 자체가 태어나지 않았을지 모른다.

곧바로 "최근 나온 아베 담화는, 그 당시 가토 고이치와 노나카 히로무가 결의문에 섞어 넣은 '이런'이라는 두 글자만 제거한 것으로밖에 보이지 않습니다"라는 견해를 들이밀어본다.

"맞아. 그렇다고 생각해. 그렇소. 그것뿐이오. 그래서 애당초 나는 아베 담화에 찬성할 수밖에 없는 거지."

'50년 결의'의 문안 작성 당사자인 무라카미 씨에게도, 아베 담화는 "그때 자민당 집행부가 결의문에 섞어 넣은 '이런'이라는 두 글자에 대한 앙갚음"으로 비치는 모양이다.

"하지만 마음에 울림을 주지 않아. 간담회에서 올라온 이야기, 지금까지의 경위, 그러한 여러 가지 이야기의 좋은 부분만 골라내서 말을 연결한 것에 지나지 않소. 저쪽에도 좋은 얼굴을 보이자, 이쪽에도 좋은 얼굴을 보이자 하는 식이지. 그러니까 그렇게 긴 문장이 된 거요. 아베 씨의 냄새가 전혀 나지 않아."

이 견해도 무라카미 씨의 말대로일 것이다. 확실히 '아베 담화'는 이상하게 길다. 그의 말처럼 '좋은 면만 취하기'로 했다고 해석하는 편이 타당하지 않을까.

20년 전 일이지만 무라카미 씨의 기억은 선명하다. 1995년 6월 6일 그날의 '50년 결의' 문안을 둘러싸고 펼쳐진 공방을 정말 너무나 또렷이 기억하고 있다.

"국회 한가운데에 통로가 있소. 왼쪽이 참의원. 오른쪽이 중의원. 그 가장 구석 자리가 중의원 자민당 임원실이지. 그날 오후 7시쯤부터 회의가 시작되었소. 주로 논쟁을 한 것은 가토 고이치, 노나카 히로무였고. 그리고 고가 마코토(古賀誠) 씨도 있었지. 또 모리 요시로(森喜朗)도. 중의원 자민당 무리가 줄줄이 있었소. 그런데 나는 처음부터 '그런 사죄는 안 된다' '그런 문안은 안 된다' 하면서 계속 반대 의견을 내놓았지."

이 증언은 모리 요시로가 참석하고 있었다는 새로운 증언 외에는 지금까지의 보도나 우오즈미의 기록 문헌에서 확인할 수 있는 내용과 완전히 똑같다. 문제는 그 다음에 있다. 무라카미 씨는 중의원 자민당 임원실에서 만들어진 문안을 참의원 자민당 간사장실로 가지고 돌아갔을 것이다.

거기에 누가 있었을까.

"참의원 쪽에는 응접실에 가바시마가 있었소. 그리고 오하라가. 내가 특히 기억하는 사람은 오하라요."

'가바시마'에 대해서는 더 이상 설명할 필요 없을 것이다. 지금까지 몇 번이나 등장한 일본회의 사무총장·일본청년협의회 회장 가바시마 유조다. '오하라'는 고쿠가쿠인대학(国學院大学) 명예교수인 오하라 야스오(大原康男)다. 오하라는 일본청년협의회 멤버도 아니고, '생장의 집 정치운동'의 멤버도 아니다. 그러나 그 견고한 논리와 왕성한 집필 의욕 덕분에 일본청년협의회와 일본회의 주변에서 이론가 같은 존재였다.

"그리고 젊은 친구들도 많았지. 일본청년협의회의 젊은이들."

지금까지 보도나 문헌에서 '사죄 결의에 반대하는 우파' '민족파' 등으로 불려온 '사죄 결의에 반대하기 위해 참의원 간사장실에 몰려 가 있던 사람들'이란, 바로 일본청년협의회였다는 사실이 무라카미 씨의 증언으로 증명된다.

무라카미 씨는 일본청년협의회의 압력을 받아 다시 중의원 자민당 임원과 토의를 한다. 그리고 최종안이라며 가져 온 문안에서 중의원 측 임원의 '속임수'에 걸려들어, 명확한 사죄가 결의안에 포함된다.

"모두 진심으로 화가 나 있었소. 오하라가 특히 분노했지. 가바시마까지 심각하게 화를 냈고. 그때는 다들 심각했소. 이제 어떻게 손쓸 방법이 없어서 '참의원에서는 통과시키지 않겠다'고 약속하고, 그날은 돌아가달라고 했지."

1995년의 그날 '참의원의 두목'이라고 불리던 무라카미 마사쿠니를 그렇게까지 몰아붙였던 일본청년협의회. 그 주변 사람들이 현재 아베 정권의 중추에 들어가 있다.

야스쿠니신사와 일본회의

2015년 4월 21일, 미국 방문을 앞둔 아베 총리는 야스쿠니신사의 봄 제사에 맞춰 마사카키(真榊)[23]를 봉납했다.

인도네시아에서 개최된 반둥회의에서 아시아 각국 정상과 회담하기 직전이었고, 또한 '전후 70년 담화'로 역사 인식이 다시 주목을 받고 있는 중이라는 것을 의식해서인지 참배 자체는 하지 않았다.

그러나 같은 날 에토 세이이치 총리보좌관이 야스쿠니신사에 참배했다. 이어 23일에는 아리무라 하루코(有村治子) 여성활약담당상, 야마타니 에리코(山谷えり子) 국가공안위원장, 다카이치 사나에(高市早苗) 총무상 이렇게 3명의 각료가 참배했다.

총리가 주변국을 배려해 참배하지 않은 가운데, 이렇게까지 일부 각료가 야스쿠니신사에 매달리는 모습은 집착 같은 것을 느끼지 않을 수 없다.

에토 세이이치, 아리무라 하루코, 야마타니 에리코, 다카이치 사나에…….

이번에도 멋지게 '일본회의국회의원간담회' 소속 의원들뿐이다.

특히 에토 세이이치는 '일본회의국회의원간담회'에 소속되었을 뿐 아니라 일본회의 사무국인 우익단체[24] '일본청년협의회' 조직 후보라는 측면을 가지고 있다. 에토 세이이치의 내력을 밝히는 것만으로도 일본회의의 성립과 목적이 명확해진다.

그러나 에토의 내력은 일단 제쳐두고, 우선은 '왜 일본회의와 그 주변이 이렇게까지 야스쿠니신사에 집착할까'에 대해 생각해보자.

'야스쿠니신사 문제'의 시작

일본회의는 '일본을 지키는 모임'과 '일본을 지키는 국민회의' 두 단체가 합병해 설립된 단체이며, 양 단체의 설립 때 가바시마 유조가 이끄는 '일본청년협의회'가 사무국으로 참여해, 학생운동 출신이라는 경력을 살리면서 전후 보수 운동에 새로운 바람을 불어넣은 것은, 원호법 제정 운동을 돌아보면서 이미 언급했다.

한편 원호법 제정 운동의 화려한 성공과 거의 같은 시기에 뼈아픈 실패를 경험한 보수 운동이 있다.

바로 야스쿠니신사를 국가 시설로 지정하자는 '야스쿠니신사법 제정 운동'이다.

1945년 12월 15일 연합군총사령부는 일본 정부와 '국가신도(国家神道), 신사신도에 대한 정부의 보증, 지원, 보전, 감독 및 홍보의 폐지에 관한 건' (SCAPIN-448)이라는 제목의 각서를 체결한다. 나중에 '신도지령(神道指令)' 이라고 불리게 된 이 각서에 따라 내무성 산하 정부기관이던 진기인(神祇院)이 폐지되면서 야스쿠니신사를 비롯한 각지의 신사는 국가기관과 연계를 잃었다. 이어 12월 28일에는 이 각서에 근거해 '종교법인령'이 공포되었다. '종교법인령'은 전쟁 전의 '종교단체법'이 정하고 있던 문부대신에 의한 종교단체의 인허가와 감독 권한을 폐지해, 신청서만 제출하면 누구나 자유롭게 종교법인으로서 활동할 수 있다는 내용이었다. 이 종교법인령에 근거해 야스쿠니신사를 비롯한 각지의 신사도 기독교나 불교 단체와 똑같이 종교법인으로서 동등한 존재가 되어 국가와 연계를 가져왔던 법적 근거를 완전히 잃었다.

이듬해인 1946년 1월 1일에는 이른바 '인간 선언(人間宣言)'이 나와 '현인 신(現人神: 살아 있는 신)'으로 되어 있던 천황이 스스로 세속화를 선언한다. 법적 분야뿐 아니라 사상으로도 신권정치의 요소가 완전히 부정된 것이다. 또한 같은 해 11월에 공포된 일본국헌법에는 명확하게 정교분리 원칙이 명시되어 있었다. 이 일련의 과정을 통해 '국가신도제도'는 명실상부하게 해체되고, 그 일환으로 야스쿠니신사도 국가와 관련성을 완전히 잃

었다.(오사와, 2012, 68쪽; 쓰카다·후지모토, 2012, 202쪽)

그러나 아무리 헌법이나 정령(政令)으로 신사와 국가의 관계가 부정되었다고 해도, 야스쿠니신사 측이 자체 행위로 신도(神道)에 따라 전몰자를 위령하는 것에는 변함이 없었다. 또한 패전 직후의 국민, 특히 전몰자 유족에게 야스쿠니신사야말로 공적 위령의 장소라는 인식은 바뀌지 않았다. 그래서 야스쿠니신사와 유족들은 다시금 국가와 야스쿠니신사의 관계를 구축하자며, 국가를 상대로 '야스쿠니신사법'의 제정을 요구하는 운동을 시작한다.

일본유족회(당시 일본유족후생연맹日本遺族厚生連盟)가 1952년에 개최된 제4회 전국전몰자유족대회에서 "야스쿠니신사의 위령 행사는 국비로 지급하라"고 결의한 것을 시작으로 이 운동은 신사본청과 야스쿠니신사, 그리고 재향군인회를 이어받은 일본향우연맹을 끌어들여 대규모화해 나간다. 소문에 따르면 1970년까지 20년가량 모은 서명 누계는 1,200만 명에 이른다고 한다.(루오프, 2003, 259쪽)

'야스쿠니신사법'에 흔들린 종교계

이처럼 많은 서명을 모으는 운동을 전개하면서도 야스쿠니신사법안은 국회 제출조차 이루어지지 않은 상태가 이어졌다. 원인은 의외로 종교계의 반발이다.

야스쿠니신사와 국가의 관계를 재구축하려는 '야스쿠니신사법안'에서 전쟁 전의 국가신도와 종교 탄압의 그림자를 엿본 종교계는 교파를 막론

하고 대규모 항의 활동을 전개했다. 기독교 각파로 구성된 '일본기독교협의회(日本基督教協議会)'와 '릿쇼코세카이(立正佼成会)'가 중심인 '신일본종교단체연합회(新日本宗教団体連合会, 신종련新宗連)', 그리고 '교파신도연합회(教派神道連合会)' '전일본불교회(全日本仏教会)' 등 교파의 신구나 신앙 대상을 넘어선 대규모 반대 운동이 벌어졌다. 그중에서도 '일본기독교협의회'는 설립 이래 처음으로 도쿄·오사카·나고야 등 대도시에서 대규모 시위를 펼쳐 맹렬히 반발했다.(이노, 1979)

신사본청·야스쿠니신사·일본유족회의 요청과 그에 대한 종교계의 반대로 의견이 갈라진 가운데, 자민당은 야스쿠니신사 창립 100주년이 되는 1969년 마침내 '야스쿠니신사법안'을 국회에 제출한다.

이 법안에는 헌법의 정교분리 원칙에 저촉하지 않도록 의식의 간소화 등 위령 행사의 종교성을 희석하는 것과 함께, 야스쿠니신사의 법인격을 종교법인에서 특수법인으로 변경한다는 조건을 붙였다.(쓰카다·후지모토, 204쪽)

그런데 이번에는 당사자인 야스쿠니신사와 신사본청이 자민당 법안에 반대를 표명했다. 의식에서 종교색이 없어지고 법인격도 종교법인이 아니게 되면 아무런 의미도 없다는 것이 그들을 법안 반대로 돌아서게 한 이유다.

어디까지나 '종교로서 국가 수호'에 집착하는 신사본청과 야스쿠니신사의 자세는 매우 큰 물의를 빚었다. 그때까지 여러 종교단체가 주로 담당했던 반대 운동에, "목적은 정교일치의 재현"이라는 사실을 눈치챈 좌익세력까지 합세해 격렬함이 더해갔다. 한편 강력한 반대 자세를 보이던 종교계 중에서 일부 종교단체가 "야스쿠니신사를 비종교화해 특수법인으로 국가가 지원한다는 자민당 계획이라면 허용할 수 있다"라며, 자민당 법안에 찬성하는 쪽으로 돌아서기도 했다. 사태는 복잡해져 수습될 기미조차 보이지 않았다.

이렇게 해서 자민당이 국회에 제출한 '야스쿠니신사법안'은 찬성 진영과 반대 진영 모두에 균열을 일으켰고, 폐안에 폐안을 거듭했다. 그러다가 마침내 1973년을 마지막으로 법안은 더 이상 제출되지 않았다.

일본회의의 원류는 '야스쿠니신사법안'의 실패에 있었다

이 실패에 넌더리가 난 신사본청, 야스쿠니신사, 일본유족회는 법안 제출 운동을 포기하고 1976년에 '영령에 보답하는 모임(英靈にこたえる会)'을 결성하고, 운동 방침을 '총리와 각료에 의한 공식 참배 실시'로 전환한다.(다나카, 2002) '영령에 보답하는 모임'은 현재도 일본회의의 유력 구성 멤버로, 매년 다양한 채널을 통해 각료의 공식 참배를 요구하고 있다.

한편 '야스쿠니신사의 비종교화'라는 자민당의 제안에 대한 평가를 둘러싸고 공동보조를 유지할 수 없게 된 종교계에도 재편의 움직임이 생겨났다. 앞서 언급한 것처럼 가마쿠라엔가쿠지 주지 아사히나 소겐(朝比奈宗源)이 각종 종교단체에 요청해 '일본을 지키는 모임'이 결성된 배경에는 '야스쿠니신사법안'에 대한 대응을 둘러싸고 분열된 종교계의 '재편'이라는 목적도 있었다.

일본회의의 원류인 '영령에 보답하는 모임'과 '일본을 지키는 모임'이 야스쿠니신사법안의 실패와 그 여파로부터 태어난 조직임을 감안하면, 일본회의에 '야스쿠니신사 문제'가 얼마나 중요한지를 이해할 수 있다.

그들에게 야스쿠니신사 문제는 조직이 존재하는 이유의 근간에 관한 문제인 것이다.

1980년대 이후 야스쿠니신사 문제에는 'A급 전범 합사'라는 새로운 요소가 추가된다. 1978년 도쿄재판에서 A급 전범으로 판결되어 처형되거나 옥사한 사람들이 야스쿠니신사에 봉안되었다. 그리고 난 후 1985년에 이루어진 나카소네 야스히로(中曾根康弘) 총리의 '공식 참배'는 중국과 한국의 격렬한 비난을 받았다.

"야스쿠니신사에 총리가 공식 참배한 것이 문제시된 것은 A급 전범 합사 때문이다. 중국과 한국의 반발이 원인이다"라고 주장하는 일부 보수파도 적지 않다. 그러나 이러한 주장은 야스쿠니신사 문제의 시간에 따른 변화 양상을 이해하지 못한 근거 없는 주장이 아닐 수 없다. 여기에서 설명하듯이 '야스쿠니신사법안'을 둘러싼 우여곡절 과정에서 '정교일치의 재현'이라는 문제가 드러났고, 이때 처음으로 총리의 공식 참배가 문제시된 것이다. 완고하게 종교성에 집착하는 야스쿠니신사야말로 문제에 박차를 가한 측면이 있다.

야스쿠니신사 문제에서 반드시 인용되는 전 총리 미키 다케오(三木武夫)의 '개인적 참배 원칙 발언'이 나온 것은 1975년, 야스쿠니신사법안이 최종 폐기된 직후다. '정치와 종교'가 문제시되는 가운데 야스쿠니신사에 종전 후 총리로서는 최초로 참배하는 미키 다케오 처지에서는 '개인적 참배'라고 말할 수밖에 없는 상황에 몰려 있었다고도 할 수 있다. 야스쿠니신사 문제는 걸핏하면 이처럼 시간에 따른 변화 양상을 무시한 채 단순한 믿음에 기댄 논의가 여기저기서 보인다. 전몰자 위령이라는 국가 중대사를 논의하려면 기본 사항에 대한 확실한 근거를 가지고 냉정한 논의가 이루어지는 것이 바람직하다.

'야스쿠니신사 문제'의 단초는 '정치와 종교' 문제지, '역사 인식'이나 '외국의 반발'이 아니다. 그리고 그 '정치와 종교' 문제의 최전선에서 벌어졌던 큰 실패와 화근이 일본회의의 원류 중 하나다. 이 점을 고려하면, 일본회의에 중요한 사안은 A급 전범 합사 시비라는 '역사 인식'보다, 어떻게 해서 종교성을 유지한 채 야스쿠니신사에서 위령 행사를 할 것인가 하는 '정치와 종교'의 문제라고 말할 수 있지 않을까.

일본회의에, 야스쿠니신사는 '정치와 종교' 문제의 최전선인 셈이다.

그렇게 생각하면 에토 세이이치와 아리무라 하루코 등 일본회의계 의원들이 보여주는 야스쿠니신사 참배에 대한 '열정'도 이해할 수 있을 것이다.

제 3 장

헌법

드디어 시작된 일본회의에 의한 개헌 '카운트다운'

지금까지 여러 번 등장한 '일본회의의 원류를 만든 남자' 가바시마 유조
와 그가 이끄는 일본청년협의회.

원래는 학생운동단체였던 그들이 화려하게 데뷔한 '원호 법제화 운동'
으로부터 40년 가까운 세월이 흘렀다. 그러나 지금도 일본청년협의회는
일본회의 사무국으로서 운동 계획 수립, 자원 배분, 진행 상태 관리 등의
기능을 담당하고 있다.

현재 그들의 활동 초점은 '개헌'에 맞춰져 있다. 가바시마 유조와 일본
청년협의회가 어떻게 '개헌 운동'을 진행하고 있는지, 그 모습을 그들의
기관지와 운동 현장을 통해 확인해보자.

우선 일본청년협의회의 기관지 「조국과 청년(祖国と青年)」 2015년 4월호
표지를 살펴보자.

하세가와 미치코(사이타마대학 명예교수, 일본
회의 대표위원)의 "헌법 9조[25]를 해부한다"라는
강연록, 이사야마 히토미(諫山仁美)라는 인물
(오로지 일본회의 관련 저작만 출판하는 메이세이샤
明成社의 직원. 1986년생. 그 세계에서는 '젊은이'에
속하는 여성이라고 한다)의 "'수다 카페'에서 헌
법 개정의 여성의 고리를 넓히자"라는 기사
등 개헌 운동에 관한 글이 수두룩하다.

「조국과 청년」 2015년 4월호.

또한 표지에는 실리지 않았지만, 권두 특집으로 '아름다운 일본의 헌법
을 만드는 국민의 모임'의 2015년도 총회 보고 기사가 실려 있다.

'아름다운 일본의 헌법을 만드는 국민의 모임'의 연차 총회는 2015년 3
월 19일에 개최되었다.

정계에서 참석한 사람은 차세대당(次世代の党)의 히라누마 다케오(平沼起
夫), 자민당의 후루야 게이지(古屋圭司), 민주당의 와타나베 슈(渡辺周), 유신
회(維新の会)의 바바 노부유키(馬場伸幸)라는 쟁쟁한 멤버들이다. '1,000만
명 찬성자 획득 운동 추진' '지방의회에서 의견서 채택 운동 추진' 등 2015
년도 운동 방침을 채택하고, 2015년 11월 10일 도쿄 부도칸(武道館, 무도관:
1964년 올림픽 때 건설한 실내 경기장)에서 열릴 예정이던 대회까지(이 대회 개
최 때 모습은 제4장 참조) '500만 명 서명 획득' '중의원과 참의원을 합쳐 의
원 480명 찬성 획득' '35개 도·도·부·현(광역지자체)에서 의견서 채택'을
당면 목표로 공표했다.

이 운동 방침은 자민당의 '2015년 당 운동 방침'과 흡사하다.

'헌법 개정을 당헌으로 하는 보수 정당으로서의 자부심'을 전면에 내

세운 이 운동 방침은 국회의원 1인당 4,000명의 당원 획득을 할당량으로 정하는 등, 개헌을 향한 풀뿌리 발굴을 기본 방침으로 삼고 있다.(자민당, 2015) 아마 자민당의 운동 방침은 '아름다운 일본의 헌법을 만드는 국민의 모임'의 운동 방침과 공동보조를 취하는 것을 전제로 입안되었을 것이다.

이처럼 권두 특집만 봐도 '일본회의·아름다운 일본의 헌법을 만드는 국민의 모임(일본회의의 개헌 운동 별동대)·일본청년협의회'의 개헌에 대한 예사롭지 않은 의지를 미루어 짐작할 수 있다.

그러나 이 호에서 눈에 띄는 것은 이 권두 특집이 아니다. 그것에 이어지는 만화 코너 〈헌법의 시간입니다!(憲法の時間です!)〉야말로 대단히 특이하다.

만화 〈헌법의 시간입니다!〉의 한 장면에 전율하다

〈헌법의 시간입니다!〉는 「조국과 청년」 명물 만화 코너다. 매달 스즈키 요시미쓰(鈴木由充) 편집장(만화 코너에서 필명은 히라가나 표기로 '스즈키 요시미쓰すずきよしみつ')이 직접 담당하고 있는데, '아오키 교코(青木協子)'라는 여성 캐릭터가 일본청년협의회와 일본회의의 운동을 만화로 표현한다는 상투적인 패턴이다. 만화 코너여서 보통은 책 말미에 실리는 경우가 많다. 하지만 이 4월호는 달랐다.

권두 특집 '아름다운 일본의 헌법을 만드는 국민의 모임' 연차 총회 보고 기사 바로 뒤, 기조연설을 한 공동대표 중 한 사람인 사쿠라이 요시코의 클로즈업 사진이 실린 다음 쪽에 4월호의 〈헌법의 시간입니다!〉는 시작하고 있다.

제목은 "개헌 전함 야마토(改憲戦艦ヤマト)". 아오키 교코는 야마토의 승무원으로 분장하고 있다. 남다른 의욕을 보이는 이 호의 〈헌법의 시간입니다!〉는 애니메이션 「우주 전함 야마토(宇宙戦艦ヤマト)」의 패러디인 것 같다.

• 출처: 「조국과 청년」 2015년 4월호.

함장이 "개헌포 발사 준비!"라고 명령을 내리는 것으로 첫 장면이 시작된다.

스코프를 들여다보며 조준점을 맞추는 아오키 교코. 그곳에 '데스 장군'이 이끄는 '호헌 함대'가 습격해 오고 있다. 야마토가 '개헌포' 발사 준비에 들어간 것을 알아챈 데스 장군은 호헌 함대에 "모든 포문을 열어라! 야마토를 침몰시켜라!"라고 명령한다. 포탄에 맞는 야마토. 아오키 교코는 기관사에게 "찬성자 에너지 충전은 아직이야?"라고 다그친다. "300만 400만 …… 500만! 개헌포를 쏘겠습니다!"라고 보고하는 기관사. 그러나 '찬성자 에너지'가 1,000만에 도달할 때까지 발사하지 말라고 함장은 명령한다. 1,000만 '찬성자 에너지'가 충전되자 개헌포를 발사한다. 전멸하는 '호헌 함대'. "해냈다!"라고 소리치며 기뻐하는 아오키 교코.

정말 시시하다. 2015년인데 이런 진부한 '야마토' 패러디를 부끄러운 줄도 모르고 잘도 그렸네, 하고 생각했다. 이런 걸 누가 읽겠어, 하며 그냥 웃어넘기려고 했을 때, 마지막 장면에 쓰여 있는 대사에 전율했다.

"헌법 개정까지 앞으로 480일……."

이것은 일본청년협의회에 의한 '개헌 카운트다운'이 아닌가……

개헌의 분수령은 2016년 참의원 선거

판권지에 따르면 「조국과 청년」 2015년 4월호 발매일은 4월 1일. 2015년 4월 1일에서 480일 후라면 2016년 7월 25일. 참의원 의원의 임기 만료 날이다. 이날까지 참의원 선거가 실시되어 새로운 참의원 의원이 취임한다.

2016년 참의원 선거가 개헌의 분수령이 된다는 점은 대부분의 사람들 생각과 일치한다.

아무리 아베 정권이 개헌을 강하게 지향한다고 해도 현재 참의원 상황에서는 개헌 발의조차 할 수 없다. 따라서 아베 정권은 무슨 일이 있어도 다음 참의원 선거에서 승리를 목표로 필사적인 공세를 펼칠 것이다. 실제로 아베 총리 본인이 "개헌 발의는 내년 참의원 선거 이후가 상식"이라고 발언하고 있다.(「허핑턴포스트The Huffington Post」 2015년 2월 5일) "헌법 개정까지 앞으로 480일"은 틀림없이 이 시간표를 가리켰을 것이다. 즉 일본청년협의회는 2016년 참의원 선거에서 승리해 개헌을 실시하겠다고 선언하고 있는 것이다.

앞 장에서도 언급했듯이 일본청년협의회는 '일본을 지키는 모임'의 사무국이었던 40년 전부터 현재에 이르기까지 꾸준한 운동 방법으로 자신들의 운동 목표를 착실히 정책화해오고 있다. 그들이 해온 운동 거의 모두가 입법화 또는 정령화되어 현실이 되고 있다. 그런 그들이 '개헌'이라는 최종 목표를 향해 2015년 4월 시점에서 명확하게 카운트다운을 시작했던 것이다.

과연 '호헌 함대'는 백전노장인 일본청년협의회가 이끄는 '개헌 전함 야마토'에 맞설 수 있을까?

아베 정권에서 엿볼 수 있는 '반헌' 강령

2015년 7월 28일 '우리나라와 국제사회의 평화 안전 법제에 관한 특별위원회'에서 아베 신조 총리는 민주당 오쓰카 고헤이(大塚耕平) 의원의 질문에 "일본에 대한 직접적인 공격 의사를 표명하지 않은 경우에도 집단적 자위권의 발동은 있을 수 있다"라고 답변해 사실상 '선제공격'을 용인했다. 대체로 헌법 조문을 어떻게 읽어도 '집단적 자위권'이든 '선제공격'이든 용인할 수 있을 리 없다. 그러나 개헌을 목표로 하는 아베 정권은 이 모두를 '헌법 해석의 변경'으로 극복했다.

이로써 헌법은 알맹이가 빠지게 되었다. 알맹이가 빠져 부정되는 것은 쇼와헌법만이 아니다. "정부야말로 헌법을 지켜야 한다"는 입헌주의의 근간까지 녹아 없어져버릴 것이다.

왜 아베 정권은 헌법을 유린하고 입헌주의를 짓밟는 것일까?

그것을 알아낼 열쇠는 역시 일본회의와 그 핵심 조직인 일본청년협의회에 있다.

일본청년협의회가 1970년 안보투쟁 시기에 '생장의 집 학생운동'을 모체로 하는 '전국학협'의 사회인 조직으로 결성된 경위는 이미 언급했다.

일본청년협의회는 현재 일본회의의 사무국 역할을 하고 있으며, 일본회의와 일본청년협의회는 도쿄 도 메구로 구(目黑区)에 있는 사무 빌딩의 같은 층에 본부를 두고 있다. 또한 일본청년협의회 회장 가바시마 유조는 일본회의 사무총장을 맡고 있다. 이런 사실을 고려하면 일본회의와 일본청년협의회는 떼려야 뗄 수 없는 밀접한 관계에 있다고 할 수 있을 것이다.

일본청년협의회는 전국학협의 사회인 조직으로 발족했지만, 출범 직후

일본회의와 일본청년협의회 간판.

인 1973년 전국학협으로부터 제명 처분을 받는다. 학생 조직의 후원을 잃은 일본청년협의회는 직접 학생 운동 조직을 결성할 필요가 생겼다. 그래서 결성된 것이 '반헌법학생위 원회전국연합(反憲法学生委員会全国連 合)', 약칭 '반헌학련(反憲学連)'이다.

'반헌법학생위원회전국연합'이라는 이름이 가리키는 대로 민족파라 할 지라도 그들의 목적은 '개헌'이 아니다. 어디까지나 '반(反)헌법'인 것이다.

'반헌법'은 결국 "현행 헌법을 철저하게 부정한다"는 강령이다. 이 강령 에서는 "쇼와헌법을 쇼와헌법의 개헌 규정에 근거해 개헌한다"는 방법도 부정된다. 만약 쇼와헌법의 규정에 따라 개헌 등을 하면 그것은 분명히 쇼 와헌법을 헌법으로 인정해버리는 것이 되고 만다. 쇼와헌법을 저주해온 생장의 집의 창시자 다니구치 마사하루의 애제자를 자처하는 그들에게 그 것은 절대로 피해야 하는 노선이다. 그렇기 때문에 그들은 '개헌'이 아니 라 '반헌'을 부르짖었다.

쇼와 40년(1965)대부터 준비되어 있던 '반헌' 시나리오

취재 과정에서 이 '반헌 노선'을 설명하는 쇼와 40년대 당시 '생장의 집' 교단의 내부 자료를 입수했다(거듭 언급하지만, 현재 '생장의 집'은 정치운동에 서 손을 떼 일본회의·일본청년협의회와는 전혀 관계가 없다). 다니구치 마사하루

의 책을 헌책방에서 마구 사들이고 있던 중 우연히 헌책들 사이에서 발견한 것이다. 『신국에 대한 구상(神国への構想)』이라는 제목의 이 책자는 1973년에 출판된 듯하다.[26] '반헌학련' '일본청년협의회' 그리고 그 모체인 '생장의 집 청년회'의 정치 목표를 신자들에게 설명하는 내용이다.

『신국에 대한 구상』.

점령 헌법 체제의 해체는, 무엇보다 그 성립의 폭력적인 과정을 규탄하고, 점령군의 강제 제정 방식이 일본제국헌법에 대한 법적 위반 및 국제법 위반이므로, 정통 헌법 복원을 이루어내야 하지만, 그러기 위해서는 헌법 복원이라는 대의에 자기 목숨을 버릴 수 있는 내각 총리대신이 출현 (……) 해야 한다.(생장의 집 청년회 중앙부, 1973)

이 부분을 현대에 적용하면, '아베 신조 같은 총리야말로 이상적이다'라고 단언하고 있다고도 읽을 수 있다.

또한 『신국에 대한 구상』은 헌법 해석의 변경이야말로 개헌보다 더 필요한 것이라고 역설한다.

그러므로 먼저 우리의 당면 과제는, (……) 현재의 점령 헌법 하에서도 가능한 한 나라를 방어할 대책을 세우고, 더 이상 잃지 말아야 할 것을 사수하기 위해 매우 큰 노력을 해야 한다는 것이다. 그 첫째가 **반헌적 해석 개헌이라는 '싸움'밖에 없다.**(굵은 글씨 강조는 저자)

'반헌적 해석 개헌'이야말로 첫 번째 운동 목표라고 단언하는 이 부분 등은, 마침 지금 아베 정권이 추진하는 '헌법 해석 변경만으로 선제공격도 가능'이라는 해석 개헌 남발 노선과 완전히 겹쳐 보인다.

선택적 부부 별성은 왜 최고재판소에서 기각되었을까

일본회의가 목표로 삼는 것은 개헌, 그것도 오로지 헌법 9조라고 생각하기 십상이지만, 그들의 바람은 그것만이 아니다.

2015년 12월 16일.

민법의 다음 두 규정에 대해 최고재판소(대법원 겸 헌법재판소)가 판단을 내렸다.

민법 733조

1항. 여성은, 기존 혼인의 해소 또는 취소일로부터 6개월이 경과하지 않으면 재혼을 할 수 없다.

2항. 여성이 기존 혼인의 해소 또는 취소 전부터 잉태하고 있었을 경우에는 그 출산일로부터 전항의 규정을 적용하지 않는다.

민법 750조

부부는 혼인 시 정한 것에 따라 남편 또는 아내의 성을 쓴다.

최고재판소는 이렇게 판시했다.

- 이혼한 남녀 중 여성에게만 6개월이라는 재혼 금지 기간을 의무화하고 있는 민법 733조의 규정에 대해서는 '위헌'
- 혼인을 하면 부부는 반드시 한쪽의 성에 맞춰야 하는 '부부 동성(夫婦同姓)'을 의무화한 민법 750조의 규정에 대해서는 '합헌'

매우 선명하게 대비된다.

참고로 최고재판소가 법의 규정에 대해 명확하게 위헌 판결을 내리고 법 개정을 촉구한 것은 전후 10번째 사례다. '재혼 기간'을 정한 민법 733조 문제에 관해서는 당연히 역사적인 판결이라고 할 수 있을 것이다.

그러나 왜 '부부 동성 의무'는 합헌이라고 판결해, 부부가 원하는 경우 각자 결혼 전 성을 쓰는 것을 허용하는 '선택적 부부 별성 제도'를 인정하지 않은 것일까?

'이혼 기간'은 위헌성이 인정되고, '부부 동성 의무'에 대해서는 위헌성이 인정되지 않은 이 최고재판소의 판단에 대해서는 다양한 견해가 제시되고 있다. 그중 가장 많은 견해가 여성 판사 전원이 '부부 동성 의무'에 대해 위헌 결정을 내린 점에 주목한 '성별 차이'에 근거한 것이다. 최고재판소 대법정의 판사는 15명. 그중 5명이 '부부 동성 의무'에 위헌 결정을 내렸다. 여성 판사 3명은 확실히 모두 위헌으로 판단했지만, 남성 판사도 2명이나 위헌 판단을 했다. 또한 같은 법정이 '이혼 기간'은 성별에 관계없이 다수 의견으로 위헌 결정을 내렸다. 성별 차이만으로는 설명되지 않는다.

여기에서 주목하고 싶은 것이 일본회의의 움직임이다.

'부부 별성 저지'에 쏟은 일본회의의 열정

　최고재판소의 판단에까지 일본회의의 영향을 생각하는 것은 조금 음모론적인 부분이 있다. 그러나 일본회의 무리가 '부부 별성 저지'에 영토 문제나 교과서 문제 이상이라고 할 수 있는 열의로 오랫동안 대응해왔던 것 또한 사실이다.

　한 가지 사진을 보여주고 싶다. 이것은 일본회의 공식 사이트에 갖춰진 태그 클라우드를 캡처한 것이다. 태그 클라우드는 '그 사이트에서 사용되는 단어의 출현 빈도와 갱신 빈도'를 글자의 크기와 농담으로 표시하는 시스템이다. 출현 빈도가 높은 문자는 크게 표시되며, 그중 최근 등장한 단어는 진하게 표시된다.

　'브라질(ブラジル)'이 크고 진하게 표시되어 있는 것은 최근에 브라질 일본회의의 활동 내용을 소개하는 기사가 사이트에 연재되었기 때문이다. 이 '브라질'을 제외하면 '부부 별성'이 '센카쿠 제도(尖閣諸島)'나 '헌법 개정' 등과 함께 높은 빈도로 나오고 있다는 것을 알 수 있다. 사실 이 공식 사이트에는 친절하게도 '부부 별성'만을 위한 코너가 마련되어 있다.

　그들은 부부 별성 저지를 인터넷상에서 호소하거나 문서를 배포하는 일뿐 아니라 매우 열렬한 운동도 전개하고 있다.

　2010년 일본회의는 부부 별성 저지 운동을 하는 일선 단체로 '부부 별성에 반대하고 가족의 유대를 지키는 국민위원회(夫婦別姓に反対し家族の絆を守る国民委員会)'를 결성했다. 발기인은 사쿠라이 요시코, 하세가와 미치코, 구도 미요코(工藤美代子) 등 낯익은 멤버들이다. 이 위원회는 200만 명의 일반인 서명을 받고, 국회의원 찬성자도 100명을 확보하는 성과를 단

トピックス

安保法 **ブラジル** 日本の息吹
**沖縄 憲法改正 中国問題 尖
閣諸島 教科書 自衛隊** 外国
人土地法 **夫婦別姓** 建国 皇室
「**女性宮家**」 **竹島問題** 人権擁
護法案 **教育基本法 男女共同
参画** 民主党 **外国人参政権** 韓
国併合

過去の記事

일본회의 공식 사이트에서.

기간에 이루어냈다. 2010년 3월 도쿄 빅사이트(도쿄 국제전시장)에서 개최된 '부부 별성에 반대하고 가족의 유대를 지키는 국민대회'에는 전국에서 5,000명이 넘는 참가자가 모였다고 한다. 이 대회에 등단한 정치인도 가메이 시즈카, 히라누마 다케오, 시모무라 하쿠분(下村博文), 에토 세이이치 등 똑같은 얼굴들이다.(일본회의, 2010)

이제 눈치챘을 것이다.

이 운동 방법은 '원호법 제정 운동' 때부터 그들이 잘하는 '국민운동'의 수법이다. 이 '국민대회'의 운영 형태도 제4장에서 조사 보고할 '개헌 1만인 집회'와 완전히 똑같다. 그들은 '원호법 제정 운동'의 성공 이후 거의 실패를 모르는 이 수법으로 입법부에 계속 압력을 가하고 있다.

또한 빼놓을 수 없는 것이 일본회의와 최고재판소 전 장관의 관계다.

일본회의 무리가 성공을 처음 맛본 것은 앞서 언급한 대로 '원호법 제정 운동'이다. 당시 이 운동을 위해 일본회의 무리가 1978년 설립한 것이

'원호법제화실현국민회의'다. 이 단체는 이후 '일본을 지키는 국민회의'로 명칭을 변경해 일본회의의 전신 중 하나가 된다. 그 설립에 남다른 열정을 불태우며 초대 회장에 취임한 사람이 최고재판소 장관을 퇴직한 지 얼마 안 된 이시다 가즈토(石田和外)였다. 또한 2001년부터 2015년까지 14년이라는 긴 세월 동안 일본회의 회장을 맡았던 인물 역시 전 최고재판소 장관인 미요시 도루(三好達)였다.

미요시는 지금도 '아름다운 일본의 헌법을 만드는 국민의 모임'의 공동 대표를 맡고 있으며, 일선에서 물러나지 않았다. 이처럼 일본회의와 최고 재판소는 인사 면에서 무엇인가 관계가 있다는 점에 유의해야 할 것이다. 이대로 가면 현재 최고재판소 장관인 데라다 이쓰로(寺田逸郎)가 퇴임 후 일본회의 회장직을 맡는 것이 부자연스럽다고 생각할 수 없을 정도다.

앞으로 주 전쟁터는 국회가 되는데……

최고재판소가 제시한 판결을 읽어보면 "이런 이야기는 국회에서 논의하고, 국회의 입법 행위로 처리해달라"는 것으로 해석할 수 있다. 사실 최고재판소는 "위헌이라고 할 근거가 없다"는 견해를 나타냈을 뿐이며, 또한 선택적 부부 별성에 대해 헌법상 문제가 있다고 지적한 것도 아니다. 앞으로 논의의 장은 필연적으로 국회로 옮겨갈 것이다.

그러나 앞서 언급한 것처럼 일본회의는 남다른 열정을 쏟아 '부부 별성 저지' 운동을 전개하고 있다. 그리고 점점 갈수록 밝혀지는 것처럼 일본회의 주변의 '한 무리의 사람들'은 "개헌의 목표는 헌법 9조가 아니라 긴급사태 조항과 (전통적 가족관계를 강조하는) 가족 조항의 추가다"라는 주장을 강화하고 있으며, 아베 정권은 이러한 그들의 의견과 공동보조를 취하고 있다.

그렇다면 국회에서의 논의는 난항이 예상된다. 아마 일본회의 무리는 헌법 24조[27]를 바꾼다는 그들의 개헌 목표를 시야에 놓고, 강력한 운동을 전개해나갈 것이다.

12월 16일 최고재판소 판단으로 '부부 별성' 논의는 일단락되었지만, 일본회의 무리의 지금까지 운동 실태와 가족 조항 추가가 그들의 개헌 목표인 점을 감안하면 앞으로 더욱더 눈을 뗄 수 없을 것이다.

제 4 장

풀뿌리

일본회의의 '지방 활동' 실태

일본회의의 운동 방법은 어떻게 실천되고 있을까. 그들이 추진하는 '개헌' 운동을 예로 들어 다시 한 번 그 실태를 살펴보자.

그들이 개헌 운동에서 주로 사용하는 방법은 '1,000만 명 서명 모으기'와 지방의회에서 '국가에 대해 조기 헌법 개정을 목표로 할 것을 요구하는 의견서'를 채택시키는 것이다.

앞서 언급한 것처럼 이 '국회에 헌법 개정의 조기 실현을 요구하는 의견서'는 2014년 2월 이시카와 현 의회가 일본회의 제안 문안 그대로인 의견서를 채택한 것을 시발점으로 하여 출발한다.(29쪽 참조) 그 뒤 자민당 본부가 각지 지부에 "이시카와 현 의회의 채택문을 모델로 각 의회에서 채택하라"고 지시했고, 2014년 말까지라는 짧은 기간에 전국 25개 부·현(광역지자체), 36개 시·정·촌(기초지자체)에서 채택되기에 이르렀다.

이런 운동의 실태를 확인하기 위해 실제로 지방의원을 인터뷰했다. 응해준 사람은 도쿄 도 미나토 구(港区) 의회 나카마에 유키(なかまえ由紀) 의원(무소속)이다.

4선 의원인 그녀는 의회에서 여당 계파 중 하나인 '미나토정책회의' 소속이다(참고로 미나토 구 의회는 지방의회에서 흔히 볼 수 있는 패턴처럼 공산당 외에는 전부 여당인 체제다).

"어릴 적부터 집에서 「산케이신문」을 구독하고 있었고, 애국심이라든지 그런 것을 당연하다고 생각했다"라고 말하는 나카마에 의원은, 자신을 '센터 라이트(center-right, 중도 우파)'로 규정하고 있다. 그러나 그런 그녀도 "일본회의의 주장은 지나치다고 할까, 과격하다고 할까, 따라갈 수 없다"고 말해주었다.

나카마에 의원은 지금까지 몇 차례 일본회의(지요다千代田·미나토 지부)가 주최하는 지방의원을 위한 공부 모임에 참석한 적이 있다고 한다. 그녀에게 일본회의와의 만남에 대해 물어봤지만, "누구에게 소개받았는지는 명확하게 기억나지 않는다. 의원을 하고 있으면 곳곳의 공부 모임에서 연락이 온다. 그런 일 중 하나로 참석했다고 기억하고 있다"라고 말했다.

그러나 공부 모임의 내용은, 어디까지나 지방의원을 위한 공부 모임이라고 생각해 참석한 그녀의 기대를 배신하는 것이었던 듯하다.

"티베트가 어떻다든지, 중국 공산당이 어떻다든지, 북한 이야기라든지, 국가의 외교 정책 같은 이야기뿐이어서, 지방의원으로서 내가 가지고 있는 '마을 만들기'나 '지역 만들기'라는 문제의식과 동떨어진 것이었다."

무기는 '활발한 청원 운동'

인터뷰에 앞서 나카마에 의원은 일본회의 지방 지부가 미나토 구 의회에 제출했던 청원 목록(과거 3기분)을 자료로 제공해주었다. 내부 자료가 일부 포함되었지만, 허락을 받아 그 목록의 사본을 제시한다.(⟨표 7⟩. 표에서 대표자 이름은 지웠지만 동일 인물의 이름이 들어간다.)

청원 제출자는 모두 '미나토 구에서 일본을 좋게 만드는 모임'이다. 나카마에 의원에 따르면, 단체 이름은 다르지만 실질적으로는 일본회의 지방 지부라고 한다.[28]

목록에는 앞서 언급한 '국회에 헌법 개정의 조기 실현을 요구하는 의견서'에 대한 청원, '오가사와라 제도에서 중국 어선 단속을 요구하는 의견서'에 대한 청원, 그리고 「아사히신문」의 위안부 보도의 허위 보도에 대해 국회에서 사실 규명을 요구하는 의견서'에 대한 청원 등, '아무튼 일본회의'라고 할 정책 목표가 망라되어 있다. 주목해야 할 것은 이런 청원 안에 구의회에서 논의돼야 할 지역사회에 관한 청원이 전혀 포함되어 있지 않다는 것이다. 그럼에도 불구하고 청원인은 '미나토 구에서 일본을 좋게 만드는 모임'이라며 일부러 지역 시민운동단체인 것처럼 이름을 내세우고 있다. 이렇듯 '마치 지방에서 시작한 풀뿌리 운동인 것처럼 흉내 낸다'는 점이 일본회의 운동의 큰 특징인 것이다.

미나토 구 구의회의 경우 청원 접수는 의회 사무국이 담당한다. 의회 사무국에 제출된 청원서는 의회 내 각 계파로 전달되고, 청원의 취지에 찬성하는 의원은 청원서에 서명을 한다. 1명이라도 서명한 의원이 있으면 청원 내용에 따라 각 위원회에 회부되어 심의된다.[29]

〈표 7〉 일본회의 지방 지부가 미나토 구 의회에 제출한 청원

	제16기			
청원 번호	제목	청원자	(접수 연월일) 회부 연월일 회부 위원회	결의 연월일 결의 결과
19제22호	'교육수준을 높이기 위한 나라의 지원책'을 요구하는 청원	미나토 구 아카사카 ○○○ 미나토 구의 교육을 생각하는 모임 대표 ○○○	(19. 9. 14) 19. 9. 14 구민문교	21. 6. 19 채택 (찬성 다수)
22 제1호	'외국인 지방참정권 부여 법안 제출'에 대한 신중한 대응을 요구하는 의견서 채택을 요구하는 청원	미나토구 아카사카 ○○○ 외 310명	(22. 2. 26) 22. 2. 26 총무	23. 3. 18 불채택 (찬성 소수) [포럼 민주 1명 퇴석]
22 제11호	미나토 구에 '조선학교 아동 학생 보호자 보조금'을 폐지하는 청원	미나토 구 아카사카 ○○○ 미나토 구의 교육을 생각하는 모임 ○○○ 외 16명	(22. 2. 26) 22. 2. 26 구민문교	23. 4. 30 임기 만료 심의 미료
22 제13호	'부부 별성 제도를 담은 민법 개정안'에 반대하는 의견서 채택을 요구하는 청원	미나토 구 아카사카 ○○○	(22. 6. 10) 22. 6. 10 총무	23. 4. 30 임기 만료 심의 미료

	제17기			
청원 번호	제목	청원자	(접수 연월일) 회부 연월일 회부 위원회	결의 연월일 결의 결과
23제26호	미나토 구 의회 본회의장에 국기 게양을 요구하는 청원	미나토 구 아카사카 ○○○ 미나토 구에서 일본을 좋게 만드는 모임 대표 ○○○	(23. 12. 1) 23. 12. 1 의회운영	24. 7. 6 채택 (찬성 다수)
26 제15호	「아사히신문」의 위안부 보도의 허위 보도에 대해 국회에서 사실 규명을 요구하는 청원	미나토 구 아카사카 ○○○ 미나토 구에서 일본을 좋게 만드는 모임 대표 ○○○	(26. 9. 12) 26. 9. 12 총무	지속 심의
26 제23호	오가사와라 제도 주변 해역에서 중국 어선의 불법 조업에 대해 엄격한 단속을 요구하는 의견서의 제출을 요구하는 청원	미나토 구 아카사카 ○○○ 미나토 구에서 일본을 좋게 만드는 모임 대표 ○○○	(26. 11. 28) 26. 11. 28 총무	26. 12. 18 불채택 (찬성 다수)
27 제2호	국회 헌법 개정의 조기 실현을 요구하는 의견서 제출을 요구하는 청원	미나토 구 아카사카 ○○○ 미나토 구에서 일본을 좋게 만드는 모임 대표 ○○○ 외 18명	(27. 2. 20) 27. 2. 20 총무	27. 2. 26 불채택 (만장일치)

위원회에서는 먼저 의회 사무국 직원에 의해 청원문이 낭독된 뒤, 청원자에 의한 청원 취지 설명이 이루어진다. 즉 청원인에게 의원을 상대로 구두로 정책 내용을 어필하는 기회가 주어지는 셈이다.

예를 들어 "미나토 구의 '조선학교 학생 보호자 보조금'을 폐지하는 청원" 심의에서는, 청원 제출자인 일본회의 지방 조직의 대표가 줄줄이 늘어선 의원들을 앞에 두고 이렇게 청원 취지를 설명했다.

> 일본에서 생활보호를 받고 있는 외국인의 수는 5만 1,441명이나 된다. (……) 매월 16만 엔을 지급하고 있다고 한다. 일본인 자살자가 매년 3만 5,000명을 넘는데, 생활보호를 받지 못한 채 죽어가는 일본인도 매우 많다고 생각한다.(미나토 구 구의회 '구민문교 상임위원회 회의록' 2010년 3월 3일)

이처럼 '조선학교 학생 보호자 보조금 시비'라는 청원의 취지와 별로 관계없는 듯한 자기 의견을 펼치면서까지 정책 포인트를 어필하고 있다. 청원은 어디까지나 의견이나 희망을 언급하는 것에 그칠 뿐 법적 강제력은 없지만, 이런 어필이 의원에게 미치는 영향은 무시할 수 없을 것이다.

이런 식의 꾸준한 청원 제출 작업을 일본회의는 지방의회 무대에서 계속하고 있다.

그러나 어떤 청원을 꾸준히 제기하는 단체는 이 외에 또 있을 법하다. 나카마에 의원에게 그 점을 물어보자 "이렇게까지 체계적으로 계속 제출하는 다른 보수계 단체는 모른다"라고 대답했다.

지방의원에게 배포되는 '정책이 아니라 사상을 묻는' 설문

또한 일본회의는 선거 때마다 후보자에게 설문을 배포해 후보자의 사상적 성향을 확인한다.

인터뷰가 진행된 2015년 3월 시점에서도 4월에 치러질 통일지방선거를 앞두고 각 의원에게 뒤쪽에 제시한 표와 같은 설문을 보낸 모양이다.(〈표 8〉)

일본회의 지방 지부가 도쿄 도 미나토 구 의원 선거 입후보 예정자들에게 배포한 설문조사 요청서와, '헌법 9조' '야스쿠니신사 참배' '교과서 문제' 등과 관련하여 후보자들에게 단도직입으로 사상을 검증하려고 던지는 질문 항목이다.

물론 선거 전에 입후보 예정자에게 설문조사를 실시하는 단체는 일본회의 이외에도 많다.

그러나 그런 설문들은 설문 주관 단체가 추진하는 각 개별 정책에 대한 옳고 그름을 묻는 것으로, 이 일본회의 사례처럼 '모든 방면의 사상적인 판단을 묻는다'는 이데올로기적 설문은 꽤나 이질적이다.

나카마에 의원도 "선거 전에는 설문이 증가한다. 조례의 찬반을 묻는 설문이라든지, 최근에는 학생들의 현장학습을 위한 설문이라든지 그런 게 종종 있다. 그렇지만 일본회의처럼 사상을 통째로 확인하려는 것은 별로 없다"라고 말한다.

〈표 8-1〉 일본회의 지방 지부가 미나토 구 의회의 의원에게 배포한 설문

헤이세이 27년(2015) 3월 2일

미나토 구 의회 의원 선거 입후보 예정자
○○○ 귀하

〒107-0052 미나토 구 아카사카 ○○○
일본회의 지요다 · 미나토 지부 지부장 ○○○

설문조사 부탁

삼가 아룁니다. 늘 건강하시기를 기원합니다.

또한 평소 미나토 구 행정에 진력해주셔서 대단히 감사합니다. 오는 4월 미나토 구 의회 의원 선거에 귀하께서 출마하는 것으로 알고 있습니다.

지금 일본은 '이슬람 국가'의 위협, 원전 문제와 저출산 문제 등 새로운 국가적 위기에 직면해 있습니다. 우리는 일본이 직면하고 있는 문제에 후보자가 어떤 의견을 가지고 있는지 유권자의 판단에 도움이 되는 자료가 필요하다고 생각해 별지와 같은 설문을 작성했습니다. 입후보자 전원으로부터 답변을 받으려고 생각하고 있습니다. 매우 바쁘시리라고 생각합니다만, 부디 협력 부탁드립니다.

설문조사 답변 용지는, 송구하지만 동봉된 봉투로 3월 20일(금)까지 우리 쪽에 도착하도록 반송을 부탁드립니다. 또한 여러분의 답변 내용을 유권자에게 공표하고자 하니, 부디 양해 부탁드립니다.

귀하의 건투를 기원합니다.

감사합니다.

〈표 8-2〉 사상을 노골적으로 묻는 질문 항목

미나토 구 의회 의원 후보자 설문

헤이세이 27년(2015) 3월 2일
일본회의 지요다 · 미나토 지부

* 해당 부분의 □ 안에 체크해주세요.

	찬성	반대	어느 쪽도 아님
① 헌법 9조를 개정한다.	□	□	□
② 안전 확인을 하고 원전을 재가동시킨다.	□	□	□
③ 노동 이민을 적극적으로 받아들인다.	□	□	□
④ 총리가 야스쿠니신사에 참배한다.	□	□	□
⑤ 한국과 중국의 일본 교과서에 대한 간섭을 인정하지 않는다.	□	□	□
⑥ 외국인에게 지방참정권을 부여한다.	□	□	□
⑦ 구의 평화전시회에서는 자위대의 활약도 전시한다.	□	□	□
⑧ 남녀평등 참가보다 능력주의 사회를 목표로 한다.	□	□	□
⑨ 역사적 경관을 지키기 위해 경관 조례를 엄격하게 한다.	□	□	□
⑩ 걸으면서 스마트폰을 사용하는 것을 금지하는 조례를 제정한다.	□	□	□

* 본 설문조사에 대해, 또는 구 행정, 국가 행정에 대해 의견을 들려주세요.

* 설문에 참여해주셔서 감사합니다. 아래에 서명을 부탁드립니다.

(날짜)　　　　(이름)

활동을 지원하는 고도의 사무 처리 능력

의회가 개최될 때마다 나오는 청원서의 제출 빈도, 회의록에 남아 있는 청원자의 발언, 그리고 선거 때마다 실시되는 전 후보자 대상 대규모[30] 설문······. 이런 활발한 활동을 해나가기 위해서는 사무국 측에 질과 양 모두에서 고도의 사무 처리 능력이 필요할 것이다.

나카마에 의원도 "공명당과 공산당은 정례 의회 때마다 국가에 제출해 달라는 의견서 문안을 본부가 각 지방의회에 내려 보내고 있다. 나머지 정당은 그러는 경우가 별로 없다. 일본회의는 정당이 아닌데도 청원을 통해 지방의회에서 국가에 의견서를 올려 보내는 것을 호소해왔으니, 그 조직력과 사무 처리 능력의 높은 수준에 감탄이 나온다"라고 말했다.

공산당, 공명당 같은 국정 정당이 소속 지방의원에게 의견서 채택을 강요하는 운동 방법과, 어디까지나 '시민단체'인 일본회의가 지방 지부를 통해 지방의회에 청원서를 제출하는 운동 방법을 단순 비교할 수는 없다.

다만 나카마에 의원의 이 증언을 통해, 다수의 전담 직원이 필요한 활동에서 일본회의가 공산당과 공명당 등 국정 정당과 같은 정도의 사무 처리 능력을 갖추고 있다는 사실을 새삼 잘 알 수 있다.

도쿄 도 미나토 구의 사례에서 '일본회의는 지방에서 출발한 풀뿌리 운동인 것처럼 흉내 낸다'는 말의 의미를 이해했으리라 생각한다. 동시에 그들의 뛰어난 사무 처리 능력 수준도 이해할 수 있을 것이다.

일본회의는 전국 각지에 지부를 두고 있다. 미나토 구에서 하고 있는 것과 같은 일이, 아마 북쪽은 홋카이도, 남쪽은 규슈·오키나와까지 전국 방방곡곡의 자치단체에서 이루어지고 있을 것이다. 또한 2015년은 통일지방선거의 해였다. 선거를 눈앞에 두고 현직, 신인을 가리지 않고 입후보 예정자를 대상으로 한 일본회의의 활동은 어느 때보다 강했던 것으로 생각된다.

표와 지지를 원하기 때문에 선거를 앞두고 '목소리가 큰' 단체에 흔들리는 것은 정치인의 습성이다. 이 습성을 부정할 이유는 없다. 오히려 그것이 대의제 민주주의의 바람직한 모습이라고 할 수 있다. 하물며 매번 낮은 투표율을 한탄하는 지방의회 선거에서는 확실한 지지가 예상되는 단체에 정치인이 흔들리는 것도 무리는 아닐 것이다.

무명 만담가의 활동이 '보도'되는 이유

2015년 7월 간과할 수 없는 뉴스가 날아들었다.

오사카 덴만구(天満宮)의 바로 뒤쪽에 있는 오사카에서 유일한 만담 극장 '덴마텐진한조테이(天満天神繁昌亭)'가 나카소 치즈코(中曽千鶴子)를 게스트로 부르는 이벤트를 8월에 예정하고 있다는 소식이었다.

헤이트 스피치와 인종차별 문제에 관심이 있는 사람에게는 설명할 필요도 없겠지만, 나카소 치즈코라는 인물은 '교토 조선학교 습격 사건'[31]에 필적하는 최악의 헤이트 크라임(hate crime, 증오 범죄)으로 여겨지는 '도쿠시마 현 교조(教組, 교원조합) 습격 사건'[32]의 주모자다. 또한 2007년을 전후로 추악함의 정도를 더해간 간사이(関西) 지방의 '행동하는 보수'[33] 운동의 주동자 중 한 사람이었다. 그 후 그녀는 해당 사건에 대해 형사·민사 양쪽으로 기소당했다.

만약 그녀가 법원 결정에 순종해 잘못을 뉘우치고 바로잡은 이후에 정

덴마텐진한조테이의 '진짜 있었던 일본의 아름다운 이야기' 이벤트 전단지. 사진 속 위에서 네 번째 여성이 나카소 치즈코다.

치 활동 등을 재개하는 것이라면 별 문제가 없다. 하지만 그녀는 전혀 반성하지 않고 있다. 아직도 예전과 변함없이 헤이트 스피치를 하고 있으며, 도쿠시마 현 교조 습격 사건에서 보여준 것 같은 폭력적인 활동도 마다하지 않는다.

또한 덴마텐진한조테이가 개최하는 '진짜 있었던 일본의 아름다운 이야기'라는 이벤트의 주최자인 가쓰라 후쿠와카(桂福若)에게도 문제가 있었다.

가쓰라 후쿠와카는 최근 간사이 지방에서 헤이트 스피치 활동을 대규모로 전개하고 있는 '손노타이(尊皇隊)'라는 단체에 소속되어 있다. 입담을 생업으로 하는 만담가가 사람의 마음을 짓밟는 헤이트 스피치 단체에 소속되어 활동한다는 것은 언어도단이다.

보수 논단의 '탤런트'를 만들어내는 시스템

일본회의 사무국이 '일본청년협의회'라는 우익단체라는 사실은 거듭 밝혀왔다. 또한 '일본청년협의회'는 1970년 안보투쟁 시절에 탄생한 민족파 학생운동이 원류이며, 이런 민족파 학생운동의 담당자는 신종교 '생장의 집' 학생 신도들이었던 사실도 지금까지 지적한 대로다.

하지만 2015년 현재, 종교단체 '생장의 집'은 좌경화라고도 불리는 노선 변경 후 정치나 사회운동과 관계를 일절 끊고 있다.

그런데 교단의 이 노선 변경에 참지 못하고, 창시자 다니구치 마사하루가 말한 울트라 내셔널리즘 노선을 견지하려는 '생장의 집 본류 운동'이라는 운동이 존재한다. 이 '생장의 집 본류 운동'에서 가장 큰 조직이 '다니구치 마사하루 선생을 배우는 모임(谷口雅春先生を学ぶ会)'이라고 불리는 조직이다. '생장의 집 원리주의자들'이라고 해도 좋을 것이다.

우선 앞에서 말한 만담회의 주최자 가쓰라 후쿠와카와 '다니구치 마사하루 선생을 배우는 모임'의 관계를 살펴보자.

다음에 제시하는 자료는 2014년 4월에 개최된 '다니구치 마사하루 선생을 배우는 모임' 제2회 전국대회에서 배포된 팸플릿이다.

니혼대학 교수 모모치 아키라(百地章)의 강연 후, 점심 휴식과 성가 합창(찬송가 합창 같은 것)이 중간에 끼어 있고, 이어서 오후의 첫 번째 연설자로 가쓰라 후쿠와카가 나서는 것을 알 수 있다.

게다가 그가 주최하는 '진짜 있었던 일본의 아름다운 이야기'라는 이벤트의 전단지 왼쪽 상단을 보면 '신교육자연맹(新教育者連盟)'이라는 단체 이름이 실려 있다.

이 '신교육자연맹'은 재단법인이지만, "다니구치 마사하루 '생명의 실상 철학'에 따른 교육의 원리와 방법"(연맹 사이트에서)을 보급하는 것을 활동 목적으로 하고 있는 '생장의 집 본류 운동'의 한 축을 담당하는 단체다.

'다니구치 마사하루 선생을 배우는 모임' 제2회 전국대회에서의 강연, 그리고 그가 주최하는 이벤트에 대한 '신교육자연맹'의 뒷받침……. 이런 것들을 보면 가쓰라 후쿠와카가 '생장의 집 본류 운동'에 속한 인물임은 확실하다.

이 점을 고려하면 만담가로는 거의 무명이라고 해도 좋을 그가, 일본회의 사업센터에서 「누구나 아는 헌법 이야기 만담편」이라는 DVD를 낸 것도, 여기저기에서 불러주고 그 활동 내용이 신문에 보도되는 것도, 자신의 이벤트를 기획하는 모집 능력을 가지게 된 것도, 감이 오지 않을까.

'다니구치 마사하루 선생을 배우는 모임' 제2회 전국대회에서 배포된 팸플릿. 이 책에 빈번하게 등장하는 사람들의 이름과 함께 가쓰라 후쿠와카의 이름도 있다.

가쓰라 후쿠와카의 사례는 그의 만담가로서 실력 덕분도 있겠지만, 그래봤자 간사이 지역에 국한된 아주 작은 이야기다.

그러나 그가 세상에 나오는 패턴은 이른바 '보수 논객'으로 불리는 사람들이 학회 등의 전문 분야에서 쌓아온 실적이 없는데도 갑자기 논단에서 지명도가 올라가는, 그 매커니즘과 아주 똑같다.

정권에 침투해 보수 문화인을 만드는 일본회의

2015년 6월 25일, 아베 정권을 지지하는 문화인을 동원하여 정권의 발언력 강화를 목표로 아베 신조와 가까운 소장파 의원들이 시작한 스터디 모임 '문화예술간담회'의 첫 회동이 자민당 본부에서 개최되었다. 이 회동에서는 참가자가 언론의 자유를 부정하고 있다고 여겨지는 발언이 여러 차례 튀어나와 큰 물의를 빚었다.

특히 강사로 초청된 작가 햐쿠타 나오키(百田尚樹)의 "정말이지 오키나와의 두 신문사는 반드시 짓뭉개버리지 않으면 안 된다"라고 한 발언.

나가오 다카시(長尾敬, 중의원, 긴키 지역 비례대표, 2선)의 "오키나와의 왜곡된 여론을 올바른 방향으로 가게 하기 위해서는 어떤 조치를 취할 것인가? 좌익 세력에 완전히 점령당한 가운데 이는 중요한 논점이다"라는 발언.

이 두 가지는 더 이상 입이 다물어지지 않는 악질적이고 유치한 발언이다.

'헌법 존중 옹호 의무'(헌법 99조)를 지는 국회의원이, 역시 헌법에 보장된 '집회, 결사 및 언론, 출판 기타 일체의 표현의 자유'(헌법 21조)를 소홀히 하는, 도저히 용서하기 힘든 발언을 하고 있다.

그리고 이러한 발언이 튀어나온 '문화예술간담회' 또한 일본회의나 일본청년협의회와 얕지 않은 관계에 있다.

진흙탕 같은 '문화예술간담회'

우선 "오키나와의 두 신문사는 반드시 짓뭉개버리지 않으면 안 된다"라고 발언한 작가 햐쿠타 나오키. 표절과 기만이 심한 이 인물에 대해 언급하는 것은 붓이 더러워지기 때문에 그다지 거론하고 싶지는 않다. 그래서 대신 사진을 보여주고 싶다.

일본회의가 개헌 운동을 위해 시작한 '아름다운 일본의 헌법을 만드는 국민의 모임'(20쪽 참조) 팸플릿이다. 대표 발기인들의 얼굴 사진이 늘어선 가운데, 오른쪽 맨 아래에 햐쿠타 나오키의 얼굴이 보인다.

햐쿠타는 TV에서도 그럭저럭 얼굴이 팔리고 있기 때문에, 일본회의나 '한 무리의 사람들'에게는 단순히 사람을 불러 모으기 위한 판다곰으로서 소중하게 여겨지는 측면 또한 있을 것이다.

놓쳐서는 안 되는 것은 '문화예술간담회'의 발기인인 중의원 의원 기하라 미노루(木原稔)의 존재다.

기하라는 구마모토 현 제1구 3선 의원이다. 일본회의 구마모토 지부는 다쿠 요시오(多久善郎)라는 인물이 이사장을 맡고 있다. 기하라의 활동 보고 블로그에는 이 다쿠 요시오와 함께하는 모습이 반복해서 올라오고 있다.

이 사실로는 "현지 유력 지원자와 활동을 함께하고 있다"는 점만 짐작할 수 있어서 아무런 문제가 없다. 그러나 이 다쿠 요시오라는 인물은 단

'아름다운 일본의 헌법을 만드는 국민의 모임' 팸플릿.

순히 '일본회의 지방 지부 이사장'에 그치지 않는다. 그는 일본회의 사무국을 담당하는 우익단체 일본청년협의회의 이사장을 또한 맡고 있어서 '한 무리의 사람들' 가운데 매우 중요한 위치를 차지하는 인물 중 하나다.

　아울러 기하라는 '구마모토 현 오야가쿠 추진의원연맹(熊本県親学推進議員連盟)'을 설립하고, '오야가쿠(親学, 가정교육)'라는 것을 제창한 다카하시 시로 메이세이대학(明星大学) 교수를 초청해 강연을 개최하는 등의 일을 하고 있다. 이 다카하시 시로도 일본청년협의회의 중심인물 중 한 명이다.(제5장 참조) 이와 같이 '일본청년협의회' 계열의 인물과 계속 함께 행동하는 기하라의 모습은 이제 '내부 사람'이라고 해도 과언은 아닐 것이다.

　한편 앞서 발언을 소개한 나가오 다카시 중의원 의원에 대해서도 언급해둬야 할 것이다. 나가오 다카시는 자신의 블로그에서 "일본청년협의회(일본회의의 전신)의 멤버이기도 했던 나는"이라고, 이 우익단체에 소속되어 있었던 경력을 넉살 좋게 고백하고 있다.(나가오, 2012) 또한 일본청년협의회 창립자이자 현 회장이기도 한 가바시마 유조에 대해서도 "존경하는 가바시마 씨"라고 솔직하게 존경의 마음을 토로하기도 했다.(나가오, 2007) 이처럼 나가오는 아주 노골적으로 자신이 예전에 일본청년협의회 구성원이었다는 사실과 아직도 이 우익단체에 공감하고 있다는 사실을 표명하고 있다.

'자민당 변질'의 정체

근대 민주주의의 근간을 정면으로 부정하는 듯한 발언이 튀어나왔던 '문화예술간담회'. 여기에 참석했던 햐쿠타, 기하라, 나가오의 이러한 이력을 보면 이 의원 모임은 '일본회의와 그 사무국인 일본청년협의회의 대변기관'이라는 측면을 가지고 있다고 단정할 수밖에 없다.

그리고 안보법제 논의의 좌충우돌에서도 알 수 있듯이, '문화예술간담회'뿐 아니라 자민당 전체가 '표현의 자유'와 '입헌주의' 같은 근대 민주주의의 원칙을 가볍게 짓밟아버리는, 지극히 야만적이고 유치한 정당으로 변질되어버렸다.

그래서 이 유치함과 야만성이 최근 자민당에서 배어 나올 때, 그 배후에는 반드시라고 해도 좋을 정도로, 일본회의와 일본청년협의회를 비롯한 '한 무리의 사람들'의 그림자가 드리우고 있는 것이다.

개헌파 1만 명이 '궐기'한 날

2015년 11월 10일, 일본회의가 주도하는 '아름다운 일본의 헌법을 만드는 국민의 모임'은 '지금이야말로 헌법 개정을! 부도칸 1만인 대회'라고 부르는 집회를 개최했다. 나는 일반 참가자로 이 대회에 참석했는데, 여기서부터는 그때 모습을 보고하고자 한다.

이 대회에 대해서는 각종 미디어가 기사를 전했지만, 대부분은 상세하게 파고들지 않았다.

당연한 일이었다.

여하튼 참가자가 불과 1만 명뿐이었기 때문이다. 1만 명 정도 정치 집회는 드물지 않다. 총리가 집회에 축사를 보냈지만 뉴스 가치는 그다지 없다. 또한 대회 내용이나 등단자 등도 개헌파 모임이라면 뻔한 이야기와 얼굴이어서 특별한 점은 없다. 그렇게 생각하면 적당히 보도를 한 매체의 자세는 당연하다고 할 수 있다. 이 대회 자체는 보도 가치가 없는 셈이다.

하지만 정말 주목하고 검증돼야 할 점은 이 대회 자체가 아니라 대회 '주위'에 있었다.

길에서 만난 '행동하는 보수' 관계자

집회 장소로 향하는 도중에 우연히 처음 만난 두 사람.

사진 왼쪽 인물은 무라타 하루키(村田春樹). '재일 특권을 용납하지 않는 시민 모임(在日特権を許さない市民の会, 재특회)'[34]의 초창기 간부를 지낸 인물

집회 장소로 가다 만난 '행동하는 보수' 관계자.

이다. 지금은 재특회와는 거리를 두고 있다. 그러나 이 무라타 하루키는, '글렌데일 위안부 동상'[35]과 관련하여 활발하게 활동하는 전 재특회 사무국장 야마모토 유미코(山本優美子)와 마찬가지로, '일본회의 무리에 들어간 재특회 관계자'의 필두다. 그는 가바시마 유조와 같은 이벤트에서 강연한 적도 있다.(mahorobajapan, 2013)

오른쪽 인물은 구즈메 고이치(葛目浩一). 간사이의 '행동하는 보수' 무리에서는 신문 「아이덴티티(アイデンティティ)」의 발행인으로 알려져 있다.

간사이의 '행동하는 보수'가 일으킨 최악의 사건이라고 할 '도쿠시마 현 교조 사건'의 주모자인 나카소 치즈코(中曽千鶴子)는 자신의 블로그에 구즈메 고이치를 "정말로 언제나 신세를 지고 있다"라고 소개하고 있다.(나카소 2013) 그가 발행하는 「아이덴티티」는 간사이의 행동하는 보수 무리를 잇는 소식지 역할을 하는 듯한데, 그 무리의 인물이 자기가 이 신문에 다루어진 것을 기뻐하는 모습을 종종 목격한다. 또한 구즈메 고이치가 생장의 집 관련 단체에서 활동한 사실이 확인되고 있다는 것에 유의할 필요가 있다. 앞서 가쓰라 후쿠와카와 나카소 치즈코가 한조테이에서 벌인 이벤트의 배후에 생장의 집 원리주의자들의 네트워크가 존재한다는 것을 암시한 바 있다.(103~104쪽) 이 구즈메 고이치는 그들의 네트워크에서 지위는 낮지만 간사이에서 '행동하는 보수 무리'와 '생장의 집 원리주의자 네트워크'를 잇는 접점 같은 인물로 주목받고 있다.

관광버스로 대량 '동원'

이 '개헌 1만인 대회'를 위해 일본회의에 소속된 각 조직의 동원이 이루어졌다. 참가자 동원은 당연한 이야기로 놀랄 일도 야유할 일도 아니다. 하지만 그 정연한 모습은 눈이 휘둥그레지게 했다.

엄청난 수의 관광버스가 집회 장소 눈앞에 있는 주차장에 속속 세워졌다.

중형 버스 23대, 대형 버스 45대까지 셌지만 너무 많고 빨라 도중에 포기하고 말았다.

주목해야 할 것은 내가 헤아린 이 많은 버스 대부분이 낮 12시 45분부터 오후 1시 30분까지 45분 동안 한꺼번에 도착한 사실이다. 약 45분 동안 70대가 넘는 버스를 주차장으로 유도한 셈이다.

또한 이 버스들로부터 쏟아져 나오는 노인들의 파도, 그리고 버스와는 별도로 역에서부터 걸어서 속속 도착하는 참가자들, 정치인의 자동차들 사이를 누비며, 현장 안내원이 합리적이고 원활하게 안내해나갔다. 안내원의 압도적 다수는 경호원도 이벤트 회사 사람도 아니다. 양복을 입은 일본회의 관계자. 일본회의와 그 주변 인맥은 지금까지 종종 부도칸을 회의장으로 삼아 각종 '1만인 대회'를 개최해왔다. 그때마다 노하우를 축적해온 것이다. 정말 익숙해서 군더더기가 없다.

버스에서 내린 사람들이나 역에서부터 걸어서 온 참가자는 각각 할당된 게이트로 빨려 들어간다. 설치된 입구는 A에서 E까지 5개. A 게이트는 '일본회의' 각 지부에서 동원된 사람들과 보도 관계자의 접수, B·C·E는 단체 접수, 그리고 D가 일반 참가자 접수다.

각종 단체용으로 입구가 나뉘어 있지만, 단체 휘장에 따라 인솔되는 사람의 무리는 없다. 예전부터 일본회의 이벤트에는 붓쇼고넨카이쿄단(佛所護念会教団), 레이유카이(靈友会) 등 소속 단체 이름을 크게 써서 단체별 접수처를 설치했다. 하지만 지금은 종교단체의 이름이 눈에 띄는 이 방식을 중단했다.(우에스기, 2003) 유일한 예외는 신사 관계 단체와 일본유족회. 이 두 단체만은 전통 있는 곳으로 취급해 단체명을 명시하고 인솔하는 것이 허용되고 있다. 그들에게 할당된 것은 A 게이트. '정면 현관'이며 일본회의 지방 회원과 보도 관계자가 이용하는 것과 같은 게이트다. 그들은 '보여도 좋은' 단체로 취급되고 있는 것이다.

하지만 약간 뒤쪽으로 돌아가 있는 B·C 게이트는 양상이 다르다.

'뒷문'이라고도 할 수 있는 B·C 게이트는 정면 입구 이상으로 혼잡했다. 모두 버스에서 질서정연하게 걸어온다. 하지만 단체 이름이 적힌 깃발 같은 것은 없다. 모두 같은 배지를 달고 있다. 자세히 보니 수쿄마히카리(崇教真光) 배지다. 줄 서 있는 사람의 손에 든 번호표에 'C'라고 적혀 있다. 그들은 이렇게 미리 번호표에 따라 나뉘어 있는 것이다. 이 방식이라면 단체마다 동원한 수도 파악하기 쉽다. 결석률도 즉시 계산할 수 있을 것이다. 어느 진영의 집회에서든 자주 사용되는 방법이지만, 이렇게까지 세련된 데 다시 한 번 혀를 내둘렀다.

하지만 수쿄마히카리 배지를 단 사람이 너무나 많다. C 게이트는 항상 혼잡했다. 대회 종료 후에 마히카리 배지를 단 사람에게 슬쩍 물었더니 "마히카리는 이번에 3,000명"이라고 동원 수를 흔쾌히 가르쳐주었다. 마히카리 이외 교단에 할당된 게이트도 비슷하게 혼잡했기 때문에, 신사본청을 제외하고 각 종교단체에서 동원한 인원이 참가자의 대부분을 차지했다고 추측된다.

한편 일반 참가자용 게이트는 정말로 한산했다. 접수 담당자는 있지만 참가자는 거의 오지 않는다. 10분 정도 관찰했으나 그사이에 온 참가자는 단 1명. 앞서 언급한 마히카리를 비롯한 각종 교단의 동원 수와 비교하면 일반 참가자 수는 '오차 범위'라고 해도 좋을 정도로 적은 수준이었다.

압력단체로서 이상형

일반 참가자가 거의 없는 것은 웃어야 할 일이 아니다. 게이트의 수는 5개. 그중 3개가 각종 교단 창구. 방금 전 마히카리의 동원 수 증언에 근거해 각 게이트마다 3,000명으로 계산하면 이것으로 9,000명. 비교적 원활한 흐름이었던 A 게이트를 천 몇 백 명 전후로 치면, 일반 참가자가 거의 없어도 1만 명을 약간 넘는다는 계산이 나온다. 과연 대회 도중 발표한 참가자 수는 1만 1,300명이었다.

일본회의 사무총장 가바시마 유조.

　따라서 이 일본회의에 의한 '지금이야말로 헌법 개정을! 부도칸 1만인 대회'는 결코 '1만 명밖에 오지 않은' 집회라고 말할 수 없다. '1만 명 모으기'라고 공언하고 그 수를 공언한 대로 딱 맞게 달성해낸 집회라고 해야 옳다.

　종교단체의 이벤트에서 1만 명은 그리 놀랄 일이 아니다. 그 숫자가 사전 계산대로라는 것도 이상하지 않다. 그런데 일본회의의 경우는 이해관계가 크게 다른 여러 종교단체와 각종 단체를 묶는 형태로 이를 실현시켜야 한다. 단일 교단의 관리와는 차원이 다르다.

　하지만 일본회의는 공언대로 정확한 숫자를 달성해냈다. 정말 대단한 관리 능력이다!

　쉽게 상상할 수 있듯이, 이 능력은 선거에서도 발휘된다.

　'선거에 즈음해 공언한 대로 숫자를 확실하게 낸다.'

　이것만큼 정치인에게 매력적인 것도 없다. 확고한 고정표는 정체를 알

수 없는 '시대의 바람(時代の風)'이나 '무당파(無党派)'보다 상당히 의지가 된다. 예전부터 이런 압력단체는 진영의 좌우에 관계없이 여기저기에 존재했다. 그런 압력단체에 비하면 일본회의는 약소하다고도 할 수 있다. 그러나 그런 단체는 길어지는 불황과 고령화와 함께 거의 사라졌다. 지금 일본에서 이 정도로 세밀한 동원을 아직 할 수 있는 단체는 일본회의 정도일 것이다. 그 대회에 참석한 국회의원들은 개헌 어쩌고저쩌고 하는 이야기 내용보다 이 동원 수 관리 능력에 매력을 느꼈을 것이다. 또한 정치인이라면 당연히 그러지 않으면 안 된다. 일본회의의 사상·신조 등이 아니라, 이 매력이야말로 정치인들을 '개헌'의 길로 향하게 하는 원동력이다.

대회가 열리는 동안 일본회의 사무총장 겸 일본청년협의회 회장인 가바시마 유조는 처음부터 끝까지 만족한 얼굴로 관중석을 지켜보고 있었다.

가바시마는 숙원 달성을 확신했던 것이 틀림없다.

'국가 제창'과 '진보파 야유'만으로 지탱되는 일체감

이미 지적했듯이, 이 대회 내용 자체에는 대서특필할 만큼 신기한 것이 없다. 사쿠라이 요시코, 켄트 길버트(Kent Gilbert), 햐쿠다 나오키, 호소카와 다마오(細川珠生) 등 일련의 등단자 면면도 언제나처럼 똑같다. 등단자 얼굴을 알고 싶다면 포스터만 보면 된다. 1만 명 안팎의 참가자밖에 없는 진보파 진영 집회에서, 오에 겐자부로(大江健三郎)와 사와치 히사에(澤地久枝)가 등단한 사실을 일부러 보도할 가치가 없는 것과 마찬가지다.

등단자의 발언 내용도 10년을 하루같이 똑같다. 영상도 바뀐 게 없다.

물론 현직 총리인 아베 신조가 '개헌 집회'에 영상 메시지를 보냈다는 것은 강하게 비판받아야 할 것이다. 공무원의 헌법 존중 옹호 의무는 어떻게 된 것이냐고. 그러나 아베 정권의 입헌주의 경시 노선은 어제오늘의 일이 아니다. 그리고 앞으로도 계속될 것이다. 그렇다면 그에 대한 비판은 행사 보도와 분리된 논설로 해야 할 것이고, 이 행사를 언급한다고 해도 '현 정권에 의한 입헌주의 경시 노선의 한 사례'로 취급하는 것이 자연스럽다.

하지만 이 이벤트의 '주변'과 '세부 내용' 그리고 '이야기되지 않았던 것'에 대해서는 역시 냉정하게 검증할 가치가 있다. 그리고 이 검증에서부터야말로 '일본회의'의 참모습이 보이게 된다. 마치 동서 냉전시대에 동쪽 진영 여러 나라에서 당대회의 내용보다는 자리 위치와 발언 순서를 통해 권력 구조의 변화를 읽을 수 있었던 것처럼.

기미가요 제창으로 생겨난 '리듬감'

대회는 예정대로 오후 2시 정각에 시작되었다. 각종 교단에서 대량 동원한 인원이 모두 단정히 앉아 있다. 아무런 열광도 흥분도 없다.

사회자의 인사 후 국가 제창으로 이어졌다. 2시간 정도의 대회[36] 중 국가 제창은 '대회장 전체의 일체감'이 생겨난 얼마 안 되는 순간 중 하나였다. 적절한 단어일지 모르겠지만 '리듬감'마저 있었다.

이 '국가 제창에 따른 리듬감의 발생'이야말로 일본회의를 이해하는 열쇠의 하나다. 한마디로 '보수계'라 통칭해도 동원 대상이 된 각 교단은 각각 내세우는 정책 목표도, 운동에 대한 온도감도 다르다. 황실 숭배에 무게를 두지 않는 교단도 있고, 교육 칙어에만 흥미가 있는 교단도 있다. 또 개헌을 가장 중요한 과제로 삼지 않는 교단조차 존재한다. 모든 교단이 기존의 '보수'와 '우익' 같은 범주에 들어가는 것은 아니다. 그런 다양한 사람들이 "왠지 모르게 보수 같다"라는 지극히 모호한 공통점만으로 원만하게 동거하고 있는 것이 '일본회의'라고 할 수 있다. 그리고 '국가 제창'은 "왠지 모르게 보수 같다"만으로 모인 사람들을 묶는 몇 안 되는 요소 중 하나인 것이다.

'9조 준수파'와 「아사히신문」에 대한 야유

국가 제창 외에 대회장의 일체감이 생겨난 순간이 2번 더 있다.

"일본국헌법을 만든 나라인 미국 출신이다"라고 자신을 소개한 켄트 길버트가 "(9조를 견지하는 것은) 수상한 신흥 종교의 교리다"라고 발언한 순간과, 당일 예고편이 최초 상영된 개헌 선전 영화의 프로듀서라는 햐쿠다 나오키가 "(일본인의 눈을 가리는 것은) 「아사히신문」. 아, 말해버렸다"라고 발언한 순간이다.

켄트 길버트의 발언은 그가 모르몬교 선교사로 일본에 온 것이나, 그 발언이 수쿄마히카리, 레이유카이, 붓쇼고넨카이쿄단의 동원으로 채워진 청중을 향해 나온 것이라는 점을 생각하면 '2015년 너는 말하지 마 대상'이라도 주고 싶을 정도다. 햐쿠다 나오키의 발언도 "아직 그 재료로 밥 먹자는 거야?"라고 동정 어린 눈길로 대해야 하는 정도에 지나지 않는다.

그러나 여기에서 대회장의 일체감이 생겨난 것은 주목할 만하다.

켄트 길버트의 발언도, 햐쿠다 나오키의 발언도 '9조 준수파'나 「아사히 신문」이라는 '왠지 모르게 진보파스럽다'고 여겨지는 쪽을 야유의 대상으로 삼고 있다. 그리고 그 발언의 순간이야말로 국가 제창 때와 같은 일체감이 생겨난다. 이해관계가 크게 다른 각 교단과 단체의 연대감을 낳는 것은 이 '국가 제창'과 '진보파 야유'밖에 없는 것이다. 예전에 발에 차일 정도로 많던 고바야시 요시노리(小林よしのり)[37] 만화를 보고 무엇인가에 눈을 뜬 중학생들과 큰 차이가 없다. 그러나 이런 정말 유치한 규합점이 일본회의 사무국 사람들의 손에 걸리면 훌륭하게 '압력 장치' 기능을 해낸다.

일본회의 사무국 사람들이 하고 있는 것은 '국가 제창'과 '진보파 야유'라는 지극히 유치한 규합점을 축으로 '왠지 모르게 보수 같은' 각종 교단과 단체를 모으고, '숫자'로 표면화시킨 다음 그 '숫자'를 훌륭하게 제어하는 관리 능력을 과시해, 정치에 대한 압력으로 바꿔가는 작업인 셈이다.

개별 구성원은 노인들로 생각이 유치하고 다양할지 모르지만, 이를 묶는 사무국 사람들은 매우 우수하다. 이 사무국 사람들의 우수함이 자민당의 등을 밀어 개헌의 길로 돌진시키고 있는 힘의 정체일 것이다.

언급되지 않았던 '9조 개정'

게스트 연설자의 이야기는 전술한 바와 같이 어린애 장난 같은 것뿐이었지만, 역시나 '아름다운 일본의 헌법을 만드는 국민의 모임' 공동대표 사쿠라이 요시코의 개회사는 잘 반죽된 것이었다. 잘 반죽되어 있다고 해도 내용이 고상하거나 새로운 축을 확립하고 있거나 한 것은 아니다. 사쿠

라이의 인사말은 이 대회 '주위'의 문맥을 매우 교묘하게 섞어 넣고 있다
는 의미다.

이상하게도 일본회의의 개헌 운동 담당 부서이며 이 대회의 주최자인
'아름다운 일본의 헌법을 만드는 국민의 모임'은 독자적인 헌법안을 발표
한 적이 없다. 그들이 말하는 '아름다운 일본의 헌법'이란 어떤 것인지 일
절 말한 적이 없다. 모임의 공식 사이트에 나오는 운동 목표도 "헌법 개정
을 요구한다"는 문구에 그치고 있다. 그들이 눈앞에서 적극 전개하고 있는
서명 활동에 사용되는 서명 용지에도 "나는 헌법 개정에 찬성한다"는 한
마디뿐이고, 무엇을 어떻게 개정할 것인가는 물론 개정의 방향성조차 기
재되어 있지 않다. 즉 '아름다운 일본의 헌법을 만드는 국민의 모임'은 그
동안 "헌법은 개정되어야 한다. 왜냐하면 개정되지 않으면 안 되기 때문이
다"라는 동어반복조차 성립하지 않는 주장만 해온 셈이다.

그러나 이번에 공동대표 사쿠라이의 입에서 개정의 방향성과 약간 구
체적인 내용이 처음으로 언급되었다.

> 대규모 자연재해에 대해서도, 긴급사태 조항조차 없는 현행 헌법으로는 생
> 명을 지켜낼 수 없다. 가정 본연의 모습까지 포함해 문제점이 있는 것은 강
> 조하지 않으면 안 된다.

3분 미만인 그녀의 개회사 속에서 개정 대상에 대해 구체성을 가지고
언급한 곳은 여기뿐이다. 물론 그녀는 일본을 둘러싼 안전보장 환경의 변
화를 일부러 강조했다. 그러나 그것을 근거로 9조에 대해 언급한 것은 아
니다. 어디까지나 그녀가 구체적으로 거론한 말은 다음 2가지뿐이다.

- 긴급사태 조항
- 가족

　이 2가지를 9조보다 우선시하는 자세는 사쿠라이의 원래 모습이 아니다. 이 자세는 바로 제5장에서 자세히 설명하는 아베 정권의 정책 싱크탱크 '일본정책연구센터(日本政策研究センター)'의 개헌 플랜 그 자체다. 사쿠라이는 매우 훌륭하게 '일본정책연구센터'가 제시하는 개헌 플랜대로 '개헌의 방향성'을 보여준 것이다.

　그리고 이 대회가 개최된 2015년 11월 10일에 '개헌의 구체적 내용'으로 '긴급사태 조항'을 거론한 인물이 또 한 명 있다. 게다가 그 발언은 개헌 대회에서 나온 것이 아니다.

　아베 신조 역시 10일 오전(즉 대회 개회 직전)에 중의원 예산위원회에서 '긴급사태 조항'을 개헌의 구체적인 항목으로 꼽았다.

　아베의 발언도, 사쿠라이의 발언도 '일본정책연구센터'의 개헌 플랜대로다. 아베는 이 대회에 보낸 영상 메시지를 대회 5일 전에 녹화했다. 둘 사이에 어떤 협의가 있었던 것은 명백하다. 결코 우연의 일치라고 할 수 없다.

역시 얼굴을 내밀었던 '생장의 집 원리주의자 네트워크'

　제5장에서 자세히 설명하는 것처럼 '일본정책연구센터' 대표 이토 데쓰오(伊藤哲夫)는 한때 '생장의 집' 교단 직원이었던 인물이다. '일본회의'의 추진 모체인 '일본청년협의회'의 근본 또한 '생장의 집 학생운동'이라는

것도 이미 지적한 대로다.

'일본정책연구센터'의 개헌 플랜을 밑바탕으로 한 아베의 발언과 사쿠라이의 발언이 '일본회의' 추진 모체인 '일본청년협의회'가 관장하는 이 대회에서 우연이라고 할 수 없는 일치를 보인 것은, 역시나 이 운동 전체를 '생장의 집 학생운동' 네트워크가 뒷받침하고 있다고 생각하지 않을 수 없게 한다.

게다가 이상한 일이 있었다.

나카지마 쇼지(中島省治)가 단상에 앉아 있었다. '생장의 집 원리주의자'라고 불러야 할 '다니구치 마사하루 선생을 배우는 모임'의 존재에 대해서는 이미 언급했다.(103쪽 참조) 나카지마는 이 모임의 기관지 「다니구치 마사하루 선생을 배운다(谷口雅春先生を学ぶ)」의 편집인이다.

'일본청년협의회'가 원래는 생장의 집 학생운동에서 태어난 단체인 것은 아는 사람은 아는 이야기다(그리고 아는 사람은 나름대로 꽤 있다). 하지만 1983년 10월 '생장의 집' 교단의 정치운동 탈퇴 선언 이후 일본청년협의회는 '생장의 집' 색깔을 숨기고 계속 활동을 이어왔고, 노선을 변경한 '종교법인 생장의 집'과 대립하는 것조차 마다하지 않았다. 또한 '종교법인 생장의 집' 쪽에서도 '일본회의' 계열의 이벤트에 가까이하는 일은 없었다. 모든 의미에서 '종교법인 생장의 집'과 지금의 일본회의 무리의 운동 사이에는 관계가 없다.

나카지마는 '종교법인 생장의 집'에 반기를 든 '생장의 집 원리주의자'들의 기관지 편집인으로 '원리주의 운동'의 얼굴이라고 해도 좋은 인물이다. 또한 일본청년협의회 사람들이 나카지마 등이 주최하는 이벤트에 게스트로 참여하는 것도 확인된다.[38] 하지만 나카지마는 이런 무대 전면에 나서는 인물이 아니었다. 어디까지나 '원리주의 운동의 얼굴' '종교 활동의 얼굴'

나카지마 쇼지.

이 그의 역할이었다. 앞 무대는커녕 정치운동의 자리는 그가 오는 곳이 아니라는 선긋기가 한때 있었다. '생장의 집 원리주의 운동'과 '일본회의'의 관계는 '공공연한 비밀'이라고는 하지만 한사코 숨겨져왔을 것이다.

하지만 나카지마는 엄연히 앉아 있다. '아름다운 일본의 헌법을 만드는 국민의 모임' 임원 명부에 이름조차 실려 있지 않은 그가, '아파(アパ)'라는 회사의 사장 부부 뒤에 앉아 있다. 이것은 도대체 어떻게 된 일일까…….

부자연스러웠던 '의원석'의 이유

또한 무대 위에 마련된 국회의원석 서열도 부자연스러웠다.

무대 중앙에 마련된 연단 쪽을 상석이라고 하면, 맨 앞줄에 앉은 국회의원은 상석부터 이런 서열이 된다.

후루야 게이지(古屋圭司, 자민당)

마쓰바라 진(松原仁, 민주당)

후지마키 다케시(藤卷健史, 오사카유신おおさか維新)

나카야마 교코(中山恭子, 차세대당次世代の党)

에토 세이이치(衛藤晟一, 자민당)

시모무라 하쿠분(下村博文, 자민당)

나카소네 히로후미(中曽根弘文, 자민당)

야마타니 에리코(山谷えり子, 자민당)

신도 요시타카(新藤義孝, 자민당)

후루야 게이지부터 나카야마 교코까지 서열은 알 수 있다. 정당 의석수 순이다. 여기까지는 각 정당 대표로 앉아 있는 것이다. 후루야가 자민당을 대표하는 것도 자연스러운 일이다. 그는 아베 신조보다 당선 횟수가 많다. 각료 경험도 풍부하다. 무엇보다 세이케이대학(成蹊大学)의 선배로서 후배인 아베 신조와 매우 친밀하다. 여기까지는 이해가 간다.

하지만 각 당 대표 이후 '일반 의원'의 서열이 지극히 부자연스럽다.

왜 에토 세이이치가 앞인 것일까? 시모무라 하쿠분 이후는 거의 각료 경험자뿐이다. 한편 에토 세이이치는 총리보좌관이기는 하지만 각료 경험이 없다. '일본회의국회의원간담회' 등의 의원연맹 순서로 해도 고위 의원은 그 밖에도 있고, 두 번째 열 이후에 앉아 있는 고위 의원도 있다.

에토 세이이치를 '일반 의원의 필두'로 대우한 이유가 눈에 띄지 않는다. 만약 있다면 에토 세이이치가 '일본청년협의회' 부대표였다는 점밖에 생각할 수 없지 않을까.

지금까지 지적한 것을 정리해보자.

- '아름다운 일본의 헌법을 만드는 국민의 모임' 공동대표 사쿠라이 요시코에 의해 처음 발표된 개헌의 방향성은 '일본정책연구센터'의 개헌 플랜 그 자체다.
- '아름다운 일본의 헌법을 만드는 국민의 모임' 임원 명단에 이름이 없는데도 '생장의 집 원리주의 운동'의 얼굴 나카지마 쇼지가 단상에 앉아 있다.
- 에토 세이이치의 서열이 일반 의원 필두인 이유는, 에토 세이이치가 '일본청년협의회'의 부대표였다는 점밖에 생각할 수 없다.

이렇게 이 대회의 특이점을 열거해보면, 여하튼 '생장의 집 학생운동'에 연원을 둔 '한 무리의 사람들'의 영향을 지적할 수밖에 없지 않을까.

'지금이야말로 헌법 개정을! 부도칸 1만인 대회'는 수쿄마히카리, 레이유카이 등 각종 교단과 일본유족회를 비롯한 다양한 보수계 단체에 의해 동원된 사람들을 '개헌을 요구하는 다수의 시민'으로 시각화함으로써, 정치인들에게 압력을 가하는 것을 목적으로 한 이벤트였다. 이 자체에 문제는 없다. 이것도 의회제 민주주의의 한 형태다. 그러나 그 이벤트의 프로듀스를 하고, 각본을 쓰고, 숫자를 관리한 것이 '한 무리의 사람들'이라면 다른 종류의 문제가 발생한다.

공개적이고 철저한 논의가 요구되는 국정 문제에서 특정의 특수한 사상을 받드는 결코 가시화되지 않는 사람들이, 정체를 밝히지 않은 채 국가 중대사에 개입하려고 드는 것이므로, 꺼림칙한 사태라고 해야 옳을 것이다.

학생들에게 접근하는 일본회의·일본청년협의회

'개헌 1만인 집회'의 개최 장소에서는 백발이 눈에 띄었다. 실제로 일본회의와 그 주변이 개최하는 이벤트 참가자는 고령자가 많다. 참가자 평균 연령은 60대 후반에서 70대 초반이라고 할 것이다. 스터디, 궐기 집회, 소송 보고회 등 지금까지 그들이 진행한 다양한 이벤트를 관찰해왔지만, 어떤 장소에서도 이런 경향은 변하지 않는다.

하지만 스태프는 젊다.

그중에는 아무리 봐도 대학생으로밖에 생각되지 않는 젊은 남녀도 있다. 그들은 30대에서 40대로 보이는 관리자들로부터 지시를 받아 다양한 임무를 수행하고 있다. 익숙하지 않은 양복을 입고 묵묵히 작업을 하는 그들의 모습은 '학생에 의한 사회운동'보다는 '인턴'이나 '사회인 체험'이라는 말로 표현하는 것이 실태에 가깝다. 인원도 상당히 많다. '개헌 1만인 집회' 어느 게이트에서든 7~8명 안팎이 접수와 안내를 하고 있었다. 게이트가 5개니 접수 담당만으로 40명 정도 인원을 준비하고 있는 셈이다. 또한 회의장 내외 경비와 게스트 안내 등으로 같은 정도 인원이 있다. 스태프의 전체 수는 대충 추정해서 100명 전후일 것이다.

그중 한 명을 붙잡고 "당신들 역시 가바시마 씨와 이 일본청년협의회 소속 사람들인가?"라고 물어봤다. 눈을 맞추지 않는다. 얼굴을 보니 울 것 같은 표정을 짓고 있다. "당신 내력을 묻고 있는 게 아니다. 소속을 묻고 있을 뿐이다. 소속 정도는 말할 수 있겠지"라고 따지자, 고개를 숙인 채로 "……네, 그렇습니다"라고 대답해주었다. 누설하지 않도록 입단속을 하고 있는지도 모른다.

역시나 그들은 일본청년협의회에 소속되어 있는 모양이다.

이미 쓴 것처럼 일본회의 본부는 일본청년협의회와 같은 건물의 같은 층에 입주해 있다. 또한 일본청년협의회 회장인 가바시마 유조는 일본회의 사무총장이다. 이런 사실에 근거해 '일본청년협의회야말로 일본회의의 핵심이며 추진 모체다'라고 지적해왔다. 그런데 스태프도 일본청년협의회에서 나온 것이라면, '운동체로서 일본회의는 일본청년협의회가 도맡아 하고 있다'고 단언해도 좋을 것이다.

일본청년협의회가 일본회의의 운동을 도맡고 있기는 하지만, 그들이 어떻게 학생 스태프를 모으고 있는지는 불분명하다. 일본회의 기관지「일본의 숨결(日本の息吹)」도, 일본청년협의회의 기관지「조국과 청년」도 젊은이가 읽을 법한 잡지는 아니다. 일반 서점에서 판매하는 것도 아니기 때문에 애당초 학생이 손에 넣을 기회가 없다.

일본청년협의회는 '반헌학련(反憲学連)'과 '전일본학생문화회의(全日本学生文化会議)'라는 학생 조직을 가지고 있다. 전자는 일본도와 쇠파이프로 무장하고 좌익 학생운동을 습격하는 무투파(武闘派, 무력투쟁파) 노선, 후자는 독서회와 스터디를 하는 문교(文教, 문화와 교육) 노선으로 서로 구분된다. 무투파 노선인 '반헌학련'은 1990년대 이후 그 활동이 확인되지 않고 있다. 다른 한쪽인 '전일본학생문화회의'는 지금도 고쿠가쿠인대학 등에서 활동을 계속하고 있는 것 같지만 그다지 활발하지는 않다.[39]

또한 일본청년협의회의 기원이 '생장의 집 정치운동'에 있다고는 해도, 더 이상 그들은 현재의 '생장의 집' 교단과는 전혀 관계가 없기 때문에 종교단체로부터 젊은 층을 동원할 수도 없다. 모든 방향에서 생각해봐도 일반 학생이 일본회의나 일본청년협의회의 활동과 접점을 가질 기회는 생각하기 어렵다.

하지만 현실에서는 젊은 사람이 다수 있다. 과연 일본청년협의회는 어떻게 학생들을 조직한 것일까?

계기는 만화가 '고바야시 요시노리'

"일본청년협의회라든지는 전혀 몰랐다."

취재를 타진하고 나서 반년 만에 겨우 만날 수 있었던 사람은 입을 열자마자 이렇게 말했다.

그의 이름은 하야세 요시히코(早瀬善彦, 33세). 현재 도시샤대학(同志社大学)에서 촉탁 강사를 맡고 있다.

하야세 씨는 '새로운 역사 교과서를 만드는 모임(새역모)' 전 회장 니시오 간지가 일본회의 무리와의 결별 선언으로 출간한 『보수의 분노(保守の怒り)』에 일본청년협의회 조직의 실태를 고발하는 수기를 실었다. 그러나 그 수기는 간략한 언급에 머무르고 있어 핵심 부분이 보이지 않는다. 어떻게든 그를 만나고 싶었다.

"나는 지금도 보수며, 기본적으로 아베 정권을 지지하고 있다. 개헌도 찬성이다. 게다가 좌익이 정말 싫다. 그런데 그 이상으로 일본회의라고 할까, 그 무리가 싫다."

그의 입에서 나온 말은 조금 과격하다. 그러나 이렇게까지 심하게 일본
회의를 싫어하는 데는 분명 이유가 있다. 우선 그의 이야기를 들어보자.

그가 일본청년협의회와 처음 접점을 갖게 된 것은 교토대학(京都大学)
입학을 목표로 재수를 하고 있던 2001년이라고 했다.

"고등학교 2학년 때쯤 와타나베 쇼이치(渡部昇一)와 다니자와 에이치(谷
沢永一)의 대담 책 같은 것을 읽었다. 감화되었다고 할까, 물들어버렸다."

하야세 씨는 1982년생. 그가 고등학교 2년이면 1998년이다. '새로운 역
사 교과서를 만드는 모임' 결성 2년 후에 해당한다. 당시 '새역모'의 활동
은 전성기를 맞이하고 있었다. 1996년 8월 일반 서적으로 출판한『교과서
가 가르치지 않는 역사(教科書が教えない歴史)』는 베스트셀러 기록을 계속
갈아치우고 있었고, 2001년 교과서 채택을 겨냥해 니시오 간지, 니시베 스
스무(西部邁), 고바야시 요시노리(小林よしのり) 등 '새역모' 소속 문화인들
이 대규모 언론 공세를 가하던 시기다.

"그래서 나도 「사피오(SAPIO)」라든가 「세론(正論)」을 읽었다. 점점 고바
야시 요시노리의『신 고마니즘 선언(新·ゴーマニズム宣言)』**[40]** 같은 것에 빠져
버렸다."

보수 논단에 빠진 탓인지 그는 대학 입시에 실패하고 재수생의 길을 택
한다. 그가 재수생 생활을 시작한 2001년 4월은 때마침 '고이즈미 선풍'이
불어 닥쳐 고이즈미 준이치로(小泉純一郎) 총리가 탄생한 시기와 겹친다.

"그래서 갓 태어난 고이즈미 내각에 대해 보수 논단이 가장 고집한 것
이 야스쿠니신사 참배였다. 고이즈미 씨가 야스쿠니에 가겠다고 말했기
때문에."

「세론」2001년 9월호 203쪽.

    확실히 그랬다. 고이즈미는 패전기념일인 8월 15일에 공식 참배하겠다는 것을 공약으로 내세웠다.

    "그래서 나도 계속 그 일을 신경 쓰고 있었다. 고이즈미 총리는 8월 15일에 야스쿠니에 가야 한다고 생각하면서. 그리고 그 논의가 뜨거운 가운데, 언제나처럼 월간지 「세론」을 읽다보니 광고가 있었다. '고이즈미 총리와 함께 야스쿠니신사에 참배하자' '청년이여 참배하자'고. 그 광고에 일본청년협의회 등의 이름이 있었는지는 기억나지 않는다. 그 광고를 보니 '그런 마음이 있는 학생이 도쿄에는 역시 있구나'라고 생각하고 바로 신청했다."

    취재 후 「세론」의 과월호를 찾아봤다. 있었다. 이 광고다.

    실린 곳은 2001년 9월호 203쪽. 확실히 일본청년협의회의 이름은 없다. 광고 하단은 '고이즈미 총리와 이시하라 도쿄 지사의 야스쿠니신사 공식 참배를 지원하는 도민 집회'라는 다른 이벤트의 고지다. 하지만 여기에도 일본청년협의회 이름은 없다. 단지 후원단체로 '일본회의 도쿄도의회 의원간담회'라는 명칭이 보일 뿐이다. 이것으로는 기억에 수수께끼로 남지 않을 것이다. 분명히 이벤트 사무국으로 게재되어 있는 메구로 구(目黒区) 아오바다이(青葉台)라는 주소는 일본청년협의회와 일본회의 본부 사무소의 소재지다. 그러나 당시 18세였던 하야세 씨가 그런 것을 알았을 리 없다.

"그런데 고이즈미 씨는 결국 13일에 참배해버렸다. 그래서 15일에 갈 의미가 없어졌다. 그러나 부모님께 돈을 받았고 같은 세대의 친구도 사귀고 싶어서 결국 가기로 했다."

순수한 애국심과 소년다운 동기로 하야세 소년은 상경한다.

"갔더니 학생은 2~3명밖에 안 왔다. 나머지는 어른들뿐. 그래서 어떤 단체인지 물었더니 '자발적으로 모인 단체'라고 대답했다. 끈질기게 물었더니 겨우 '일본청년협의회'라고 밝혔다."

그러나 이 이름을 들어도 당시 하야세 소년은 아무것도 느끼지 못했다. 그 뒤 모두 함께 참배. 애국심에 눈을 뜨고 처음으로 야스쿠니신사를 참배한 소년은 솔직히 감동한다.

"참배가 끝난 뒤 음복 잔치가 있었다. 야스쿠니신사 근처에 있는, 그들이 늘 사용하는 세미나 하우스에서. 처음에는 나를 초대할지 어쩔지 꽤 소곤소곤 의논했다. 내가 꼬치꼬치 여러 가지 물어봤기 때문일 것이다. 그래도 결국 음복 잔치에는 초대를 받았다. 그리고 돌아갈 때 '간사이에 살고 있다면, 우리 동료는 간사이에서도 동아리 활동을 하고 있으니까 대학에 합격하면 찾아가서 참가하면 된다'며, 동아리 주최자의 이름과 동아리 이름을 가르쳐주었다. 그것이 '학생문화회의'였다."

야스쿠니를 뒤로하고 귀향한 하야세 소년은 이후 입시 공부에 매진……

이라고 쓰고 싶지만, 그렇지는 않았다.

"재수생인데 여러 가지 활동을 했다. '중국과 한국은 안 된다!' '진보파는 안 된다!' '새역모는 틀리지 않다' 같은 이야기만 했다. 입시학원 강사는 좌익 색채를 띤 사람이 많아서 강사에게도 싸움을 걸었다. 강사는 '네가 말하고 싶은 것은 알겠지만 대학에 합격하고 나서 하라'고 말했다. 지금 생각하면 옳은 말이다."

한시라도 빨리 '국가를 위한 활동을 하고 싶다'는 희망을 품은 하야세 소년은 결국 2002년 4월 교토에 있는 도시샤대학 문학부에 진학했다.

입학 후 그는 곧바로 야스쿠니에서 알게 된 동아리를 찾아가 문을 두드렸다.

이렇게 해서 「세론」에 실린 광고의 호소에 순수한 애국심으로 응한 소년은 일본청년협의회 학생 조직에 흡수되었다.

아마 지금도 일본청년협의회는 이 방법으로 학생들을 모으고 있을 것이다. 이렇게 모집된 학생들이 앞에서 살펴봤던 '개헌 1만인 집회'의 스태프들처럼 '국민운동'의 현장에 동원되고 있다.

천황 행차 때 흔드는 작은 일장기 배포

월간지 「세론」에서 본 광고를 계기로 야스쿠니신사 집단 참배 이벤트에 참가한 하야세 씨는 도시샤대학 문학부 진학 후 소개받은 동아리에 가입했다.

"처음 초대된 건 5월쯤. 교토에 온 천황을 환영하러 가는 활동이었다."

하야세 씨의 입학은 2002년 4월. 궁내청 기록을 보면 확실히 그해 5월 천황과 황후는 교토에 행차했다. 천황과 황후의 차량 행렬이 지나가는 길가에는 작은 일장기를 든 시민들이 모인다. 그 군중에 동참하는 것이 하야세 씨의 활동 데뷔였다.

"그때 들었다. '저 작은 깃발의 배포는 우리가 하고 있는 거야'라고."

하야세 씨의 이 증언도 지금까지 모아온 모든 관계자들의 증언과 부합한다. 그 작은 깃발을 배포하는 곳은 일본회의와 일본청년협의회다. 물론 그들과 관계없는 사람들이 배포할 수도 있지만 그런 경우는 드물다. 대부분의 경우 전국 어디서나 그들이 중심이 되어 하고 있다. 물론 일본회의라고 이름을 밝히지는 않는다. 또한 배포 활동에 동원된 사람들이 일본회의를 돕고 있다는 자각이 없는 경우도 있다.

행차하는 길가에 모인 시민에게 일장기를 배포하는 활동을 슬쩍 엿본 하야세 소년은 완전히 이 단체의 포로가 된다.

"지금 돌이켜보면, 그때 이미 학생문화회의는 역사도 전통도 있는 대단한 단체구나, 하고 생각하게 되었다."

정념뿐이고 논리가 없는 독서회

이 활동 직후에 열린 이와시미즈하치만궁(石淸水八幡宮) 합숙을 시작으로 하야세 씨는 다양한 합숙과 스터디에 불려 다녔다.

"교토의 사이인(西院)에 사무소 같은 것이 있는데, 그곳에서 스터디를 하고 있으니 와달라고 권유를 받았다."

사무소는 "허름한 단독주택이었다"고 한다. 독서회에서 사용된 텍스트는 고야나기 요타로(小柳陽太郎)의 『교실에서 사라진 '사물을 보는 눈' '역사를 보는 눈'(教室から消えた「物を見る目」, 「歴史を見る目」)』이었다. 고야나기 요타로의 이름은 일반적으로 익숙하지 않을 것이다. 도쿄대학 문학부 재학 중 학도병을 경험한 고야나기는 돌아온 뒤 규슈대학(九州大學) 문학부에 편입한다. 졸업 후에는 주로 후쿠오카의 슈유칸고등학교(修猷館高校)에서 국어 교사로 일했다. 대표적인 공동 저서로 『헤이세이(아키히토)천황의 시조를 우러러본다(平成の大みうたを仰ぐ)』『영원한 황실을 우러러보며(永遠の皇室を仰いで)』등이 있다.

"말하는 게 정념뿐이다. 논리성이 전혀 없다. 입만 열면 정념이다. 그래서 그들은 금세 오카 기요시(岡潔) 이야기를 한다. 확실히 오카 기요시는 정념의 중요성을 설파하고 있지만, 그 사람은 우선 제대로 된 수학자로서 사상이 있기 때문에 정념도 말할 수 있는 것이다."

원래 이공계를 지향했던 하야세 씨는 논리가 없는 정신론만 선행하는 이 학습회에 강한 위화감을 품었다.

"사실 제대로 된 책을 읽고 싶었다. 토크빌((Alexis de Tocqueville)이라든가. 좌익을 비판한다면 제대로 마르크스도 읽고 싶었다. 그래서 '어째 여기, 이상한데'라고는 생각하기 시작했다."

이 독서회를 전후해 하야세 씨는 어떤 간부로부터 "네 분 선생님의 가르침"이라는 말을 들었다. '네 분 선생님'이란 다니구치 마사하루(생장의 집 창시자), 미시마 유키오(三島由紀夫, 우익 민족주의 작가), 오다무라 도라지로(小田村寅二郎, 우익단체 국민문화연구회 설립자), 아시즈 우즈히코(葦津珍彦, 일본 신도 보수계 인물). 그가 이 말을 기이하다고 여긴 것은 "이것은 안으로 들어온 사람에게만 가르쳐주는 건데……"라는 서론이 붙었기 때문이다. "누구에게도 발설하면 안 된다"는 말도 들었다고 한다. 이래서는 위화감만 커질 뿐이었을 것이다.

합숙에서 치러진 이상한 의식

그 위화감을 간직한 채 대학 첫 여름방학을 맞이한다. 매년 '전일본학생문화회의'는 여름에 후지 산(富士山)에서 대규모 합숙 행사를 열고 있다. 이 합숙에 하야세 씨도 초대된다.

초빙된 강사진은 나고시 후타라노스케(名越二荒之助)와 다쿠 요시오 등의 멤버. 나고시는 「조국과 청년」에서 견고한 논진을 구성하고 있던 일본청년협의회의 대표 이론가 중 하나였던 인물(2007년 사망)이다. 다쿠는 일본청년협의회 이사장 직함을 가진 톱클래스 간부다.(107쪽) 일본청년협의회 측이 이 합숙에 남다른 힘을 쏟고 있는 모습이 엿보인다.

"이야기의 내용은 '동남아 사람들은 일본에 감사하고 있다'라든가 그런 것뿐. 그리고 그런 이야기를 듣고, 그 뒤 반성회를 하는 것이다. 그리고 '자기관찰'이라든가를 하게 한다. 2명이 한 조가 되어 명상 같은 것을 하고, 자기 자신의 일을 반추하고 관찰하라는 지시를 받는다. 내 상대는 다쿠 씨였다."

"그리고 그 뒤 이상한 의식이 시작되었다. 신관이 오고, 뭔가 대단한 신관이라고 선전했는데, 그 사람이 신도(神道) 의식을 치렀다. 히토가타(ヒトガタ, 인형. 신도에서는 가타시로カタシロ라고도 한다)를 만들어서 그것에 숨결을 불어넣거나 했다."

이미 다니구치 마사하루를 '네 분 선생님'의 한 사람으로 숭배하고 있다는 말을 들은 데다 이렇게 이상한 의식을 목격한 하야세 씨는 이때쯤부터 '아, 이것은 종교구나'라고 눈치를 채게 되었다.

젊은 인재 공급원은 학생운동의 '2세와 3세뿐'

'아무래도 여기는 종교계 모임 같다'고 눈치는 챘지만 좀처럼 동아리에서 벗어나지 못한 채 그해 가을을 맞이했다. 가을에는 가고시마에서 합숙이 열렸다.

"이 합숙에는 무지무지 참가자가 많았다. 나가사키대학 사람이라든지."

지금까지 말했던 것처럼, 일본회의와 일본청년협의회의 시작은 1968년 나가사키대학 학원 정상화 운동으로 거슬러 올라간다. 현재 일본회의 사무총장 겸 일본청년협의회 회장을 맡고 있는 가바시마 유조는 이 운동에서 일약 민족파 학생의 영웅이 되었다. 나가사키대학은 말하자면 그들의 고향인 셈. 그 나가사키대학에서 참가자가 가장 많았다는 것이다.

"지금 생각하면 멤버는 모두 학생운동의 2세, 3세다. 부모 얘기를 듣고 마지못해 온 사람도 있었다. 결국 그들의 인재 공급원은 2세, 3세밖에 없다. 나 같은 유형은 이례적이다."

분명히 그것도 그럴 것이다. 가바시마 유조의 딸 가바시마 아케미(桃島明実)가 '전일본학생문화회의'에 소속되었던 사실이 확인된다.

"미야자키 마사하루(宮崎正治, 전 일본청년협의회 간부. 현재 일본교육재생기구 상무이사. 한차례 운동에서 배제되었지만 훗날 용서를 받고 복귀했다)의 아들도 어딘가에서 열린 합숙에 왔다. 그는 컬러가 달랐다. 참가하는 것이 정말 싫은 것 같았다. 그 사람, 교토대학 공학부다. 이과여서 정념이 앞서고 논리가 결여된 그 분위기를 정말 싫어하는 느낌이었다."

이 비논리적이고 정념이 앞서는 형태의 사고는, 내부 스터디뿐 아니라 가두선전 등 외부 활동에서도 발휘되었다.

"합숙에 왔던 나가사키대학 학생 중 한 명, 마음이 맞지 않는 녀석이 있었다. 그 녀석은 '나는 A급 전범은 무죄다, 하고 가두연설을 했다. 그런데 거리에서 사람에게서 A급 전범은 왜 무죄야?, 하는 질문을 받았을 때 설명할 수 없었다. 정말 공부가 부족했다'라는 이야기를 자랑스럽게 했다. 믿을 수가 없었다. 가두선전을 하려면 그런 공부 좀 하고 하라고 지적했다. 그랬더니 '지식보다 중요한 것이 있다!'라는 등의 말을 늘어놓기 시작했다."

이러니 하야세 씨가 어이없어한 것도 무리는 아닐 것이다.

"비밀이야"라고 그들은 말했다

어이없는 체험만 이어지던 중, 하야세 씨는 2003년 1월 또 합숙에 초대된다. 이번 개최지는 도쿄. 이때 처음으로 메구로 구 아오바다이에 있는 일본회의와 일본청년협의회 본부에 안내되었다.

"건물에서 같은 층이었으며, '여기가 일본회의이자 일본청년협의회야'라는 설명을 들었다. '일본청년협의회가 결국 실질적으로 모든 사무를 하는 것인가?'라고 물어보자, '비밀이지만'이라고 말했다. 같은 층에 칸막이도 아무것도 없었다."

도쿄 합숙에는 강사로 일본정책연구센터 대표 이토 데쓰오(제5장 참조)도 참가하고 있었다고 한다.

"이토 씨는 좀 지적이다. 정책 성향의 이야기를 한다. 우리에게 패트릭 뷰캐넌(Patrick Buchanan, 미국 극우파 정치인이자 언론인)의 책을 읽으라거나 추천하거나 했다."

이와 함께 하야세 씨는 드디어 이 도쿄 합숙에서 찾고 있던 동지와 만날 수 있었다.

"이때 처음 와세다대학(早稻田大学)의 멤버와 만났다. '와세다국사연구소'라는 동아리의 사람들. 전혀 색깔이 달랐다. 그들은 제대로 카를 슈미트(Carl Schmitt, 독일 법학자이자 정치학자. 가톨릭주의자, 나치 협력자)라든가 에드먼드 버크(Edmund Burke, 영국 정치인이자 정치철학자. '보수주의의 아버지'로 불림) 등을 읽고 있었다. 그래서 말이 통했다."

합숙에 참가한 도쿄 와세다대학 사람들은 하야세 씨가 갈망했던 독서와 비판적 사고로 보수 운동에 참여하고자 하는 멤버였다. 그러나 이 기쁨도 곧 무너져버렸다.

"와세다 멤버와 이런저런 얘기를 하다보면 '여기, 생장의 집인가?'라고 묻고,[41] '어? 그런가?' 하고 답하게 되었다. '종교단체인가?' 하고 물으면 '그렇다'라고. 에이…… 하고 아연실색하게 되었다. 이 합숙 장소는 메이지신궁 근처였기 때문에 매일 아침 5시 정도에 일어나 뭔가 의식을 한다. 그런데 와세다 사람들이 '그런 건 나가지 않아도 된다'며 모두 보이콧했다. 아침인데 문을 걸어 닫고. 합숙 주최자 측은 어떻게든 일어나게 하려고 했지만.(웃음) 그래서 '이자들 기분 나쁜데' 하고 의기투합해서 나는 교토로 돌아왔는데, 그 뒤에도 와세다 멤버와 계속 연락을 했다."

와세다대학 멤버는 그 뒤 '국사연구소' 동아리실에 남아 있던 오래된 자료를 뒤졌다고 한다.

"그랬더니 '반헌학련'이라든가 다카하시 시로의 수기라든가 '뉴소트(New Thought, 신사상)연구회(ニュ―ソ―ト研究会)' 자료라든가, 오래된 자료가 잔뜩 나왔다. 그리고 그 자료를 본 결과 '역시 컬트(cult, 유사종교)잖아'라고 와세다 멤버가 총괄 결론을 냈고, 그 결과 와세다국사연구소를 '가짜 동아리에 불과하며 학내 규정을 준수하지 않았다'는 이유로 끝장내 문을 닫게 만들었다."

도쿄에서 '쿠데타'는 성공했지만, 간사이 지방 교토에 혼자 남겨진 하야세 씨는 아직 전일본학생문화회의와 관계를 끊지 못하고 있었다.

"학자를 목표로 했기 때문에 그들은 나에게 '선배로는 다카하시 시로 씨, 닛타 히토시(新田均) 씨, 가쓰오카 간지(勝岡寛次) 씨가 있다. 그런 학자를 목표로 하라'라는 말을 하곤 했었다."

다카하시 시로에 대해서는 제5장에서 자세히 설명하겠다. 닛타 히토시는 고각칸대학(皇學館大学) 교수, 가쓰오카 간지는 메이세이대학 비상근 강사를 각각 맡고 있다. 다카하시는 말할 것도 없고 닛타와 가쓰오카의 이름도 일본회의 무리에서 흔히 찾아볼 수 있다. 하야세 씨의 증언으로 그들이 일본청년협의회와 관련이 깊은 인물임이 거듭 판명되었다.

대학 2학년이 될 무렵, 하야세 씨는 그들과 거리를 두기 시작한다. 결국 도시샤대학에 있던 동아리는 사람이 없어져서 자연 소멸했다고 한다. 덧붙이자면 전일본학생문화회의는 그 이름을 그대로 사용해 동아리를 만드는 사례가 별로 없다. 다른 이름을 사용해 각지 대학에 동아리를 만들고 있는 것으로 보인다. 하야세 씨가 소속되어 있던 동아리도 학내에서는

'JHAC'라는 이름을 썼다고 한다.

"역시 OB밖에 없는 것이다. 그들의 공급원이란 게. 옛날에 학생운동을 했던 사람들의 2세다. 규슈 지방에는 왜 남아 있는가 하면 2세가 많기 때문이다. 도쿄에도 상당수 있다. 그렇지만 간사이 지방의 경우 간칸도리쓰(関関同立)[42]라든가 교토대학에는 없다."

이것은 합리적인 설명이다. 규슈는 그들의 운동이 태어난 땅이라서 OB가 많은 것이 이해가 된다. 그리고 대학 수가 많은 도쿄에도 OB는 많을 것이다. 반면에 확실히 하야세 씨의 지적대로, 지금까지 조사한 결과로부터 간사이 지방의 대학들에서 그들의 운동이 성행했다는 확증은 얻지 못했다.

"왠지, 이런저런 이야기가 학생운동을 잊지 못한 자들이 그것을 계속하라……고 추임새를 넣는 식이다. 예전의 '생장의 집' 사상을 중심으로 하면서 '그 선배는 좌익 학생이 많은 시대에 무슨 무슨 일을 했다'라든가 하는 무용담뿐이다. '핵심파와 싸워서'라든지 '그 대학의 자치회를 빼앗았다'라든지. 이야기가 정말 쩨쩨하다. 일본을 어떻게 한다든가, 시대를 어떻게 본다든가 하는 이야기가 아니다. 학생운동 이야기뿐. 뭐, 원호 법제화 운동 이야기는 몇 차례 나왔지만."

'컬트라고밖에 생각할 수 없다'

너무 종교적인 그들의 활동과 비논리적인 말에 싫증이 난 하야세 씨지만, 정말 마지막으로 교토에서 개최된 합숙에 참가했다.

"이 합숙에서는 '항상 천황이 어떻게 생각하실지 생각하면서 생활하라'

'천황의 마음이 어떤 것인지 생각하면서 살아라'라는 이야기뿐이어서 질려버렸다."

하야세 씨가 본 그들의 내부 문서에는 이런 이면의 커리큘럼이 적혀 있었다고 한다.

> 1년째에는 네 분 선생님의 가르침을 철저히 한다. 2년째에는 천황 신앙을 철저히 한다. 그리고 3년째에는 총 마무리로 다니구치 마사하루의 가르침을 끝으로 심어준다.

이 커리큘럼대로 그들은 2학년이 되려는 하야세 씨에게 '천황 신앙의 철저'를 가르치기 시작했다.

그러나 슬슬 인내가 한계에 다다랐다. 하야세 씨는 반란을 결심한다.

"교토대학 농학부를 나와 일본청년협의회에 들어간 사람이 있다. 그런데 그 사람이 천황 천황 하고 너무 시끄럽게 떠들고 다녀서 '천황 폐하가 사린(신경성 독가스)을 뿌리라고 하면, 당신은 사린을 뿌리겠느냐?'고 물었다."

천황 폐하의 생각만 헤아리라고 말하는 그 선배에게는 이 질문이 폭탄이었던 모양이다.

"그랬더니 정말 진심으로 머리를 감싸고 고민하기 시작했다. '으음' 같은 신음소리를 내면서. 2시간 정도 계속 끙끙대면서 생각했다. 나? 나는 그 모습을 웃으면서 지켜보고 있었다. 바보구나, 하면서."

이 폭탄 질문은 조직 안에서 문제가 되었고, 또 앞서 언급한 와세다대학 쿠데타에 관여한 것도 드러나서, 하야세 씨는 순조롭게 전일본학생문화회의에서 추방되었다.

당시를 되돌아보며 하야세 씨는 이렇게 떠올린다.

"정말 컬트다, 그자들은. 다니구치 마사하루의 이름은 무슨 일이 있을 때마다 등장한다. 그러나 '비밀이야'라든지 '다른 사람에게 말하면 안 돼'라고 입막음한다. 숨기고 있는 것이다. 숨기지 않는 게 좋다고 생각한다. 종교의 자유다. 헌법 9조를 개정하자고 할 때 어느 종교든 상관없다, 통일교(統一教会)와 함께해도 상관없다. 정치운동은 합종연횡이니까. 행복의 과학(幸福の科学)[43]과 함께해도 좋다. 정체를 밝히는 한. 그러나 그자들은 숨긴다. 게다가 그자들의 경우 생장의 집을 비판하려고 해도, 지금은 본체인 '생장의 집'과 다르다. 그래서 더욱 정체를 알 수가 없다."

하야세 씨처럼 위화감을 품고, 그 위화감에서 문제의식을 갖고, 그들의 고리에서 빠져 나온 사례는 더 있을지 모른다. 그러나 압도적인 대다수는 그대로 질질 끌려가며 일본회의와 일본청년협의회가 이끄는 '국민운동'의 스태프로 활동해나갈 것이다. 그리고 얼마 전 '개헌 1만인 집회' 같은 이벤트를 거들고, 그 결과가 신문에 실리고, 그것이 정치인의 눈에는 '여론'으로 비치게 된다.

앞으로 '개헌'을 향해 더더욱 일본회의와 일본청년협의회의 국민운동은 치열함을 더해갈 것이다. 그러나 이제 그들이 뒤에서 어떤 활동을 하고, 무엇을 목적으로 하는지는 이 증언으로 명백해졌다. 이 증언을 믿는다면 그들을 '지극히 광신적인 사람들' '너무나 특수한 사상으로 정치운동을 하는 사람들'로 규정할 수밖에 없다.

그리고 아베 정권은 이런 사람들의 지지를 받아 개헌 노선으로 돌진하고 있는 중이다.

제 5 장

한 무리의 사람들

이토 데쓰오, 아베 정권을 탄생시킨 아버지

앞 장까지는 일본회의와 일본청년협의회의 역사와 사상, 활동 실태에 대해 설명했다. 이번 장에서는 중요한 인물에 초점을 맞추면서 '한 무리의 사람들'을 부각시키고자 한다.

우선 선택한 사람은 일본정책연구센터 대표 이토 데쓰오.

일반인에게 친숙한 인물은 아닐지 모르지만, 제1차 아베 정권 출범 이전부터 아베 신조 주위에서 항상 수행해 일각에서는 "아베 정권을 탄생시킨 아버지"로도 불리는 중요한 인물이다.

이토와 관련된 지금까지 보도를 살펴보자.

예를 들면 「분게이슌주(文藝春秋)」.

2013년 1월 「분게이슌주」 2월호는 "아베 정권의 명운을 쥔 '신 4인방'"이라는 제목의 논설 기사를 '아카사카 다로(赤坂太郞)' 명의로 발표했다. 이

기사는 에토 세이이치 총리보좌관의 이력을 '우파 학생운동 출신'이라고
소개한 뒤, 이렇게 설명하며 이토 데쓰오를 '아베의 유력한 브레인'이라고
소개하고 있다.

> 지금은 아베의 유력한 브레인이 된 우파의 싱크탱크 '일본정책연구센터'
> 의 이토 데쓰오 대표를 젊은 날의 아베에게 소개한 것도 에토였다.(아카사
> 카, 2013)

이토 데쓰오가 아베 신조의 브레인으로 보도된 것은 이 「분게이슌주」
기사가 처음은 아니다.
2006년 9월 9일 자 「도쿄신문」 조간에 실린 "'아베 씨의 브레인'은 어떤
사람? 야스쿠니, 납치, 교육 문제⋯⋯"라는 기사에서도, 이토 데쓰오를 아
베 브레인 '5인방'의 필두로 소개하고 있다.

> 6월 30일. 도쿄 내 호텔 방에 아베 씨 측근 중 한 명인 시모무라 하쿠분(下
> 村博文) 중의원 의원을 둘러싸고, 4명의 학자·지식인이 모였다. 멤버는 이
> 토 데쓰오 일본정책연구센터 소장, 도쿄키리스토교대학(東京基督教大学)의
> 니시오카 쓰토무(西岡力) 교수, 후쿠이대학(福井大学)의 시마다 요이치(島
> 田洋一) 교수, 다카사키게이자이대학(高崎経済大学)의 야기 히데쓰구(八木
> 秀次) 교수. 여기에 교토대학의 나카니시 데루마사(中西輝政) 교수를 추가
> 해, 아베 씨의 브레인 '5인방'으로 불린다.(「도쿄신문」 2006년 9월 9일)

2006년 9월이라면 제1차 아베 내각 출범 직전. 이때부터 일부 언론에서

는 이토 데쓰오가 아베 신조 주변에서 수행하는 역할을 중요시했던 것 같다. 그러나 「분게이슌주」의 아카사카 다로 명의 기사도, 「도쿄신문」 기사도, 이토 데쓰오가 생장의 집 관계자인 것까지는 웬일인지 언급하지 않았다. 특히 「분게이슌주」 기사는 유감스럽기까지 했다. 모처럼 에토 세이이치의 이력에 대해 여기까지 다루면서 왜 '생장의 집'의 존재와 '생장의 집 학생운동'을 언급하지 않았을까.

어쨌든 우선은 이 기사들에만 의지하지 않고, 이토 데쓰오와 그가 대표를 맡고 있는 '일본정책연구센터'가 아베 정권과 어떤 관계에 있는지 검증해보자.

일본정책연구센터 기관지 「내일의 선택」

일본정책연구센터는 「내일의 선택(明日への選択)」이라는 월간 기관지를 발행하고 있다. 이 기관지는 마치 아베 정권이 제안하는 모든 정책을 대변하는 듯한 지면 구성을 하고 있다.

예를 들어 2015년 8월호 권두 인터뷰는 "'수염 대장'이 말하는 평화안전보장법제의 의의"라는, 사토 마사히사(佐藤正久) 참의원 의원의 인터뷰 기사다. 아마 이것은 정권 측이 '수염 대장'을 안보법제의 대변인으로 기용하고 있는 움직임과 관련되었을 것이다. 또한 권말 쪽에는 "이것이 신문이라는 이름값을 하는가, 오키나와의 신문 사정"이라는 칼럼이 실려 있다. 제목에서 예상할 수 있는 것처럼 이 칼럼은 문화예술간담회에서 벌어진 막말 소동을 옹호하는 것이 목적이다.

〈표 9〉 2015년 8월호까지 「내일의 선택」 권두 인터뷰 목록

호	권두 인터뷰 제목	인터뷰 대상
1월호	아베노믹스야말로 위기를 극복하는 '국가의 선택'이다	나카니시 데루마사 (中西輝政, 교토대학 명예교수)
2월호	전후 70년을 대외 발신 '원년'으로	고모리 요시히사 (高森義久, 저널리스트)
3월호	문제의 핵심은 '강제 연행 선전'에 있다	니시오카 쓰토무 (西岡力, 도쿄키리스토교대학 교수)
4월호	일본인 테러 사건이 드러낸 일본 '지성인'의 결함	오타 후미오 (太田文雄, 전 방위청 정보본부장)
5월호	무엇이 개헌 논의에서 거론되어야 하는가	야기 히데쓰구 (八木秀次, 레이타쿠대학麗澤大学 교수)
6월호	미일 가이드라인·안보법제의 개정을 어떻게 볼 것인가	가와카미 다카시 (川上高司, 다쿠쇼쿠대학 교수)
7월호	가르쳐야 할 것은 '자랑스러운 역사'다	이토 다카시 (伊藤隆, 도쿄대학 명예교수)
8월호	'수염 대장'이 말하는 평화안전보장법제의 의의	사토 마사히사 (佐藤正久, 참의원 의원)

또한 이에 앞서 7월호에서는 "안보법제·9조 개정에 대한 반박 포인트"라는 제목의 특집 기사가 실렸다. 아마 현장에서 토론과 대화를 담당하는 의원과 의원 스태프 및 운동원이 활용하는 것을 목적으로 만들어 넣었을 텐데, 안보법제와 헌법 개정에 관한 예상 문답이 친절하고 정중하고 빽빽하게 기록되어 있다.

이처럼 아베 정권의 정책을 대변하는 듯한 지면 구성이 「내일의 선택」의 특징이다. 이 기관지가 어떤 기사를 실어왔는지 살펴보기 위해, 2015년 1~8월호까지 「내일의 선택」 권두 인터뷰의 변천을 〈표 9〉에 정리했다.

총선의 쟁점이었던 '아베노믹스', 전후 70년 담화, 교과서, 역사 교육, 개헌, 미일 가이드라인, 안보법제 등, 이 표를 보면 「내일의 선택」이 2015년 8월까지 일어난 정치 이슈와 궤를 같이해 지면을 구성해온 사실이 일목요연하게 드러날 것이다.

아베 신조의 프로모터, 이토 데쓰오

이처럼 아베 정권의 기관지와 같은 잡지를 계속 발행하고 있는 '일본정책연구센터'를 이끄는 이토 데쓰오는 어떤 인물인가.

앞서 인용한 「분게이슌주」 기사에서는 '에토 세이이치가 아베 신조와 만나게 했다'며 '싱크탱크의 대표'라고 표현되어 있다. 그러나 이토 데쓰오는 단순히 '정책 제언만 하는 인물'이 아니다. 그는 제1차 아베 정권 탄생 전부터 아베 신조와 찰싹 달라붙어서, 일이 있을 때마다 그를 위한 프로모션을 해왔다.

그 단적인 예가 2004년 8월 15일 개국한 '채널 사쿠라(チャンネル桜)'의 개국 기념 방송일 것이다.

지금은 '채널 사쿠라'가 대표 미즈시마 사토루(水島総)의 특이한 캐릭터와 미즈시마가 이끄는 보수단체 '힘내라 일본!(頑張れ日本!)'의 기이한 데모 등으로 이름이 알려진 존재가 되었다. 그러나 개국 초기에는 그 존재조차 거의 인지되지 않는 단순한 CS(통신위성)방송의 한 채널일 뿐이었다. 그런 무명의, 게다가 막 생긴 CS채널의 개국 기념 방송에 아직 3선이지만 자민당 간사장을 맡고 있던 당시의 아베 신조가 출연한 것이다. 이례적인 사태라고 해도 좋다.

이 '채널 사쿠라' 개국 기념 방송에 아베 신조를 등장시킨 인물이 바로 이토 데쓰오다. 그리고 이토 데쓰오의 안내에 따라 이 프로그램에 등장한 아베 신조는 이토의 질문에 답하는 형식으로 미래의 '정권 구상'까지 피력해버린다.

아베 신조의 특이한 경력

'채널 사쿠라'가 개국한 2004년 8월 당시 아베 신조는 자민당 간사장직을 맡고 있었다. 당선 횟수도 적고 장관 경험도 없는 '애송이'의 간사장 취임은 전대미문이라고 해도 좋다. 이 대발탁을 한 사람은 당시 총리이자 자민당 총재인 고이즈미 준이치로. 고이즈미는 이때 불문율로 자민당에서 오랜 기간 존중되어온 '총간 분리 원칙'(総幹分離原則: 한 파벌의 권력 집중을 방지하기 위해 총재직과 간사장직을 같은 파벌에서 맡지 않도록 하는 인사상 원칙)을 무시하고 아베 신조를 간사장으로 발탁했다. 바로 고이즈미의 대명사라고도 할 수 있는 '깜짝 인사'의 전형적인 사례다.

어떤 의미에서 아베 신조는 '소선거구제의 산물'이라고 말하지 못할 것도 없다. 중선거구제 시대라면 아무리 고이즈미에게 절대적인 국민적 인기가 있었다고 해도, 당내 인습과 권력 균형을 무시하고 당선 횟수가 적은 젊은 의원을 자기 파벌에서 간사장으로 발탁하기는 매우 곤란했을 것이다. 당내에서 반역이 일어 반(反)집행부의 봉화가 올랐을 것이 틀림없다. 고이즈미류의 '서프라이즈'도, '즉결 단행'도, 공천권을 비롯한 당내 인사권을 집행부가 독점하는 소선거구제 특유의 구조가 있었기 때문에 가능했다. 동시에 이 이례적인 발탁은 아베의 취약함도 말해준다. 그리고 이 대발탁으로부터 불과 2년 후, 고이즈미의 뒤를 이어 아베는 총리총재(総理総裁: 총리와 당 총재 겸임)까지 등극하게 된다. 하지만 유감스럽게도 2년이다. 자기 파벌 안에서마저 나카가와 히데나오(中川秀直)와 마치무라 노부타카(町村信孝) 등 아베보다 훨씬 당선 횟수나 각료 경험이 풍부한 인재가 북적거리고 있었다. 파벌의 영수로서조차 권력 기반을 구축하지 못한 채 아베는 총리총재가 된 것이다. 지금까지의 총리총재와 비교해 아베의 당내 권력 기반은 놀라울 정도로 취약했다. 일본회의와 '생장의 집 원리주의자 네트워크'를 비롯한 '한 무리의 사람들'이 아베의 주위에 몰려들어 영향력을 행사할 수 있는 것도, 이 권력 기반의 취약성에서 유래하는 것은 아닐까. 아베는 다른 총리총재보다 이용하기 쉽고, 우익단체의 상투 수단인 '상부 공작'이 효과를 내기 쉬운 인물이다.

채널 사쿠라에서 아베는 무엇을 말했나

이렇게 졸속이라고 해도 좋은 속도로 아베가 권력의 계단을 올라가고 있던 2004년, 이토 데쓰오는 아베 신조를 '채널 사쿠라 개국 기념 방송'으로 불렀다. 이 대담은 이토 데쓰오가 대표를 맡고 있는 '일본정책연구센터' 기관지 「내일의 선택」 2004년 11월호에 전편이 수록되어 있다.

대담 제목은 "개헌의 정신이 일본의 활력소". 제목대로 화제 대부분은 개헌이 차지하고 있다.

이 대담에서 아베가 내세운 '개헌해야 하는 이유'는 "점령 하에서 명백히 연합군총사령부에 의해 만들어진 헌법이라는 것"이라는 한 가지에 수렴된다. 아베의 이 주장에 대해 이토는 "(지금 헌법에는) 일본 국민으로서의 자각, 또는 일본 국민으로서의 자부심, 그러한 문제가 누락되어 있다고 생각한다"라고 동의하고, 둘이서 '일본인이 자신의 손

「내일의 선택」.

으로 헌법을 쓰는 것'의 중요성을 지적하는 것이 이 대담의 골자다.

아베나 이토나 "스스로 새로운 헌법을 논하고, 써나간다는 정신이야말로 새로운 일본을 만드는 활력이 된다" "(헌법을 쓰는 행위가) 일본 국민으로서의 긍지를 만든다"는 등 정신론만으로 일관하고 구체적인 이야기는 전무하기 때문에, 이 '개헌 대담' 속에 주목할 만한 논점은 없다. 이발소 정담이나 술집에서 하는 넋두리와 다르지 않은 수준이다.

그러나 주목해야 할 것은 대담의 마무리다.

대담 막판에 이토는 서서히 아베에 대한 최대한의 지원을 늘어놓았다.

> 보수로서 주장을 강하게 내세우며 나아가는 것과 동시에, 역시 그것을 실현하기 위한 일종의 '혁명'이 요구되고 있는 게 아닐까, 그렇게 생각한다. 그러한 보수혁명을 담당하는 리더야말로 아베 간사장이 아니면 안 된다고 **우리**는 생각한다.(굵은 글씨 강조는 저자)

그리고 아베는 이토의 이 응원에 뻔뻔스럽게 이렇게 진지하게 대답하고, 둘이서 '보수혁명'에 매진할 것을 맹세하는 것으로 이 대담은 끝난다.

나도 그런 리더가 되고 싶다.

이것은 분명 아베 신조와 그의 후원자가 밝힌 '미래의 천하를 거머쥐겠다는 선언'이 아닐까.

이 대담으로부터 12년.

아베 신조는 도중에 총리직을 내던지는 사고가 있었지만, 지금 다시 총리 자리에 앉아 있다.

2015년 여름에는 집단적 자위권을 합헌으로 하는 각료회의 결정을 단행해 사실상 헌법을 무력화했다. 그리고 안보법제를 날치기 통과시킨 뒤, 자민당 총재에 재선된 아베는 같은 해 9월 24일 회견에서 재차 개헌에 대한 의지를 강조하기도 했다.

개헌의 길로 돌진해, '보수혁명'인지 뭔지의 담당자라고 자인하는 아베 신조의 뒤에는 이토 데쓰오가 말하는 '우리'가 대기하고 있다. 이 '우리'는 도대체 누구일까? 그리고 이토 데쓰오는 지금까지 무엇을 해왔을까.

일본정책연구센터와 이토 데쓰오의 주장

이토 데쓰오가 대표를 맡고 있는 '일본정책연구센터'는 일본회의처럼 시위나 서명 모으기 등의 시민운동을 전개하거나, 의원 간담회를 만들어 의회와 내각에 압력을 가하거나 하는 듯한 움직임을 보이지는 않는다. 그래서 일반 미디어의 보도나 분석 기사에서 이 '일본정책연구센터'의 이름이 등장하는 사례는 지금까지 거의 없다. 그러나 이미 언급한 것처럼, 아베 신조의 주위에 항상 붙어 따라다니며 아베 정권에 은근히 영향력을 행사하고 있는 것은 사실이다.

일본정책연구센터가 무엇을 주장하고 어떤 활동을 해왔는지에 대해서는, 이 센터의 기관지 「내일의 선택」 2004년 5월호에서 대표인 이토 데쓰오 본인이 "최근 20년, 우리는 무엇을 주장해왔나"라는 논설을 발표하고 정중한 해설을 붙였다.

이 논설에서 이토는 "특히 '국가의 정신적 기초'라는 것에 초점을 맞춘 연구를 하고, 그것으로부터 정책 제언을 하는 것이 그 시절 우리가 그렸던 당면 목표였다"면서, 1984년 일본정책연구센터 설립 당시의 목표를 되돌아보고 있다. 그리고 이러한 목표 아래 이토와 이 센터는 "언젠가 찾아올 '쇼와(昭和) 최후의 날'"과 그에 따라 필연적으로 발생할 황위 계승의 바람직한 모습에 문제의식을 갖게 되었다고 한다. "(황위 계승을) 전통 신도 의식 그대로 유지할 수 있는지 여부는, 바로 이 일본 국가의 기본적인 현실과 관련한 본질적인 문제"라는 인식 아래 대상제(大嘗祭: 즉위 후 처음으로 거행하는, 햇곡식으로 신에게 지내는 제사) 문제와 헌법 개정 문제에 정면으로 대응하게 되었다고, 이토는 쇼와(1926~1989)와 헤이세이(平成: 1989~) 시대 사이에 자신들이 한 운동을 회고하고 있다.

그 뒤 "탈냉전이라는 '혼돈' 속에서" 이토와 일본정책연구센터의 주장은 '문화 문제, 역사 인식 문제'에 축을 두게 된다. 유엔평화유지활동(PKO) 참가, 역사 인식, 탈냉전론, 쌀 개방, 친미 경향과의 대치 따위 논지를 펼치고 있었지만, 이때의 운동에는 자신이 없는 것처럼 보인다. "온 나라가 세계의 문제에서 시선을 돌려, '선거제도를 바꾸면 일본은 바뀐다' 같은 수준의 영문을 알 수 없는 자칭 '개혁 논의'에 홀린 채 넋을 잃어버린" 듯한 세상 풍조에서, 이토 등의 주장은 돌아볼 것이 적었던 셈이다.

그러나 그런 이토 주변에도 전환기가 찾아온다. 1993년 호소카와(細川) 내각의 탄생이다. 이토 등의 인식에서는, 이 무렵부터 "한국과 중국의 반일론이 명확한 형태를 갖추기 시작하고, 이에 미국 클린턴 정부가 연계하는 구도가 생기기 시작"했으며, 한편 "세계의 좌익 세력"이 "국가 주권의 상대화라느니, 공통의 역사 인식이라느니, 어린이의 인권과 여성 차별 철폐라느니 하는 슬로건을 주창하면서" "국제적인 운동을 하기 시작했다"고 본다. 그리고 그 노선이 일본에 전파되어 호소카와 총리에 의한 "전쟁의 반성" "과거의 청산"이라는 "일련의 대합창"으로 이어져, "보수가 자유주의 노선에 일방적으로 태워지는 일련의 국내 정책"이 시작되었다고 분석한다.

이에 따라 그들은 '역사 인식' '부부 별성 반대' '종군위안부(從軍慰安婦)' '반(反)젠더프리(gender-free)'라는 4가지 논점에 집중하게 된다. 또한 "최근"(이 논설이 발표된 2004년 당시)에는 이러한 4가지 논점을 "다음에서 다음으로, 두더지 잡기 게임처럼 일어나는 좌익 세력의 움직임에 수동적·모방적으로 휘둘리지 않고, 오히려 이쪽에서 공세적으로 싸움을 걸어야 할 때가 오고 있는 것이 아닐까"라는 인식 아래 "보수혁명"이라는 강령에 집약시킬 수 있게 된 것이라고 이토는 쓰고 있다.

이 논설이 발표된 시점은 2004년. 앞에서 언급한 이토 데쓰오와 아베 신조의 대담보다 불과 5개월 전이다.

그렇다면 '채널 사쿠라'의 대담 기사에서 이토가 아베를 "보수혁명을 담당하는 리더야말로 아베 간사장이 아니면 안 된다"라고 칭찬해준 부분에 나오는 '보수혁명'은, 결국 이토 데쓰오가 이끄는 일본정책연구센터의 논점인 '역사 인식' '부부 별성 반대' '종군위안부' '반젠더프리'라고 생각하는 것이 자연스러울 것이다.

이렇게 보면 아베 정권이 안보법제뿐 아니라 보수를 뛰어넘어서 '반동'의 색채를 강화해나가는 것도 이해가 된다. 또한 미국 캘리포니아 글렌데일 시가 설치한 종군위안부 동상에 관해 동상 철거를 요구하는 소송을 제기한 이른바 '글렌데일 위안부 동상 재판'의 원고단과 일본 정부가 "긴밀히 연계하고 있다"고 스가 요시히데(菅義偉) 관방장관이 이례적으로 언급한 배경을 이해할 수 있다.

즉 '보수혁명'이라는 것의 구체적인 항목인 '역사 인식' '부부 별성 반대' '종군위안부' '반젠더프리'라는 4가지 사안은 아베 내각의 '메인 테마'이기도 하다는 이야기다. 그리고 그렇기 때문에 고작 해외 소송 원고단에 지나지 않는 무리에 대해 정부가 "긴밀히 연계하고 있다"고 당당하게 표명하는 것이며, '여성이 빛나는' '샤인(Shine)' 따위 의미를 알 수 없는 모호한 말을 많이 써서 적당히 얼버무리며 '남녀 공동 참여'나 '여성 차별 철폐'라는 본질에서 계속 눈을 돌리고 있는 것이다.

일본정책연구센터의 '개헌 어젠다'

일본정책연구센터는 앞서 언급한 '보수혁명' 노선('역사 인식' '부부 별성 반대' '종군위안부' '반젠더프리' 4종 세트)을 유포하기 위해 여러 가지 서적을 출판 및 판매하고 있다. 또한 서적 배포와 함께, '내일의 선택 세미나'라는 이름의 세미나를 빈번하게 개최하고, 자신들의 주장을 전국 각지에서 개진하고 있다.

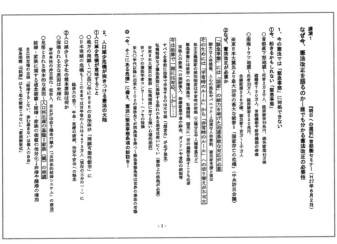

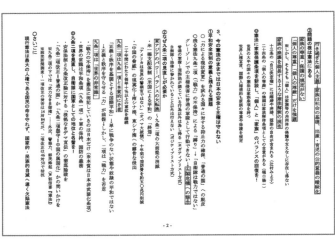

일본정책연구센터의 "제4회 '내일의 선택' 수도권 세미나"에서 나눠준 인쇄물.

2015년 8월 2일, "제4회 '내일의 선택' 수도권 세미나"라는 제목의 세미나가 도쿄 내 모처에서 개최되었다.

"세미나는 2부 구성. 우선 일본정책연구센터의 고자카 미노루(小坂実) 연구부장이 강연하고, 그다음에 이 센터의 오카다 구니히로(岡田邦宏) 소장이 강연했다. 참가자는 100명 정도였다. 강연 후 질문도 활발했고, 어쨌든 열성적인 참가자가 많다는 인상이었다"라고 세미나 참가자 중 한 사람이 말해주었다.

"세미나는 이렇게 진행했다"며, 이 참가자가 제공해준 요약 인쇄물에는 '일본정책연구센터'가 지향하는 헌법 개정의 내용과 절차가 극명하게 실려 있었다.

요약 인쇄물에 표시된 '헌법 개정의 포인트'는 크게 3가지다.

1. 긴급사태 조항의 추가

   비상사태일 때 '삼권분립' '기본적 인권' 등의 원칙을 일시 무효화하고, 총리에게 일종의 독재 권한을 부여하는 것

2. 가족 보호 조항의 추가

   헌법 13조 '모든 국민은 개인으로서 존중된다'와 헌법 24조 '개인의 존엄' 문구 삭제하고, 새롭게 '가족 보호 조항' 추가하는 것

3. 자위대의 국군화

   헌법 9조 2항을 재검토해, 명확하게 전력의 보유를 인정하는 것

여기서 주목해야 할 것은 '개정 대상'의 순서일 것이다.

오랫동안 개헌 논의는 '헌법 9조'를 중심으로 이루어져왔다. 그러나 일본정책연구센터가 제시하는 헌법 개정 목록의 상단은 긴급사태 조항이며, 헌법 9조는 맨 마지막에 있다. 앞서 소개한 세미나 참가자도 "실제로 가장 중점을 두고 얘기한 것은 긴급사태 조항 부분이었다"라고 세미나 진행 상황을 말해주었다. 그렇다면 이 기재 순서는 일본정책연구센터가 상정하는

'헌법 개정의 순서'라고 생각해도 지장이 없을 것이다.

그리고 이 생각은 자민당 내에 설치된 헌법개정추진본부의 움직임과 일치한다.

자민당의 개헌 어젠다

당시 자민당 헌법개정추진본부 본부장이던 후나다 하지메(船田元) 중의원 의원은 2015년 2월 26일, 9조 개정 등은 "두 번째 이상이 당연하다"라고 발언하고, 또 "각 당의 찬성을 얻기 쉬운 환경권의 창설과 긴급 자체 조항의 창설 등부터 협의를 추진하겠다"라는 견해를 밝혔다.(「산케이신문」 2012년 2월 26일)

일본정책연구센터의 '긴급사태 조항의 추가' '가족 보호 조항의 추가' '자위대 국군화'라는 헌법 개정의 우선순위는, 고스란히 자민당 헌법개정추진본부의 인식과 일치하는 셈이다.

안보법제 심의가 끝난 뒤, 자민당과 아베 정권에서는 2016년 여름의 참의원 선거를 내다보면서 개헌에 대해 발언하는 일이 어느 때보다 많아졌다. 예를 들어 당시 헌법개정추진본부 본부장 대리인 후루야 게이지(古屋圭司) 전 납치담당 장관은 "아베 내각 때가 (헌법 개정) 실현의 최대 기회"라고 명확하게 발언했다.(「산케이신문」 2015년 9월 30일) 또한 아베 총리 본인도 2015년 10월 7일 기자회견에서 "시대가 요구하는 헌법의 모습, 국가의 형태에 대해 국민적 논의를 심화시켜나갈 것"이라고 재차 개헌에 대한 의욕을 표명했다.(「마이니치신문」 2015년 10월 9일)

그리고 지금까지 봐온 것처럼 개헌은 '모든 조항 통째로 개정'이 아니라, 일본정책연구센터가 세미나에서 제시한 '긴급사태 조항의 추가' '가족 보호 조항의 추가' '자위대 국군화'라는 헌법 개정의 우선순위대로 될 가능성이 매우 크다.

그들이 '헌법 개정'으로 지향하는 것

먼저 등장했던 세미나 참가자는 "게다가 그다음이 있었다. 사실을 말하면 행사장에서 놀라운 발언이 있었다……"라며 행사장에서 보고들은 내용을 더 증언해주었다.

그 '놀라운 발언'은 위의 요약 인쇄물의 내용대로 강연이 진행된 뒤 질의응답 시간에 나왔다고 한다.

질의응답 시간이 되자 한 남자가 손을 들고 "일본정책연구센터의 우선순위는 알겠고, 긴급사태 조항의 추가 등이라면 합의도 얻기 쉽다고 생각한다. 그러나 우리는 이미 수십 년이나 메이지헌법(일본제국헌법) 복원을 위해 운동해왔다. 오늘 이 내용의 이야기를 주위 사람들에게 어떻게 설명해야 하나?"라고 질문했다는 것이다.

이 질문에 대한 일본정책연구센터의 답변은 "물론 최종 목표는 메이지헌법 복원이다. 그러나 갑자기 합의를 얻는 것은 어렵다. 그러니까 합의를 얻기 쉬운 조항부터 헌법 개정을 거듭해가는 것이다"라는 취지였다고 한다.

이 발언을 솔직하게 받아들이면 '메이지헌법 복원'이야말로 그들의 목표라고밖에 이해할 수 없지 않을까.

아무리 내부인 대상 세미나에서 나온 발언이라지만, "메이지헌법 복원을 목표로 한다"라고 공언하는 데는 놀라움을 금할 수 없다.

그러나 신경 쓰인 것은 일본정책연구센터 측의 답변이 아니라 질문 내용이다. 질문자의 "우리는 이미 수십 년이나 메이지헌법 복원을 위해 운동해왔다"라는 발언이 너무 마음에 걸린다. 질문자가 말하는 "메이지헌법 복원을 위해 운동해왔다"는 '운동'이란 도대체 어떤 것이었을까? 그리고 질문자가 말하는 '우리'란 도대체 누구일까?

이 '수십 년이나 계속되어온 운동'과 그것을 뒷받침하는 '우리'야말로 '일본정책연구센터'와 '일본회의'를 잇는 포인트다.

'생장의 집' 팸플릿으로 나왔던 이토 데쓰오의 저작

지금 일단 이토 데쓰오라는 인물에 대해 되돌아보자.

1. 이토 데쓰오가 '4인방'으로 불리는 아베 신조의 브레인 집단 중에서도 최고 브레인으로 주목받고 있는 점
2. 이토가 제1차 아베 정권 탄생 전부터 아베 신조를 계속 지원해왔다는 점
3. 이토와 그가 이끄는 '일본정책연구센터'는 '보수혁명'인지 뭔지를 표방하고 있다는 점
4. 이토가 이끄는 '일본정책연구센터'의 강연회에서 '개헌'과 '메이지헌법 복원'이 운동 목표라고 밝힌 점

이런 점들에 대해서는 간행된 자료와 목격담에 근거해 설명을 추가해왔다.

그렇다면 이 이토 데쓰오라는 인물은 도대체 어디에서 왔을까?

일본정책연구센터가 다수의 서적을 출판하고, 자신들의 주장을 널리 선전하고 있는 것은 이미 언급한 대로다. 이와 더불어 이토 데쓰오는 개인 명의로도 다수의 서적을 출판하고 있다.

일본 아마존(Amazon)에서 이토 데쓰오의 이름을 검색해보면 그의 저서의 일부가 나열된다(동명의 건축가와 의학 박사가 있는 것 같고 그들의 저작도 섞여 표시되는 점에 주의하기 바란다).

검색 결과의 앞부분부터 『메이지헌법의 진실(明治憲法の真実)』『교육 칙어의 진실(教育勅語の真実)』『헌법은 이렇게 만들어졌다(憲法はかくして作られた)』 등 헌법과 전쟁 전의 체제에 관한 저작이 늘어서 있는 것을 알 수 있다.

지금까지 설명해온 것처럼, 일본정책연구센터의 자세는 바로 이렇다는 것으로, 이것만으로는 놀랄 일이 아니다.

유난히 눈길을 끄는 것은 검색 결과 상위에 표시된 『헌법은 이렇게 만들어졌다』라는 책 한 권이다. 우선 내 수중에 있는 이 책의 표지, 차례, 판권지를 보여주겠다.

판권지에 따르면 저자는 이토 데쓰오, 발행은 일본정책연구센터. 출판은 헤이세이 19년 11월, 즉 2007년 11월. 이 소책자의 내용은 차례를 보면 알 수 있듯이, 쇼와헌법 제정 역사의 개요를 전하는 것이다. 메이지헌법 복원까지 부르짖는 일본정책연구센터라면 '쇼와헌법의 제정에 결함이 있다'고 주장하고 싶은 것은 당연할 것이다.

여기서 또 한 권, 내 수중에 있는 다른 책의 표지, 차례, 판권지를 살펴보자. 이것들은 필자가 취재 과정에서 입수한 절판된 서적이다.

伊藤哲夫 (いとう　てつお)
日本政策研究センター所長

昭和22年、新潟県に生まれる。新潟大学卒。
昭和59年、日本政策研究センターを設立。
主な著書に、『経済大国と天皇制』(オーエ
ス出版)、『終戦への道』『憲法かく論ずべ
し』(日本政策研究センター)、『新地球日
本史2』(共著、扶桑社)などがある。

憲法はかくして作られた

平成19年11月1日　新訂第1刷発行
著　者　伊藤哲夫
発行所　(株)日本政策研究センター
　　　　東京都千代田区飯田橋2 1 2　葛西ビル302
　　　　(〒102 0072)
　　　　電話03 5211 5231　FAX03 5211 5225

© ITO TETSUO　　　　　　　　　Printed in Japan

2007년판『헌법은 이렇게 만들어졌다』표지와 판권지.

目次

2007년판『헌법은 이렇게 만들어졌다』차례.

디자인은 다르지만 앞서 언급한 2007년판 책과 똑같은 『헌법은 이렇게 만들어졌다』다. "이것이 제헌 역사의 진실이다"라는 부제까지 그대로다.

차례도 두 책의 제1장이 '포츠담선언의 수락', 마지막 장이 '사후 세계에서 일본의 국가 체계 유지를 원한다'로 구성이 거의 같다.

다른 것은 판권지의 명의뿐. 두 번째로 든 책은 편자가 '생장의 집 본부 정치국'이고, 발행은 '밝은 일본 만들기 시리즈 간행회'. 출판 연월은 쇼와 55년 11월, 즉 1980년 11월.

이해할 수 있는가?

이 두 권의 존재가 말해주는 것은 "이토 데쓰오는 1980년에 '생장의 집 본부 정치국'이 출판한 서적을 그대로 가져다 27년 후인 2007년에 자신의 명의로 재출판했다"는 사실이다.

바꿔 말하면 "아베 총리의 최고 브레인으로 불리는 이토 데쓰오와 그가 이끄는 일본정책연구센터는 '생장의 집 정치운동'의 팸플릿을 현대에 되살려 그대로 출판했다"라고 말할 수 있다.

여기서 일단 일본정책연구센터 주최 "제4회 '내일의 선택' 수도권 세미나" 강연에서 튀어 나온, 질문자의 "하지만 우리는 이미 수십 년이나 메이지헌법 복원을 위해 운동해왔다"라는 발언으로 돌아가보자.

이 발언과 일본정책연구센터를 이끄는 이토 데쓰오가 27년이 지난 뒤 '생장의 집 정치운동'의 팸플릿을 재출판했다는 사실을 나란히 놓고 보면, 그 질문자가 말한 '우리'란 다시 말해 '생장의 집 정치운동'이라는 가능성이 부상한다.

1980년판『헌법은 이렇게 만들어졌다』표지와 판권지.

憲法はかくして作られた
これが制憲史の真実だ

目　次

1980년판『헌법은 이렇게 만들어졌다』차례.

아베 정권의 최고 브레인 '생장의 집 정치운동'

이토 데쓰오는 신흥 종교 '생장의 집'의 팸플릿을 27년이란 세월이 지나 자신의 명의로 다시 출판했다. 이 정도를 근거로 이토 데쓰오와 '생장의 집'의 관계를 입증하기는 어려울지 모른다. 꽤 무리가 있지만 호의적으로 해석하면 '자신의 정치적 주장과 일치하는 도서를, 지금은 정치운동에서 철수한 종교단체가 예전에 출판했기 때문에, 협상 끝에 자기 명의로 재출판했다'는 가능성도 배제할 수 없기 때문이다.

여기서 이토 데쓰오의 경력을 되돌아보자.

일본정책연구센터 공식 사이트에 '일본정책연구센터란'이라는 페이지가 있고, 거기에 이토 데쓰오의 프로필이 실려 있다.(일본정책연구센터, 2002) 그 첫 부분을 뽑아보자.

이토 데쓰오

일본정책연구센터 대표. 정치분석가.

쇼와 22년(1947) 니가타 현(新潟県) 출생. 니가타대학(新潟大学) 졸업. 국회의원 정책 스태프를 거쳐 쇼와 59년(1984) 일본정책연구센터를 설립, 소장을 거쳐 헤이세이 20년(2008)부터 현직. 정책 입안 및 정책 제언에 종사하는 한편 정치평론 집필 및 강연 활동을 전개. 동시에 자민당 보수계 국회의원과 연계하면서 정책 실현에 몰두. 각지의 지방의원 스터디 등에도 적극 나섬.

이 프로필을 그대로 믿으면 니가타대학 졸업 후 국회의원 정책 스태프를 경험하고, 39세에 일본정책연구센터를 설립한 것이 된다.

하지만 벌써 이 단계에서 이 프로필의 설명은 이상하다.

일본정책연구센터가 설립된 것은 쇼와 59년, 즉 1984년. 한편 국회법이 개정되어 '국회의원 정책 담당 비서' 제도가 창설된 것은 1993년. 일본정책연구센터의 설립보다 10년이나 뒤의 일이다. 그 이전에 국회의원의 비서와 스태프에게 '정책 담당직'이라는 이름이 붙는 직책은 없었다. 그러니 이 프로필에 있는 '국회의원 정책 스태프'라는 직함은 매우 모호한 것이다. 아마 '국회의원 정책 스태프'라는 용어로 이토 데쓰오는 뭔가를 숨기고 있는 것으로도 보인다.

이토 데쓰오의 '과거'

앞서 제시한 프로필에 따르면 이토 데쓰오가 일본정책연구센터를 설립한 것은 1984년. 따라서 '정책 스태프'였던 이토 데쓰오의 경력은 1984년을 경계로 크게 바뀌었다는 이야기가 된다.

1984년을 기점으로 크게 바뀐 것은 이토 데쓰오의 경력만이 아니다. 그해 하나의 큰 조류도 전환점을 맞이했다.

지금까지 여러 차례 언급했듯이, 현재의 '생장의 집' 교단은 정치운동에서 완전히 철수했다. 철수 이전의 '생장의 집' 정치운동은 정치권 안팎에서 대규모로 전개되고 있었으며, 다마키 가즈오(玉置和郎), 무라카미 마사쿠니(村上正邦) 등 당시 자민당 총재 선거에까지 영향을 미쳤던 유력한 국회의원을 보유하기에 이르렀다. 그러나 '생장의 집'은 그 정치운동의 절정기에 갑자기 '생장의 집 정치연합' 및 '생장의 집 정치연합지방의원연맹'

의 활동을 중지한다. 그 시점이 바로 1984년의 전년인 1983년 10월이다. 그동안 '생장의 집'의 동원력에 의존하던 각종 운동은 갑작스런 철수 선언으로 대혼란에 빠졌다고 한다.(이토 다쓰미, 1988)

시간 흐름에 따른 변화로 판단하면 "이토 데쓰오는 '생장의 집'이 정치운동에서 철수한 것을 계기로 '일본정책연구센터'를 설립했다"고도 보인다. 만약 그렇다면 이토 데쓰오는 1984년 이전에 '생장의 집' 정치운동에 깊이 관여했을 것이다. 그렇지 않다면 이 정도로 깔끔하게 타이밍을 맞춰 독립할 필요성은 없었을 것이다.

그러나 아직 정황 증거뿐이다. '생장의 집' 정치운동이 한창이던 무렵의 팸플릿을 자기 명의로 재출판한 사실도, '생장의 집' 정치운동이 붕괴한 직후에 독립한 사실도, 어디까지나 방증에 불과하다. 확실한 증거가 필요하다. 만약 정말로 이토 데쓰오와 생장의 집이 관련이 있다면, 1984년 이전의 교단 자료에 그의 흔적이 있을 것이다. 그것이 발견되면 확실한 증거가 된다.

'생장의 집'은 일명 '출판 종교'라고도 불릴 정도로 막대한 출판물을 내는 것으로 유명하다. 1984년 당시의 생장의 집은 월간 기관지만 해도 「생장의 집(生長の家)」「흰 비둘기(白鳩)」「빛의 샘(光の泉)」「정신과학(精神科学)」「이상 세계(理想世界)」「이상 세계 주니어판(理想世界ジュニア版)」 6종이나 출판하고 있었다.(생장의 집 본부 홍보·편집부 편, 1989) 각 월간지마다 매달 최소 80쪽 가까운 분량이었다. 1년 동안 80쪽×6종×12개월이면 모두 합쳐 5,760쪽이나 된다는 계산이 나온다. 이토 데쓰오는 1947년생으로, 문제없이 대학까지 나왔다면 1969년에 대학을 졸업한 셈이 된다. 1969년부터 1984년까지이므로 15년간. 15년 동안 나온 '생장의 집' 기관지 전부(최소

한 8만 6,400쪽)를 넘겨가며 이토 데쓰오의 이름을 찾는 조사를 했다.

그리고 마침내 이토 데쓰오가 '생장의 집'에 남긴 발자취에 도달했다.

30년 전 '생장의 집' 기관지 속 '이토 데쓰오'의 이름

「이상 세계」 쇼와 51년(1976) 11월호에 이토가 있었다. 이 잡지에 실린 "천황 폐하 재위 50년과 청년회 운동 '톱 대담'"이라는 기사(모리타·안도·이토, 1976)에 확실히 '이토 데쓰오'라는 이름이 나왔다.

대담 상대는 생장의 집 청년회 회장 모리타 마사시(森田征史)와 부회장 안도 이와오(安東巖). 당시 이토 데쓰오의 직함은 '중앙교육선전부장'이었던 듯하다. 친절하게도 이 기사에는 이토 데쓰오의 젊은 시절 사진까지 실었다.

역시 이토 데쓰오는 '생장의 집' 관계자였다. 관계자에 그치지 않고, 생장의 집 청년회에서 중앙교육선전부장을 맡은 간부였다. 그러니까 생장

「이상 세계」 1976년 11월호.

의 집 청년회의 모리타 마사시 회장, 안도 이와오 부회장과 함께 '톱 대
담'이라는 기획에 나온 것이다. 이것으로 '생장의 집'과 이토 데쓰오는 이
어졌다.

이토 데쓰오는 '생장의 집' 교단이 1983년 10월 갑자기 정치 활동을 중지
했기 때문에 교단에서 지위를 잃고, 혼자서 활동하기 위해 어쩔 수 없이 일
본정책연구센터를 설립했다고 생각하는 것이 역시 자연스러울 것이다.

일본정책연구센터가 설립된 지 31년. 이제 이토 데쓰오는 아베 총리의
최고 브레인이라고 불릴 정도의 존재가 되었다. 바꿔 말하면 "아베 총리의
최고 브레인은 '생장의 집' 전 간부"라는 이야기도 된다.

모모치 아키라, '집단적 자위권 합헌'을 주장하는 헌법학자의 배경

두 번째 중요 인물로 이야기를 옮기자.

안보법제 심의가 절정을 맞이하고 있던 2015년 6월 10일. '일본회의'와
그 주변의 개헌 운동을 뒤쫓는 사람으로서는 놓칠 수 없는 뉴스가 튀어나
왔다.

중의원 평화안전법제 특별위원회 질의에서 민주당 중의원 의원 쓰지모
토 기요미(辻元清美)가 "(집단적 자위권을 합헌이라고 생각하는 헌법학자가) 이렇
게 있다, 하고 보여주지 못하면 법안은 철회하는 것이 좋다"라고 지적하자
스가 요시히데(菅義偉) 관방장관은 이렇게 3명을 '집단적 자위권을 합헌이
라고 생각하는 헌법학자'로 꼽았다.

<표 10> 스가 관방장관이 열거한 '집단적 자위권을 합헌이라고 생각하는 헌법학자'와 일본회의계 단체의 관계

	아름다운 일본의 헌법을 만드는 국민의 모임	'21세기의 일본과 헌법' 전문가간담회
나가오 히로시 주오대학 명예교수	대표 발기인	대표위원
모모치 아키라 니혼대학 교수	간사장	사무국장
니시 오사무 고마자와대학 명예교수	대표 발기인	부대표

• 출처: 각 단체 공식 사이트의 임원 명부.

나가오 히로시(長尾一紘) 주오대학(中央大学) 명예교수

모모치 아키라(百地章) 니혼대학(日本大学) 교수

니시 오사무(西修) 고마자와대학(駒沢大学) 명예교수

스가는 그때까지 "집단적 자위권을 합헌이라고 생각하는 학자는 많다"라고 거듭 주장해왔다. 그런 그의 입에서 나온 것이 겨우 3명이었기 때문에, 이 뉴스가 흘러나올 당시 대체적인 반응은 "그렇게나 '많다'고 큰소리쳤으면서 겨우 3명이라니……"였다.

하지만 문제는 숫자가 아니다. 그 면면이다.

이미 언급한 것처럼 일본회의는 그 전면 단체 '아름다운 일본의 헌법을 만드는 국민의 모임'을 통해 현재 1,000만 명을 목표로 전국적인 서명 활동을 펼치고 있다. 또한 제4장에서 언급한 것처럼 각 지역 지방의회에서 '조기 헌법 개정을 요구하는 의견서'를 채택시키는 운동도 전개하고 있다.

그리고 또 하나의 전면 단체 "'21세기의 일본과 헌법' 전문가간담회(『二十一世紀の日本と憲法』有識者懇談会, 민간헌법임시조사회民間憲法臨調)"를 통해서는, 각계 지식인과 정치인을 초청해서 '헌법 포럼'이라는 제목의 패널

토론을 전국 각지에서 개최하는 등, 수수하면서도 안정적으로 운동을 전개 중이다. 2015년의 헌법 기념일에는 도쿄 사보카이칸(砂防会館)에서 약 900명의 청중이 모인 심포지엄을 개최하고, 한시라도 빨리 헌법을 개정하라고 촉구했다.

스가 관방장관이 언급한 3명의 헌법학자(나가오 히로시, 모모치 아키라, 니시 오사무)는 모두 이 두 단체의 임원이다.

모모치 아키라라는 학자

특히 모모치 아키라가 '아름다운 일본의 헌법을 만드는 국민의 모임'의 간사장, "'21세기의 일본과 헌법' 전문가간담회"의 사무국장을 맡고 있는 것이 눈길을 끈다.

일본회의가 가장 주력하는 개헌 운동을 위한 여러 조직에서 요직을 차지하고 있으니 보통 일이 아닐 것이다. 학문의 세계에서 모모치 아키라는 그다지 유명한 학자가 아니다. 그러나 '보수 논객'으로 최근 수년간 노출이 많다. 또한 '재특회'를 비롯한 '행동하는 보수'를 오랫동안 관찰해온 사람들에게는 '센터시험에 출제된 문제에 화내며 문부과학성에 항의한 이상한 아저씨'[44]로 편집광적인 지명도를 가지고 있다.

이처럼 학자로서가 아니라 특수한 지명도를 가진 사람으로서 더 도드라진 모모치 아키라지만 일본회의를 둘러싼 '한 무리의 사람들' 안에서는 무게감이 있는 인물이다.

모모치 아키라가 시즈오카대학(静岡大学)을 졸업한 것은 1969년. 마침 도쿄에서는 나가사키대학의 가바시마 유조(현 일본회의 사무총장)를 중심으로 '전국학협'이 결성되었을 무렵이다.

전국학협은 '생장의 집' 학생 신도의 운동을 축으로 하여 '민족파 학생의 전공투'를 위해 결성된 조직으로, 어디까지나 운동 목표는 '좌익 진영 학생운동과의 투쟁'이었다. 이에 따라 민족파 학생운동 내에서는 "투쟁만할 것이 아니라, 동아리 단체로서 학생들에게 문화 활동을 통해 사상 교육을 하는 운동체가 필요하다"는 기류가 높아진다. 그 결과 탄생한 것이 '전일본학생문화회의'다. '전일본학생문화회의'도 생장의 집 학생 신도의 운동과 그 주변에 모인 민족파 학생의 운동을 모체로 하고 있었다. 결성 대회가 열린 것은 1969년 11월. 이 결성 대회의 실행위원장을 맡은 사람이 바로 시즈오카대학을 졸업하고 교토대학 석사 과정에 진학한 직후인 모모치 아키라다.

내 인터뷰에 응해준 생장의 집 학생운동의 옛 투사는 "당시 가바시마 유조 씨와 안도 이와오 씨 등 나가사키대학계의 사람들은 무장투쟁파와 모략가라는 이미지를 가지고 있었다. 하지만 모모치 씨는 지적이고 언행이 부드러웠다. 게다가 미남이었다"라고 당시의 모모치에 대해 귀중한 증언을 해주었다.

그 뒤 '전국학협'을 비롯한 민족파 학생운동은 좌익 학생운동의 종언에 따라 수그러졌다. 하지만 '전국학협'의 사회인 조직으로 가바시마 유조가 만든 '일본청년협의회'와 모모치 아키라가 결성 대회 실행위원장을 맡은 '전일본학생문화회의'는 그 후에도 운동을 계속 전개하다가 마침내 거대 조직 일본회의의 사무국을 담당하는 운동체가 되었다.

일본회의·일본청년협의회의 개헌 이론가

'전일본학생문화회의' 결성 후 모모치 아키라는 박사 학위 취득과 유학 등으로 운동에서 멀어져 있었지만, 때때로 '일본청년협의회'의 기관지 「조국과 청년」에 헌법론을 중심으로 기고를 계속해 '일본청년협의회' 개헌론의 이론가로 활동을 이어갔다. 그 최근 성과가 「조국과 청년」의 개헌 기사에서 탄생한 '여자가 모이는 헌법 수다 카페(女子の集まる憲法おしゃべり カフェ)'라는 기획일 것이다. 모모치 아키

책으로 출판된 『여자가 모이는 헌법 수다 카페』.

라는 책으로도 출판된 이 기획에서 감수를 맡았다.

모모치 아키라의 활동은 개헌론에 그치지 않는다.

앞서 조금 언급했지만 미국 캘리포니아 주 글렌데일 시에 설치된 종군 위안부 동상 때문에 현지의 일본계 사람들이 이지메를 당하고 있다는 사실 무근의 루머에 근거해, "「아사히신문」은 「뉴욕타임스」에 위안부 오보에 대해 사과 광고를 게재하라"는 의미 불명의 운동을 전개하고 있는 '아사히·글렌데일 소송을 지원하는 모임'이라는 단체가 있다. 이 단체의 대표가 누구냐 하면, 모모치 아키라다.

이상과 같이 모모치 아키라가 몸담고 있는 조직에서, 그 조직의 의향을 따르는 정치적 사상을 통해 개헌론과 위안부 문제론을 전개하고 있는 것은 분명하다. 그리고 앞서 언급한 것처럼 모모치 아키라뿐 아니라 나가오

'아사히 · 글렌데일 소송을 지원하는 모임' 웹사이트. 모모치 아키라 대표의 사진이 실려 있다.

히로시와 니시 오사무도 일본회의 전면 단체의 임원이라는 특수한 배경을 가지고 있다.

이처럼 특정 조직에 속하는 특수한 학자의 의견을 "집단적 자위권은 합헌이라고 주장하는 학자"의 방증으로 내세운 스가 관방장관과 아베 정권은 이미 일본회의계의 인맥에 의존하지 않을 수 없는 처지에 있다고 볼 수밖에 없다.

말할 것도 없이 집단적 자위권은 일본의 장래를 좌우하는 중대한 과제다. 이러한 과제를 논의하는 일에서 특수한 정치 의도를 가진 특수한 사람들의 주장에 근거하는 것이 과연 용서되겠는가?

다카하시 시로, 난징사건의 세계기록유산 등재 반대 의견서 기초자의 정체

그리고 세 번째 인물.

2015년 11월 5일 「마이니치신문」은 "기록유산 의견서: 일본, 난징(南京)

부정파를 인용"이라는 제목으로, 일본 정부가 중국의 난징사건(난징대학살) 기록유산 등재에 반대하는 의견서를 유네스코에 제출해 이의를 제기한 사실을 보도했다.

기사에 따르면 이 의견서를 작성한 사람은 메이세이대학 교수인 다카하시 시로다. 다카하시는 이 의견서에서 난징사건의 발생 자체를 부정하는 논조로 잘 알려진 아지아대학(亜細亜大学) 교수 히가시나카노 슈도(東中野修道)의 책에서 일부를 인용해, 중국 측이 제출한 사진에 대해 "관련성이 의심된다"는 반론을 펼쳤다고 한다. 또한 기사에서는 외무성 관계자가 "다카하시 교수는 보수파 중에서 균형 잡힌 연구자다"라고 언급한 내용이 덧붙여져, 어떻게 해서든 이 의견서를 견지하고자 하는 정부 측의 자세가 그려져 있다.

히가시나카노의 의견을 '난징사건에 대한 반증'으로 채택하는 것에는 당연히 의문이 들 것이다. 히가시나카노는 난징사건에서 간신히 살아남은 증언자의 증언 내용을 '날조'라고 주장하는 책을 출간했다가 명예훼손으로 고소당해 꼼짝없이 패소한 인물이다. 이 명예훼손 재판의 1심 판결문에서 히가시나카노의 저작물은 "피고 히가시나카노의 원자료 해석은 대체로 타당하다고 말하기 어렵고, 학문 연구의 성과라고 할 가치가 없다고 해도 과언이 아니다"라고까지 단죄되었다. 이런 인물의 의견이 포함된 문건이 '유네스코에 대한 일본 정부의 의견서'로 제출되었기 때문에 간과할 수 없는 문제인 것이다.

그러나 내가 위화감을 느낀 쪽은 히가시나카노가 아니다. 오히려 이 유네스코에 대한 일본 정부의 의견서를 기초한 다카하시 시로다. 기사에도 나오는 것처럼, 외무성 관계자는 다카하시 시로를 "균형 잡힌 연구자"라고 평가하고 있다.

과연 정말 그럴까?

다카하시 시로는 "부모로서 배워야 할 것을 전한다"는 '오야가쿠(가정교육)'의 제창자로 유명하다.

이 오야가쿠라는 것은 일부 정치인에게 평판이 좋은지 '오야가쿠추진의원연맹(親学推進議員連盟)'까지 결성되어 있다. 이 의원연맹은 2012년 5월에 '발달 장애는 예방 가능' '발달 장애의 원인은 대화 부족' 등 과학적이라고 할 수 없는 코멘트를 내놓아 물의를 빚었다. 이런 점에서 알 수 있듯이 오야가쿠는 '황당한' 과학의 일종이다. 이처럼 터무니없는 과학의 제창자로서 일반인에게 유명한 다카하시지만, 사실은 간과할 수 없는 또 하나의 얼굴이 있다.

일본청년협의회 간부로서 다카하시 시로

다카하시는 이 책에 이미 몇 차례 등장했다. "신문 따위 짓뭉개버리면 된다"는 발언으로 물의를 일으킨 자민당의 '문화예술간담회'에 참석한 의원 대부분이 일본회의 관계자임을 지적한 부분(106~107쪽)에서 다카하시가 문화예술간담회의 발기인 기하라 미노루와 행동을 함께하는 모습을 전했다. 그때는 다카하시가 '일본회의 국회의원과 친밀하다는 것'만을 암시하는 데 그쳤다. 그러나 다카하시의 경우는 '친밀' 수준이 아니다. 우선 사진을 보자.

이것은 '일본청년협의회'가 설립 30주년을 맞아 발행한 기념 잡지 「청

「청년의 힘으로, 만들자 신생 일본」.

년의 힘으로, 만들자 신생 일본(靑年の力で, 築こう新生日本)」의 첫 쪽이다.

이 책에서 자주 지적해온 것처럼 '일본청년협의회'야말로 아베 정권을 지탱하는 '일본회의' 사무국이며, '일본회의' 운동의 기획·입안·수행 담당 조직이다.

이 첫 쪽에 사진이 실린 인물은 이렇다.

일본청년협의회 회장 겸 일본회의 사무총장 가바시마 유조(桃島有三)

아베 총리의 보좌관 에토 세이이치(衛藤晟一)

안보법제의 이론가 모모치 아키라(百地章)

일본청년협의회 경제계 창구 모리 후지자에몬(森藤左ェ門)

그리고 이번 제5장의 주역 다카하시 시로(高橋史朗)

이 사진이 기념 잡지 첫머리 인사와 함께 배치되어 있는 것에서도 알수 있듯이, 이것은 일본청년협의회 간부 소개 코너라고 봐도 좋다. 즉 다카하시 시로는 '일본회의와 친밀'하다기보다 '일본회의의 추진 모체'인 '일본청년협의회' 간부였던 것이다.

분명히 다카하시는 2005년 사이타마 현 교육위원에 선임되었을 때, 시민단체로부터 '일본청년협의회 인물은 교육위원에 적합하지 않다'는 지적을 받자 일본청년협의회 탈퇴를 표명했다. 그러나 그 뒤에도 다카하시는 가바시마 유조를 비롯한 일본청년협의회 간부들과 행동을 함께했으며, 여전히 이전과 같은 장소에서 활동을 계속했다. 탈퇴 표명은 했지만 탈퇴 실현은 전혀 관찰되지 않기 때문에, 다카하시를 일본청년협의회 간부라고 말할 수 있는 상황이다.

'생장의 집 학생운동' 투사로서 다카하시 시로

지금까지 밝혀온 것처럼 '일본회의' 추진 모체인 일본청년협의회의 기원은 1970년 안보투쟁 시절의 '나가사키대학 학원 정상화 운동'에 있다. 가바시마 유조나 에토 세이이치나 모두 나가사키대학을 중심으로 한 규슈 각지 대학에서 좌익 학생들과 벌인 투쟁에서 승리해 일약 '민족파 학생운동의 영웅'이 된 사람들이다. 하지만 다카하시 시로는 1950년생. 1970년 안보투쟁 시절 학생운동에 대학생으로 참여하기에는 조금 어리다. 또한 다카하시는 와세다대학 출신으로, 규슈 지방의 대학이 중심이었던 일본청년협의회 계열의 민족파 학생운동과는 물리적으로 거리가 멀다.

生長の家学生会全国総連合　〈略称生学連〉

【結成】昭和四十一年五月一日
【所在地】東京都神宮前一ー二三ー二〇　生長の家本部内
【役員】委員長・土橋史郎(早大)、副委員長・山中光生(関西大)、書記長・橋本茂、憲法問題対策局長・高橋こずえ、女子学生対策局長・菊地二郎
【組織】生長の家の指導を受け、日本青年協議会、反憲法学生委員会全国連合と表裏一体の関係にある。
【沿革】四十九年八月、九州、北海道ブロックにおいて、それぞれ北方領土奪還の宣伝活動を実施、日教組大会反対活動に参加した。
【目的】日本の歴史、伝統を無視した現行の日本国憲法の無効を宣言し、正統憲法の復元改正を成し、天皇を中心とした八紘一宇、世界平和の基となる新体制国家を創出して、中心帰一、永遠至福の世界実現の大目的を達成せしめる。
【現況】毎年夏・冬季練成合宿を行ない、学生信徒の増大とブロック組織の強化をはかるため『理想世界』誌の宣布、活動者会議等を実施している。五十年七月日教組大会反対活動。
【機関紙誌】『生学連新聞』(月刊)

224

『우익·민족파 사전』, 224쪽.

왜 다카하시는 일본청년협의회 간부가 된 것일까?

"다카하시 씨는 원래 생학련(생장의 집 학생회전국총연합)의 위원장이었다"라고, 취재 과정에서 알게 된 생학련 전 활동가가 이야기해주었다.

"학창 시절의 성은 다카하시가 아니라 쓰치하시(土橋). 데릴사위로 들어가서 성이 다카하시가 된 것이다."

내 수중에 있는 1976년판 『우익·민족파 사전(右翼·民族派事典)』(사회문제연구회社会問題研究会 편저, 1976)을 보면, 과연 '생장의 집 학생회전국총연합' 항목에 쓰치하시 시로(土橋史朗)가 있다.

'위원장·쓰치하시 시로(와세다대학)'라고 되어 있다. '여학생대책국장·다카하시 고즈에(高橋こずえ)'라는 이름도 보인다. 증언을 믿는다면, 아마

제5장 한 무리의 사람들 · 179

이 사람이 결혼 상대일 것이다. 다카하시 고즈에라는 이름으로 조사해본 결과, 동명의 인물이 『감사의 음색을 울리며(ありがとうの音色を響かせて)』라는 책을 발행한 사실을 알게 되었다. 일본 아마존의 저자 프로필에 "남편인 교육학자 다카하시 시로의 연구를 위해 3년 가까이 미국에서 지냈다"라는 문장이 나온다.

이것으로 볼 때 틀림없다. 생학련 위원장 쓰치하시 시로야말로 다카하시 시로다. 앞서 언급한 증언은 자료에서도 증명되었다. 이 증언자는 거짓말을 하지 않았다.

"학생운동에서 대단한 실적이 있었던 것은 아니지만, 미국 유학 중에 종교적인 실적을 올렸다"라고 이 인물은 증언해주었다.

다카하시는 확실히 미국에 유학했다. 그는 "유학 시절 연합군총사령부의 자료를 섭렵해, 점령 기간 동안 연합군총사령부가 했던 일본인에 대한 세뇌 공작의 증거를 발견했다"라고 내세우며 그 관련 서적도 집필했다.

하지만 냉정하게 생각해보면 이상한 이야기다.

다카하시는 와세다대학 대학원에서 교육학 전공 석사 과정을 수료한 뒤 미국으로 유학을 떠났다. 지금도 직함은 '교육학자'다. 그런 그가 왜 유학 중에 '점령 관계 자료'를 섭렵할 필요가 있었을까? 교육학 연구는 어떻게 된 것일까.

실제로 다카하시 시로의 논문을 CiNii(국립정보학연구소 학술정보 데이터베이스)에서 검색해도 교육학 관련 논문은 거의 나오지 않는다. 그의 이름으로 검색되는 가장 오래된 논문은 1984년의 「신도지령의 성립 과정에 관한 고찰(神道指令の成立過程に関する一考察)」. 유학을 마치고 가장 먼저 쓴 논문조차 교육학이 아니라 신도에 관한 것이다.

점점 이상하다.

"어디까지나 풍문"이라 치더라도, "다카하시 씨가 유학한 목적은 연합군총사령부에 압수된 다니구치 마사하루 선생의 저작을 찾아내는 것이었다. 그리고 다카하시 씨는 그 임무를 완수했다"라고 증언자는 말했다.

역시나 그런 것이었다. 그런 맥락의 유학이라면 이해할 수 있다. 종교적인 임무를 띠고 미국으로 건너갔다면 본업인 교육학 연구 따위는 내팽개치고, 임무 완수를 위해 도서관에 틀어박혀 연합군총사령부의 자료를 섭렵한 것도 이해가 된다. 하지만 어디까지나 이 증언은 '풍문'이다. 자료로 뒷받침할 필요가 있다.

앞서 언급한 것처럼 '출판 종교'라는 별명을 얻은 '생장의 집'은 대량의 서적을 출판했다. 그중에서 다카하시가 유학했던 시기 전후를 중심으로 자료를 찾고 있었을 때, 아니나 다를까 증언을 뒷받침할 수 있는 자료가 발견되었다.

1982년에 출판된 『고슈고(御守護)』라는 작은 책이었다.

이것은 다니구치 마사하루가 '신'에게서 받은 수십 개의 '신시(神示: 신의 계시)'를 모은 것이다. 맨 마지막 쪽에 문제의 기록이 있었다.

"점령군에 의한 사전 검열 때문에 삭제되어 발표되지 않았던 '계시'가 미국의 자료에서 발견되어, 미국에 있는 다카하시 시로 씨에 의해 제공되었다."

바로 이 이야기는 앞에서 언급한 전 생학련 활동가가 증언해준 대로가 아닌가.

연합군총사령부에 압수된 '생장의 집' 창시자 다니구치 마사하루의 저작물을 미국 문서고에서 찾아냈다면, 분명히 다카하시로서는 대단한 공을

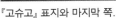
『고슈고』 표지와 마지막 쪽.

세운 게 틀림없다.

세대적으로나 지리적으로나 일본청년협의회 계열의 학생운동과 거리가 있던 다카하시가 일본청년협의회 간부가 된 것은, 이런 종교적 실적 덕분이라고 보는 것이 자연스럽다.

'균형'이 결여된 다카하시 시로에 의존하는 외무성의 위험성

현재 다카하시는 외무성이 "균형 잡힌 연구자다"라고 평가할 정도의 존재가 되었다.

그러나 여기에서 살펴본 다카하시의 소속이나 이력을 보면 과연 그를 "균형 잡힌 연구자"라고 평가할 수 있을까?

다카하시가 '생장의 집' 신도인 것은 제쳐놓더라도 '일본회의'의 운영 모체인 '일본청년협의회' 간부라는 사실은 흔들리지 않는다. 그러니까 우익단체 간부이며, 또한 정규 역사학 교육을 받은 적이 없는 인물을 외무성은 "균형 잡힌 연구자"라고 평가하고 있는 셈이다.

이것은 어떻게 생각해도 이상하다.

다카하시의 소속이나 내력을 알면서도 그의 의견을 채택하고 있다면, 가치중립적이어야 할 행정부인 외무성·문부과학성이 보여주는 자세에는 심각한 문제가 있다 말하지 않을 수 없다.

또한 다카하시의 소속이나 이력을 알지 못한 채 그의 의견을 채택하고 있다면, 외무성·문부과학성의 검증 능력이 현저히 떨어져 있다는 이야기가 된다. 어느 쪽이든, 이것은 중대한 사태가 아닐까?

특수한 '이너 서클'에 지배되는 아베 정권

지금까지 설명을 정리해두자.

이 책의 주된 목표인 '일본회의'를 지탱하는 '일본청년협의회'는 '생장의 집' 학생운동에서 출발했다. '일본청년협의회' 대표이자 '일본회의' 사무총장인 가바시마 유조가 생장의 집 학생 신도들과 함께 나가사키대학에서 시작한 '학원 정상화 운동'이 바로 '일본청년협의회'의 뿌리라고 설명했다.

또한 '아베 신조의 최고 브레인'으로 불리는 이토 데쓰오도 '생장의 집 정치운동'과 떼려야 뗄 수 없는 관계에 있다는 것도 설명했다.

이러한 사실들로부터 아베 정권이 '생장의 집' 정치운동 관계자라는 '이

너 서클(inner circle: 핵심 집단)'의 강한 영향 아래에 있다는, 중대한 사태가 엿보이기 시작한다.

아베 정권을 둘러싼 개헌 세력의 연원

이 책 앞부분에서 일본회의에 대해서는 전혀 보도되지 않고 있다고 말했다. 물론 지금까지 일본회의에 대해 다룬 미디어는 있었다. 그러나 기존 미디어에 의한 일본회의 보도는 시야가 좁다. 기존 미디어가 일본회의 관련 보도를 해도 신도정치연맹이 더 눈에 띄어서, 신도정치연맹이 마치 수괴인 것처럼 말하는 번지수가 잘못된 보도거나, "아베 정권과 일본회의의 관계"까지밖에 언급하지 않는 얕은 보도가 많다. 아마 지금의 미디어에 나타나는 광경을 굳이 도식화하면 〈표 11〉처럼 될 것이다. 지극히 단순한 도식이다. 그러나 과연 사태는 이렇게 간단한 것일까?

일본회의에서부터 이어지는 선에 대해서는, 내가 취재를 시작해 이 책의 바탕이 된 연재를 시작한 2015년 2월 시점에 이미 언급했다. 이 외에 취재 과정에서 밝혀진 것처럼, '일본회의' 자체가 가바시마 유조가 이끄는

〈표 11〉 최근 보도가 묘사하는 '아베 정권과 종교'의 도식

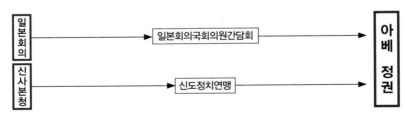

‘일본청년협의회’에 의해 운영되고 있다는 사실에 대해서도 언급했다.

또한 ‘아베 신조의 최고 브레인’으로 불리는 이토 데쓰오와 그가 이끄는 ‘일본정책연구센터’에 대해서도 거론했다.

그리고 ‘일본회의’ 사무국을 담당하는 ‘일본청년협의회’, ‘일본정책연구센터’의 대표인 이토 데쓰오, 모두 1970년 안보투쟁 시절에 생겨난 ‘생장의 집 학생운동’ 출신임을 증거와 함께 입증해왔다.

이러한 사실들을 바탕으로 이 책이 지금까지 밝혀온 인맥을 도식화하면 〈표 12〉처럼 된다.

2016년 여름의 참의원 선거 이후를 내다보고 개헌을 요구하는 1,000만 명 규모의 서명 활동을 펼치고 있는 ‘일본회의’나, 지지자를 위한 강연회지만 “본심은 메이지헌법 복원이다”라고 주장하는 ‘일본정책연구센터’나, 근원을 캐보면 ‘생장의 집 학생운동’에 도달하는 셈이다. 바로 그것이 아베 정권을 둘러싼 ‘개헌 세력’의 연원이라고 말해도 좋을 것이다.

여기서 이 책의 문제의식에 대해 다시 언급해둔다.

〈표 12〉 이 책이 지금까지 밝힌 아베 정권과 ‘생장의 집 학생운동’의 관계

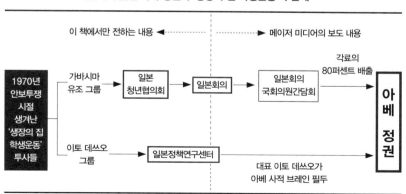

"아베 정권의 보수적 경향도, 노상에서 일어나는 헤이트 스피치의 폭풍도 '사회 전체의 우경화'에 의해 초래된 것이 아니라, 사실은 극소수의 사람들이 오랜 세월에 걸쳐 계속해온 '시민운동'의 결실인 것이 아닐까?"

이 책의 목적은 이런 가설을 입증하는 데 있다.

가바시마 유조가 이끄는 '일본청년협의회' 및 '일본회의' 라인과 이토 데쓰오가 이끄는 '일본정책연구센터' 라인에 대해서는 이미 설명했다.

여기에다 또한 '제3의 라인'이 있는 것 아닐까 하는 것이 이 책의 가설이다.

이 제3의 라인이야말로 '행동하는 보수' 무리로 대표되는 표면화한 우경화 시민 활동과, 그 외 다양한 우경화 담론을 뒷받침하고 있는 것은 아닐까, 하고 나는 보고 있다. 이번 장의 마지막 부분에서 이 제3의 라인의 존재를 입증하고자 한다.

아베 정권을 떠받치는 '생장의 집 정치운동·제3의 라인'

우선 사진 하나를 보자.

현재 '아베 후계자로 가장 유력한 후보'라고 불릴 정도가 된 자민당 정조회장 이나다 도모미(稲田朋美: 2016년 8월 방위상에 임명됨)가 출연한 '다이제스트 제6회 도쿄 야스쿠니 일일 견진회(ダイジェスト 第6回東京靖国一日見真会)'라는 동영상의 캡처 사진이다.(taniguchimanabukai, 2012)

이 사진에서 이나다 도모미가 들고 있는 책은 생장의 집의 경전『생명의 실상(生命の實相)』. 게다가 현재 신간 서적으로 유통되는 판본이 아니라

이나다 도모미가 출연한 유튜브 동영상.

제2차 세계대전 전에 출판된 판본의 책이다. 이나다 도모미는 이 강연에서 "(이 전쟁 전 판본 『생명의 실상』을) 할머니로부터 물려받았다" "너덜너덜해질 때까지 읽었다"라고 말했다.

이나다 도모미가 『생명의 실상』을 들고 강연한 것이나, 할머니로부터 물려받은 것을 너덜너덜해질 때까지 읽었다고 한 것을 근거로 "이나다 도모미도 생장의 집이다!"라고 말하려는 것은 아니다. 그래 봤자 '제3의 라인'을 입증하는 일로 연결되지 않는다.

또 다른 사진을 보자.

이번 사진은 정치인이 아니다. 정렬한 유치원생들이다. 이 사진은 오사카 고코쿠신사(護国神社)에서 개최된 '동기의 벚꽃을 노래하는 모임(同期の桜を歌う会)'에 '쓰카모토유치원(塚本幼稚園)' 원아들이 참가한 모습을 담은 동영상을 캡처한 것이다.

平成26年同期の桜を歌う会2 塚本幼稚園2 教育勅語・日
の丸行進曲・日本・西村眞悟先生挨拶ほか from
YouTube

yamaoka machiko

쓰카모토유치원 아이들의 유튜브 동영상.

이 쓰카모토유치원은 일부 언론에서 다루어졌던 것처럼 '애국 교육'으로 유명하다. 동영상에 첨부된 자막을 살펴보자. '교육 칙어(教育勅語)'라는 게 있다. 이 사진은 유치원생들이 '교육 칙어'를 한 사람이 선창하고 나머지가 따라하는 '창화' 장면을 캡처한 것이다. 이후 '교육 칙어'에 이어 전시 가요인 「일장기 행진곡(日の丸行進曲)」과 「애국 행진곡(愛国行進曲)」 등을 노래한다. 이것도 "유치원생에게 「애국 행진곡」을 노래하게 하다니!"라며 눈살을 찌푸리게 만들려고 소개한 것이 아니다.

어디까지나 목표는 '제3의 라인'의 존재를 입증하는 것이다.

이 두 사진은 보기에는 아무런 관계가 없어 보인다. 그러나 『생명의 실상』을 내걸고 강연하는 이나다 도모미와 「애국 행진곡」을 창화하는 쓰카모토유치원 사이에는 매우 깊은 관계가 있다.

'생장의 집'의 기본 경전인 『생명의 실상』을 치켜들고 강연하는 이나다 도모미가 등장하는 '다이제스트 제6회 도쿄 야스쿠니 일일 견진회'라는 동영상에는, 이나다 조금 앞에 백발의 노인이 등장한다.

'개헌 1만인 집회'에 모습을 드러낸 나카지마 쇼지다.(121쪽 참조) '종교법인 생장의 집'의 서적과 월간지를 출판하기 위해 만들어진 '닛폰교분샤(日本教文社)' 사장을 예전에 맡았던 인물이다. 그런데 나카지마 쇼지는 이 동영상에서 '종교법인 생장의 집' 월간 기관지인 「월간 생장의 집」 제1,000호를 집어 들고 이렇게 말하면서 비난했다.

> (1930년에 창간된) 「월간 생장의 집」은 1,000호를 맞았지만 '그들'은 그 이정표를 축하하지 않는다. 분명히 82년간 생장의 집의 역사를 부정하고 있다.

자신이 한때 사장을 역임한 출판사의 모체인 '생장의 집' 기관지를 무참하게 비판했기 때문에 심상치 않은 일이다.

게다가 나카지마는 이렇게 계속한다.

> '그들'은 잠재의식 깊은 곳에서 '우리에게는 1,000호를 축하할 자격이 없다'고 생각하고 있는 것이다.(박수) 그 대신 현재 116호를 맞이한 잡지 「다니구치 마사하루 선생을 배운다」야말로 실상계(実相界: '생장의 집' 교리에서 중요한 개념 중 하나. '생장의 집'에서는 '실상계에 이르면, 병이 없다'고 설교한다)의 1,000호인 것이다.(큰 박수)

즉 그는 「다니구치 마사하루 선생을 배운다」야말로, 1930년 다니구치

나카지마 쇼지의 강연 장면 유튜브 동영상.

마사하루에 의해 창간된 「월간 생장의 집」의 후속 잡지라고 말하고 있는 것이다. 그리고 나카지마의 말을 그대로 읽으면, 나카지마가 비판하고 있는 대상인 '그들'이란 단적으로 말해서 「월간 생장의 집」을 간행하고 있는 현재의 '종교법인 생장의 집'이며, 우레 같은 박수로 볼 때 강연장에 있는 사람들도 나카지마의 이 견해에 동의하고 있음을 알 수 있다.

현재의 '종교법인 생장의 집'은 사회운동과 정치운동에서 완전히 손을 떼고, '친환경 좌익'이라고 할 노선을 채택하고 있다. 그리고 나카지마의 말과 그 말에 대한 강연장 반응을 보면, 이 이벤트의 참석자들이 현재 교단의 자세에 반기를 드는 동시에 그 월간 기관지를 완전히 부정하고, 「다니구치 마사하루 선생을 배운다」 잡지야말로 진짜라고까지 이야기하는 것이 이해가 된다.

그렇다. 이것은 교단의 노선 변경을 부정하고, 충실하게 '생장의 집' 창시자 다니구치 마사하루 선생의 가르침을 배우는 '생장의 집 원리주의자'의 이벤트라고 부를 수 있는 것이다.[45]

'생장의 집 원리주의' 기관지 창간호

이 원리주의 단체가 받드는 기관지「다니구치 마사하루 선생을 배운다」는 나카지마의 말에 따르면 '116호'를 맞이했다고 한다. 표지에 '헤이세이 24년(2012) 5월호'라고 되어 있는데, 단순히 역산하면 2002년 10월에 창간한 것이 된다.

2002년이라면 한일 월드컵의 해며, 당시 고이즈미 총리가 전격적으로 북한을 방문해 일본인 납치 피해자 5명이 24년 만에 귀국한 해다. 그리고 이 고이즈미의 북한 방문으로 아베 신조의 지명도가 급상승했다. 즉 2002년은 한일 월드컵, 아베 신조, 납치 문제라는 현재 우리가 직면한 '급격한 우경화 노선'의 실마리를 연 해이기도 하다. 그런 해에「다니구치 마사하루 선생을 배운다」가 창간되었다. 무슨 일이 있어도 창간호의 내용을 보고 싶어졌다.

종교법인의 분파 활동이 내고 있는 기관지인 만큼 손에 넣기가 매우 어려웠지만, 마침내 창간호의 내용을 알 수 있는 실물을 얻는 데 성공했다.

안타깝게도 창간호 자체는 아니다. 합본 제1집으로 되어 있다. 창간호부터 제12호까지 1년분을 모은 것이다. 그러나 단순히 12호분을 합쳐서 다시 제본을 해 한 권의 책으로 만들었을 뿐이므로, 각 호의 판권지까지 모두 확실히 남아 있다. 자료로서 이용 가치는 충분히 있을 것이다.

그 판권지를 확대한 사진을 보자.

발행인은 앞서 나온 나카지마 쇼지. 그리고 그 옆에 있는 것이…… 편집인 모모치 아키라.

모모치 아키라다! '아름다운 일본의 헌법을 만드는 국민의 모임'의 간

月刊 谷口雅春先生を学ぶ　合本第一集　〈創刊号(平成十四年十月号)～第十二号(平成十五年九月号)〉

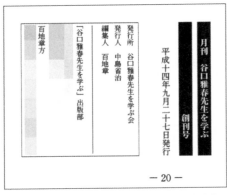

月刊 谷口雅春先生を学ぶ　創刊号

平成十四年九月二十七日発行

発行所　谷口雅春先生を学ぶ会
発行人　中島省治
編集人　百地章
「谷口雅春先生を学ぶ」出版部
百地章方

― 20 ―

「다니구치 마사하루 선생을 배운다」
합본 제1집.

「다니구치 마사하루 선생을 배운다」 창간호 판권지.

사장. 안보법제의 이론가.

　정부가 '집단적 자위권은 합헌이다'라고 주장할 때는 모모치 아키라의 코멘트가 반드시 인용되어 있었다. 그러니까 2015년 여름, 총리 관저 측의 이론가 같은 입장이었던 모모치 아키라는 「다니구치 마사하루 선생을 배운다」 창간호의 편집인이었다. 그리고 '다니구치 마사하루 선생을 배우는 모임'의 회합에서, 이나다 도모미는 '할머니로부터 물려받았다'는 '생장의 집'의 기본 경전인 『생명의 실상』을 번쩍 쳐들고 강연하고 있다.

　'관저의 이론가' 모모치 아키라와 '아베 후계자로 가장 유력한 후보' 이나다 도모미는 '생장의 집 원리주의 운동'이라는 같은 뜻을 가진 이너 서클(핵심 집단)에 속하는 셈이다.

　남은 것은 '애국 유치원' 쓰카모토유치원과 '생장의 집 원리주의 운동'의 관계다.

　그 열쇠도 「다니구치 마사하루 선생을 배운다」의 합본 제1집에 있었다. 이 합본은 「다니구치 마사하루 선생을 배운다」의 창간호부터 제12호까지

수록되어 있다. 처음에는 독자도 적었을 것이다. 일방적으로 논설을 게재하는 것뿐이어서, 독자의 목소리를 소개하는 코너와 알림 같은 것은 거의 존재하지 않는다. 그러나 그 상황도 점차 개선되어간다. 창간으로부터 5개월째를 맞이한 제5호가 되면 독자끼리 교류 코너 게시물도 늘어나, 독자 간의 다양한 교류가 발생한다. 그 제5호의 알림 코너에 "제1회 '우리 스승 다니구치 마사하루를 말한다'"라는 이벤트의 안내가 실려 있다.

강사는 센도 야스시(仙頭泰). 창간호에 수록된 단 2개의 논설 중 하나를 쓴 인물로 예전에 생장의 집 하와이 교화부장이었던 인물이다. 이 인물의 연설을 듣는 것이 이 이벤트의 요지다. 주목해야 할 것은 이벤트 장소다. '쓰카모토유치원'이라고 되어 있다. 그렇다, 바로 그 '애국 유치원'이 개최 장소인 것이다. 아무리 사립 유치원이라고는 해도, 유치원이 외부 단체에 장소를 빌려주는 일은 좀처럼 생각하기 어렵다.

게다가 연락처에 '가고이케(籠池)'라는 이름이 보인다. 이벤트의 주최자인 것일까, 연락처 전화번호가 실려 있다. 이 가고이케라는 인물은 쓰카모토유치원 홈페이지에 있는 '원장의 방'이라는 코너에서 집필하고 있는 사람과 성이 같다.(가고이케, 2013)

원아에게 전쟁 때 가요를 부르게 하는 쓰카모토유치원, 그리고 가고이케 성을 쓰는 인물은 '생장의 집 원리주의' 운동과 밀접한 관계가 있다고 해도 좋을 것이다.

'아베 후계자로 가장 유력한 후보' 이나다 도모미와 '관저 측의 이론가' 모모치 아키라, 그리고 원아에게 전시 가요를 부르게 하는 '쓰카모토유치원'을 잇는 '생장의 집 원리주의' 운동이라는 한 가닥의 선이 떠올랐다.

아베 정권을 지탱하는 '일본회의' 사무총장 가바시마 유조도, 아베의 최

"제1회 '우리 스승 다니구치 마사하루를 말한다'" 이벤트 안내.

教育も外交も同じこと

塚本幼稚園幼児教育学園
園長　籠池　泰典

平成25年防衛白書が発行されました。幼稚園でもよくあることだが、悪く目立つ子ばかりに気を取られてしまって他の子が注意信号を出しているのに注釈が行きにくく、目が届かなくなり、気づいた時は良いところを見逃して大きな問題を出している場合があります。その子がいなくなった段階で他にも大きな問題が存在しており、火がついていたのがわかる。隣の子はちょっかいを掛けたり、人の物を盗ったり、我が儘をいったり先生のいいつけを守らなかったり、みんなの前でパフォーマンスをして目立ちたがる。かといって、その心の中は波立っており、自分ではどうしたらよいのかわからず、誰かが助けてくれるかもしれないと思っている。でもそこに、しっかりした先生がいなければ他の子に嫌がられてその子供世界の中で孤立してしまいます。その和を助けられるのは、その子の真性を見ることと、その子を信じること、信じているという愛情を常に見せてあげること（すなわち、属性あるいはそれとイコールの教育力を認識することにより）毎度になっていく。

쓰카모토유치원 홈페이지(http://www.tukamotoyouchien.ed.jp/).

고 브레인이라고 주목받는 이토 데쓰오도, 총리보좌관인 에토 세이이치도, 정부가 난징사건의 세계기록유산 등록을 저지하기 위해 의지한 다카하시 시로도, 모두가 '생장의 집'에서 나온 사람들이다. 하지만 가바시마 유조와 이토 데쓰오를 배출한 종교법인 '생장의 집' 본체는, 1983년에 정치운동에서 철수했다.

그러나 그 노선 변경을 좋다고 여기지 않은 고참 신도들이 지금 교단에 반기를 들고 '생장의 집 원리주의' 운동을 전개 중이며, 그 운동에 이나다 도모미와 모모치 아키라 등 아베 정권과 깊은 관계를 가진 정치인과 학자가 참여하고 있다. 또한 이 '생장의 집 원리주의' 운동은 쓰카모토유치원 사례처럼, 정치계뿐 아니라 시민사회 안에도 있어서 광기 어린 우경화 풍조를 자아내는 요소 중 하나가 되고 있다.

또 주목해야 할 사실은 이번 장에 등장한 인물들이, 사쿠라이 마코토(櫻井誠)가 창설한 '재일 특권을 용납하지 않는 시민 모임(재특회)'과 채널 사쿠라, 그리고 헤이트 데모의 효시라고 할 수 있는 니시무라 슈헤이(西村修平) 등 이른바 '행동하는 보수' 무리의 인물들과 밀접한 인간관계를 구축하고 있다는 점일 것이다. 이나다 도모미가 재특회와 밀접한 관계에 있다는 것은 「선데이마이니치(サンデ─毎日)」를 비롯한 여러 보도에서 명백해졌다.

이나다의 사례는 '행동하는 보수' 무리가 그들을 지원한 사례지만, 시간을 거슬러 올라가면 오히려 '한 무리의 사람들'이 '행동하는 보수'를 지키고 키운 측면이 더 강하다.

예를 들면 '채널 사쿠라'의 설립 발기인 명부(http://www.ch-sakura.jp/about.html)에는 다카하시 시로가 5명의 발기인 중 한 명으로 이름을 올리고 있음을 알 수 있다. 다카하시와 함께 이름을 나란히 한 마쓰우라 요시코(松浦芳子)도 '생장의 집' 학생운동에 종사했던 과거를 가진 인물이다.

'채널 사쿠라'에 관해서는 이번 장에서, 그 개국 기념 방송이 아베 신조와 이토 데쓰오의 대담 프로그램이었다는 것을 지적했다. 이처럼 이토 데쓰오가 '채널 사쿠라'를 설립 당초부터 지원했던 것은 사실이지만, 당시 그의 지원 대상은 '채널 사쿠라'만이 아니다.

2001년 니시무라 슈헤이는 여성국제전범법정을 취재한 NHK에다, 방송 전에 항의 활동을 시작했다. 이 항의 활동은 나중에 '행동하는 보수 운동의 원조'라고 불리게 된다. 사쿠라이 마코토와 야마모토 유미코(山本優美子) 등 훗날 등장하는 '재특회' 인물의 활동은 니시무라 슈헤이의 운동 방식을 모방한 것에 지나지 않는다. 니시무라 슈헤이야말로 세상에 만연한

'헤이트 데모'의 원점인 것이다. 하지만 이 니시무라에 의한 NHK 항의 활동에는 한 가지 이상한 점이 있다. 'NHK의 방송 내용을 보고 나서'가 아니라 'NHK의 방송 내용을 사전에 알고' 이루어졌다는 점이다.

일개 시민운동가에 지나지 않는 니시무라에게 NHK의 방송 내용에 대한 정보를 사전에 유출한 인물이 있을 것이다. 그리고 이 인물이야말로 당시 나카가와 쇼이치(中川昭一), 아베 신조와 함께 NHK 방송 내용에 간섭하고 있던 이토 데쓰오라는 것이 각 방면에서 지적되고 있다.

이런 사실을 고려하면 '한 무리의 사람들'이 니시무라 슈헤이와 미즈시마 사토루(水島総)가 이끄는 '채널 사쿠라'를 낳았다고 할 수 있다. 그리고 '한 무리의 사람들'이 낳은 니시무라와 미즈시마에 의해, 사쿠라이 마코토와 야마모토 유미코 등 훗날 속출하는 인종차별주의자들이 발굴되어 지명도를 높였다. 운동의 흐름에서 보면 사쿠라이 마코토 입장에서는 니시무라 슈헤이와 미즈시마 사토루가 부모, 다카하시 시로와 이토 데쓰오는 조부모라고 할 수 있다.

'한 무리의 사람들'의 운동은 결과적으로 '군가를 부르는 유치원'과 '길거리에서 창궐하는 헤이트 데모'로 묶였다. 그리고 지금 '한 무리의 사람들'의 운동은 그런 영향력을 행사하면서, 그들의 비원인 '개헌'을 앞에 두고 장군을 부르고 있다.

제 6 장

연원

우경화 노선의 연원에 선 남자

지금까지 이 책이 추적해온 핵심을 간략하게 정리한다.

- 각료가 참가하는 의원연맹 등을 보면, 현재의 아베 정권은 일본회의의 영향을 강하게 받고 있는 모습이 엿보인다는 것
- '긴급사태 조항의 창설' '헌법 24조를 개정해 가족 조항 추가' '헌법 9조 2항을 개정 또는 폐기'라는, 최근 갑자기 활발해진 개헌 논의는 그 내용과 우선순위 모두 일본회의 주변, 특히 '일본정책연구센터'의 오래전부터 주장과 완전히 똑같다는 것
- 일본회의가 전개하는 광범위한 '국민운동'의 추진 역할을 담당하고 있는 것은 신사본청도, 신도정치연맹도, 또한 그 외 일본회의에 참가하는 종교단체도 아니고, 바로 '일본청년협의회'라는 것

- '일본청년협의회' 회장이자 '일본회의' 사무총장인 가바시마 유조도, '아베 총리의 최고 브레인'이라고 불리는 '일본정책연구센터'를 이끄는 이토 데쓰오도 '생장의 집 학생운동' 출신이라는 것
- 현재의 '생장의 집'은 3대째 총재 다니구치 마사노부(谷口雅宣)가 과거의 '애국 종교 노선'을 포기하고 '친환경 좌익'으로 방향 전환을 했고, 현재 이 노선 변경에 이의를 제기하는 사람들이 '생장의 집 원리주의'라고 할 분파 활동을 하고 있다는 것
- '다니구치 마사하루 선생을 배우는 모임'(이하 '배우는 모임')이 '생장의 집 원리주의'의 중심 단체이며 '배우는 모임'에는 이나다 도모미와 에토 세이이치 등 총리 주변 정치인을 비롯해 모모치 아키라, 다카하시 시로 등 '보수 논객' '보수파 언론인'이 참여하고 있다는 것
- '배우는 모임' 주변 사람들은 주로 간사이 지역에서 '군가를 부르는 유치원'으로 유명한 '쓰카모토유치원'의 운영과 이른바 '행동하는 보수' 무리와 인연이 깊다는 것

확실히 해두기 위해 이들 핵심을 〈표 13〉에 나타냈다.

이렇게 보면 지금까지 이 책이 추적해온 '일본회의' 무리는, 아베 정권을 지원·협력하는 '위로 향하는 공작'뿐 아니라, 언론계 활동과 유치원 경영 등을 통해 시민사회로 침투하는 '아래로 향하는 공작'까지 실로 광범위하게 활동하고 있다는 것이 부각된다. 또한 이 '우경화 노선'이 모두 '1970년대 생장의 집 학생운동'으로 귀결된다는 것도 알 수 있다. 이와 동시에 실로 많은 사람들이 각양각색의 채널을 통해 수십 년의 긴 세월에 걸쳐 그들의 '비원'이라고 할 '헌법 개정'을 향해 운동을 계속해올 수 있었던 것이

〈표 13〉 생장의 집 학생운동 3개 영역과 정권·여론과의 관계

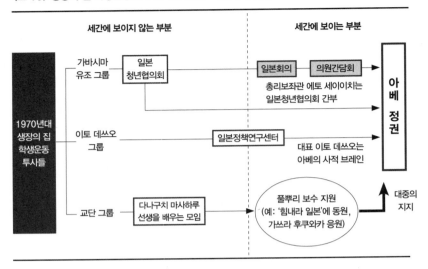

미스터리하게 생각된다.

그들의 운동이 시작된 것은 '1970년 안보투쟁' 시대.

그 무렵부터 이미 50년 가까운 세월이 흘렀다. 그럼에도 불구하고 그들
은 여전히 당시 동지의 유대를 유지하고, 그 고리를 확대하고 있다. 그들
의 적이었던 좌익 학생운동이 그 뒤 내분과 이합집산을 반복해, 당파로는
커녕 인간관계로도 원래 모습을 간직하고 있지 않은 것과 대조적이다. 어
떻게 그런 일이 가능한 것일까? 그들의 일체감은 어디에서 나오는 것일
까? 왜 그들은 동지의 유대를 계속 유지하고 있는 것일까?

그들을 묶고 있던 것은 누구인가?

일본청년협의회와 일본회의에 대해 통사적으로 설명하는 사람들은 이 물음에 '생장의 집 창시자 다니구치 마사하루를 향한 개인적 귀의'라는 대답을 한다. 다니구치 마사하루에게 귀의한 것이 그들의 운동에서 원동력이라는 이야기다.

그러나 여기는 조금 냉정하게 생각할 필요가 있다. 다니구치 마사하루가 사망한 것은 1985년. 이미 30년 이상 지난 옛날의 이야기다. 또한 다니구치 마사하루는 1978년에 '생장의 집 나가사키 총본산'으로 거처를 옮겨 반쯤 은둔 생활을 했다. 그와 동시에 교단의 실권은 다니구치 마사하루의 사위이자 나중에 생장의 집 2대째 총재가 되는 다니구치 세이초(谷口清超)로 옮겨갔다. 그들 운동의 매우 초기 단계에서 다니구치 마사하루는 자취를 감추고 있다. 아무리 다니구치 마사하루에게 종교적 카리스마가 있었다고 해도, 자신들의 앞에서 사라진 인물을 수십 년에 걸쳐 '운동에 대한 열정의 연원'으로 우러러 볼 수는 없을 것이다.

물론 다니구치 마사하루는 대량의 저작을 남겼다. 따라서 그 저작을 경전으로 삼아 계속 읽는 것은 가능할지도 모른다. 하지만 텍스트는 텍스트일 뿐이다. 동지 사이에 해석의 어긋남도 발생할 것이다. 텍스트만 있으면 모두가 발을 맞출 수 있다는 것은 환상에 지나지 않는다. 그것은 마르크스의 저작에 대한 해석에서 내분을 반복해왔던 마르크스주의자들의 역사가 말해주고 있다. 실제로 지금 '생장의 집' 교단은 다니구치 마사하루 저작의 해석을 둘러싸고 사분오열하고 있는 것은 아닐까. 역시 다니구치 마사하루의 존재로는 모든 것을 설명할 수 없다.

누군가 있을 것이다. 다니구치 마사하루가 그들의 앞에서 사라진 뒤에도 운동에 참가하는 많은 사람들의 열정을 계속 유지시키고, 운동에 종사하는 사람들의 가슴을 계속 뜨겁게 하는, 다니구치 마사하루에 필적할 만한 카리스마를 지닌 인물이 분명히 있을 것이다.

지금까지 이 책에서는 가바시마 유조를 여러 차례 언급했다. 그는 일본청년협의회를 40년 넘게 이끌어오고 있다. 현재 아베 총리의 보좌관을 맡고 있는 에토 세이이치와 '집단적 자위권은 합헌'이라는 폭론을 학설로 지지하는 모모치 아키라, '오야가쿠(가정교육)'의 주도자이자 정부의 '남녀공동참가회의' 의원도 맡고 있는 다카하시 시로 등 현재 일본을 뒤덮은 '우경화 노선'의 이론가들은 지난 40년간 가바시마의 부하로서 일본청년협의회 운동을 지원해온 사람들이다. 그 사실에 입각하면 그들의 존재를 '그들 운동의 정점'으로 추정하는 것이 자연스럽다고 생각할 수 있다.

하지만 가바시마 유조는 어디까지나 일본청년협의회 회장이다. 일본청년협의회는 일본회의를 실질적으로 운영하는 큰 조직이지만 앞서 제시한 표에서 나타낸 그들의 운동 전체를 포괄하고 지도하는 위치는 아니다. 게다가 가바시마 유조의 인품은 유능한 관리로서 성실하고 정직한 것이 특징이다. 가바시마 유조를 아는 사람은 '면사무소 관리'라는 말로 그를 평가한다. 40년의 긴 세월에 걸쳐 일본청년협의회 운동을 영도해온 실적을 감안하면 '뛰어난 사람'이라고 평가할 수는 있으나, '면사무소 관리'로 불리는 그의 인품은 오랜 세월에 걸쳐 사람들의 열정을 끌어내고 유지시킬 수 있는 것이 아니다.

같은 이유로 이토 데쓰오도 후보가 되기에는 부족하다. 이토는 우수하기는 하다. 그 무리에서는 드문 인재고, 타인의 텍스트를 비평적으로 읽어내는 능력도 가지고 있다. 그러나 그가 대표하는 '일본정책연구센터'가 스스로를 '싱크 탱크'라고 부르는 것처럼, 이토의 능력은 정책 입안이나 비평 활동에 특화되어 있다. 그는 '이론'의 사람이지 '운동'의 사람이 아니다.

그렇다면 '배우는 모임' 대표 나카지마 쇼지는 어떤가. 가바시마 유조의 '일본청년협의회'도, 이토 데쓰오의 '일본정책연구센터'도 그 연원은 '생장의 집 학생운동'에 있다. 그들 운동의 연원이 종교에 있다면, 현재 그들의 운동 중 종교 활동을 담당하는 '배우는 모임'의 대표야말로 '운동에 종사하는 사람들의 가슴을 계속 뜨겁게 하고, 다니구치 마사하루에 필적할 만한 카리스마를 지닌 인물'에 어울리는 것처럼은 보인다. 그러나 나카지마가 이 무리에 참가한 것은 '배우는 모임'이 창립된 2002년 전후의 일로 매우 최근의 일이다. 말하자면 신참자다. 나카지마는 '닛폰교분샤'라는 '생장의 집' 교단 출판사의 사장을 역임한 인물이다. 그들의 운동이 시작된 1970년대에는 이미 교단에서 '어른'의 위치였다. 그렇지만 그가 '어른'으로서 교단 내부에서 가바시마와 이토의 활동에 도움을 주었다는 행적 또한 인정되지 않는다.

학생운동이 낳은 운동체에 훨씬 훗날이 되어 재취직한 것에 지나지 않는다. 그의 인품과 내력을 아는 사람들은 "나카지마 씨는 경박하다" "단순하게 말해, 능력 부족"이라고 그를 평가한다. 이 정도면 악평이라고 해도 좋다. 실제로 나카지마의 강연을 들으면 이런 평가에 동의할 수밖에 없는 부분이 있다. 단적으로 말해 나카지마의 강연은 재미가 없다. 1시간이 안 되는 강연 종반에는 자고 있는 사람이 눈에 띈다. 그런 인물을 그들의 운동을 영도하는 존재라고 추정할 수는 없다.

이렇게 개별적으로 검증해나가면 앞서 제시한 표에서 나타낸 그들의 운동을 구성하는 3개 분야의 우두머리들(가바시마 유조·이토 데쓰오·나카지마 쇼지)은 '다니구치 마사하루에 필적하는 카리스마를 가진 인물'로는 적성이 부족하다.

그들 이외에 누군가 있다.

그렇지 않다면 유기적이라고 할 수 있는 그들의 면밀한 연계와 오랜 세월에 걸쳐 열정을 유지해온 그들이 지닌 동기의 연원을 설명할 수 없지 않은가.

원점에 있던 남자

원점으로 돌아갈 수밖에 없다. 그들의 운동이 시작한 시점에 누군가 있을 것이다. 그들이 그 한 걸음을 내디뎠던 나가사키대학 학원 정상화 운동까지 돌아가, 그들 운동의 원점을 재점검할 수밖에 없다.

내 수중에는 취재에 협력한 사람에게서 입수한 『규슈학협 '폭풍의 69년' 그 싸움의 기록(九州学協"嵐の69年"その戦いの記録)』이라는 제목의, 그들의 운동의 매우 초기에 나온 팸플릿이 있다.

이 팸플릿에 당시 그들의 조직 구성이 일람표 형식으로 실려 있었다.

집행부 위원장 가바시마 유조, 부위원장 에토 세이이치. 아마도 현존하는 당시 자료에서 이 팸플릿만큼 그들 운동체의 모습을 잘 전하는 자료는 달리 없을 것이다. 그러나 부제목에 '규슈학협 결성 2주년 기념'이라고 되어 있는 것처럼, 규슈학협 결성 2년 후에 나온 것이다. 그 전신인 나가사키대학 학원 정상화 운동부터 계산해보면 시간이 더 지난 셈이다. 이것보다 오래된 자료를 찾지 않으면 안 된다.

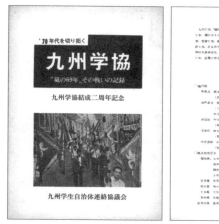

『규슈학협 '폭풍의 69년' 그 싸움의 기록』.

나가사키현립도서관에 틀어 박혀 당시 신문을 뒤졌다. 살펴볼 대상은 「아사히신문」과 「마이니치신문」, 그리고 지역지인 「나가사키신문(長崎新聞)」과 「니시닛폰신문(西日本新聞)」의 1965년부터 1968년까지 4년에 걸친 분량이다.

그중에서 나가사키대학 학원 분쟁에 관한 기사를 찾아내는 수밖에 없다.

나가사키 한가운데에는 곤피라 산(金比羅山)이 있다. JR 나가사키 역에서 보면 이 곤피라 산을 사이에 두고 왼쪽이 나가사키대학 의학부, 오른쪽이 경제학부다. 두 캠퍼스 모두 산과 강과 바다로 둘러싸인 나가사키라는 도시와 동화된 것처럼 세워져 있다. 이 정도로 도시와 일체화한 일본의 대학도 드물 것이다. 그래서인지 지역신문뿐 아니라 전국신문의 지방판도 수시로 '나가사키대학 학원 투쟁'을 다루었다. '나가사키대학 분쟁'은 나가사키 전체를 말려들게 한 소동이었던 것 같다.

엄청난 양의 기사 가운데 신경이 쓰이는 기사를 찾아냈다.

「니시닛폰신문」 1967년 5월 23일.

"새로운 국면을 맞이한 나가사키대 분쟁"이라는 「니시닛폰신문」의 1967년 5월 23일 자 기사다.

나가사키대학 분쟁의 지금까지 경위와 '반제학생평의회(反帝学生評議会, 반제학평反帝学評)'가 구축한 바리케이드가 '일반 학생'들의 손에 의해 마침내 철거될 것 같다는 전망을 보도했다. 아울러 반제학평, 일반 학생, '동맹휴교 타파' 측 학생 각각의 의견을 나란히 싣고 있다.

이 기사에서 '동맹휴교 타파' 측 대표로서 의견을 말하는 학생이 있다.

'학생협의회 초대 의장 교육학부 4학년 안도 이와오(安東巖)'라고 되어 있다.

가바시마 유조 이전에 '학생협의회'라는 이름이 붙은 조직의 대표를 맡은 인물이 있었다는 이야기가 된다.

모두가 무서워하는 안도 이와오

안도 이와오.

이 이름, 실은 이 책에서 이미 2회 정도 등장했다. 첫 번째는 일본정책연구센터의 대표 이토 데쓰오가 '생장의 집' 직원이었다는 것을 폭로했을 때, 그 근거로 인용한 '생장의 집' 청년회 기관지 「이상 세계」의 1976년 11월호에 실린 대담 기사에서.(168쪽) 두 번째는 모모치 아키라에 대한 인터뷰에 응해준 생장의 집 학생운동 옛 투사의 증언에서.(172쪽)

대담 기사에 이토 데쓰오와 함께 참가하고 있는 사람이 생장의 집 청년회 회장 모리타 마사시와 생장의 집 청년회 부회장 안도 이와오였다. 그 안도 이와오다.

나가사키대학에서 '반제학평'의 바리케이드를 철거하자고 외치던 '학생협의회 초대 의장 교육학부 4학년 안도 이와오'는 그 뒤 생장의 집 청년회 부회장이 되어 있었다. 이토 데쓰오의 당시 직책은 중앙교육선전부장. 부회장 직함을 가진 안도 이와오는 이토의 상사였다.

- 가바시마 유조 이전에 '학생협의회'라는 이름이 붙은 조직의 대표를 역임한 남자
- 이토 데쓰오의 상사이며 '생장의 집 청년회'에서 부회장까지 올랐던 남자

이것이 안도 이와오라는 남자……라는 이야기가 된다.

이렇게 과거의 자료를 고려하면, 이 안도 이와오야말로 가바시마 유조

와 이토 데쓰오와 나카지마 쇼지에게는 적성이 결여된 '운동에 참가하는 많은 사람의 열정을 계속 유지시키고, 운동에 종사하는 사람들의 가슴을 계속 뜨겁게 하는, 다니구치 마사하루에 필적할 만한 카리스마를 가진 인물'의 요건을 충족하고 있다고 생각할 수 있다. 과연 정말 그럴까?

이런 자료의 뒷받침을 바탕으로 '운동 경력을 보면, 안도 이와오야말로 가바시마 유조와 이토 데쓰오 등을 거느리고 그들의 운동을 묶는 중심인물처럼 보인다'는 의문을, 안도를 아는 사람들에게 들이밀어봤다.

"안도는 그런 간단한 존재가 아니다."

"당신, 안도만큼은 포기해라. 건드리면 안 된다."

"안도는 무섭다. 나는 말하지 않겠다."

어떤 인물에게 이 질문을 던져봐도 이런 대답이 이구동성으로 되돌아온다.

과연 안도 이와오는 어떤 인물일까? 자료의 뒷받침대로 그 사람야말로 그들 운동의 중심인물인 것일까?

'카리스마'가 걸어온 길

안도 이와오의 경력을 거슬러 올라가기 전에 다시 확인해두자.

"일본회의와 '일본청년협의회·일본정책연구센터·다니구치 마사하루 선생을 배우는 모임'이라는 3개 부문은, 1970년대까지 성행했던 '생장의 집 학생운동' 출신이라는 같은 배경을 가진 사람들이 면밀하게 연계하면서, 우경화 운동에 임하고 있다"는 사실을.

학생운동을 화려하게 했던 때로부터 벌써 50년 가까운 세월이 지났다. 과연 "학생운동 시절의 인간관계가 그대로 살아 있는" 그런 일이 있을 수 있을까?

일본회의 사무총장이자 일본청년협의회 회장인 가바시마 유조가 나가사키대학에서 시작했던 '학원 정상화 운동'은 좌익 학생들이 점거한 캠퍼스를 '해방'하는 데 성공해, 가바시마 유조를 비롯한 나가사키대학 학원 정상화 운동의 운동가들은 일약 영웅이 되었고, 그들의 운동 스타일은 '규슈학협 방식'이라고 불리며 전국 우익 학생들에게 파급되었으며, 이윽고 그들의 운동을 모체로 '민족파 전학련'이라는 '전국학협'이 결성된 전말은 지금까지 몇 차례 언급했다.

전국학협은 이름 그대로 학생 조직. 모든 학생들은 언젠가 어른이 된다. 이 전국학협을 모체로 설립된 사회인 조직이, 현재도 가바시마 유조가 이끄는 일본청년협의회다. 설립은 1970년 11월 3일. 일본청년협의회가 설립되고 불과 22일 뒤 이른바 '미시마 사건'이 일어난다.

여담이지만, 이 사이의 전말에 대해 적고 싶다. 일본회의 무리를 휘감고 있는 시대의 공기를 이해하기 위해서는, 아무래도 '1970년 안보투쟁이 끝난 뒤 우익 학생들의 분위기'를 이해할 필요가 있기 때문이다.

미시마 사건의 충격

미시마 사건은 민족파 학생들에게 충격을 주었다.

"미시마 씨에게 추월당했다"라는 충격이 아니다. "저런 놈들이 뭘 할 수 있겠느냐고 바보 취급을 당하던 녀석들이, 아무도 할 수 없는 일을 했다!"라는 충격이다.

있는 그대로 말해, 사건이 터질 때까지 학생들은 미시마 유키오(三島由紀夫, 소설가, 우익 민족주의자)와 '방패의 모임(楯の会)'을 바보 취급하고 있었다. '방패의 모임' 사람들은 깨끗한 군복을 차려입고는 자위대에 체험 입대를 해보거나 남성 주간지 「헤이본 펀치(平凡パンチ)」에 나가보는 등, 유치하고 수준 낮은 짓만 하고 있었다.

학생운동의 현장에서 좌익 진영 학생과 압도적으로 불리한 상황에서 투쟁을 반복하고 있던 민족파 학생운동 활동가들이 '방패의 모임'을 바보 취급한 것도 당연한 일이었을 것이다.

그 증거로 미시마와 함께 할복자살을 한 모리타 마사카쓰(森田必勝)는 사건 전에 원래 소속되어 있던 '일본학생동맹(日本学生同盟, 일학동)'[46]에서 제명 처분을 받았다. 미시마·모리타와 함께 방위청에 난입했던 고가 마사요시(小賀正義), 미시마·모리타가 할복할 때 목을 쳐준 고가 히로야스(古賀浩靖) 두 사람은 '생장의 집' 신도였기 때문에 전국학협에 소속되어 있었지만, 결코 주류파는 아니었다. 민족파 학생운동의 양대 진영인 일학동과 전국학협 모두에서 낙오된 이들이 '방패의 모임'에 흘러들어가는 그런 분위기가 당시 학생들에게는 있었다.[47]

전국학협과 일본청년협의회의 대립

그랬기에 민족파 학생들에게 미시마 사건은 충격이었다. 실컷 바보 취급하고, 멸시하고, 제명까지 한 녀석들이 자신들은 결코 할 수 없는 큰 사건을 일으킨 것이다. 그 이후 미시마 재판에서 일학동·전국학협 양쪽 모두가 필사적으로 재판 지원 투쟁을 벌인 것을 비웃을 수는 없다. 사건 후 그들을 '손바닥을 뒤집듯' 한다며 야유해서는 안 된다. 그들에게는 그나마 속죄였을 것이다.

그러나 재판 지원 투쟁은 참담한 결과로 끝난다. 그들이 재판에서 증언으로 남기려 했던 쇼와헌법론과 자위대론은 전혀 문제화되지 않고, 단순한 업무방해 사건·감금상해 사건으로 미시마 사건은 사법의 장에서 정리되어버렸다.

재판 투쟁의 실패에서 오는 무력감과 전국학협을 지도하는 입장인 '생장의 집' 교단의 지시에 대한 해석의 차이 등으로, 전국학협과 사회인 조직인 일본청년협의회는 대립하게 된다. 곧 대립은 격화하고, '생장의 집' 교단의 방침과 일본청년협의회의 지도에 성이 차지 않게 된 전국학협은 마침내 자기네 사회인 조직인 일본청년협의회를 제명하기에 이른다.

그동안의 경위는 이후 일본청년협의회와 안도 이와오의 거취를 말하는 데 매우 중요하다.

하지만 지금은 이야기를 서두르자.

일본청년협의회가 낳은 '반헌학련'

이렇게 해서 일본청년협의회는 학생운동의 발판을 잃었다.

물론 '생장의 집 학생회전국총연합(생학련)'은 존재한다. 그러나 생학련은 어디까지나 '생장의 집' 학생 신도 단체다. 또한 '생장의 집' 교단은 반복해서 "애국 운동은 하더라도 생장의 집은 우익단체가 아니다"라고 표명하고 있다. 생학련을 현실적인 운동의 장으로 끌어낼 수는 없다. 자체 학생운동 조직을 가질 필요성을 느낀 일본청년협의회가 조직한 단체가 전에도 등장한 '반헌법학생위원회전국연합', 약칭 '반헌학련'이다.(〈표 14〉)

반헌학련의 결성은 1974년 3월. 나중에 언급하는 것처럼 안도 이와오는 이때 이미 생장의 집 직원이 되어 청년국에 소속해 있었다. 안도 이와오가

〈표 14〉 종교법인 생장의 집(당시)의 두 측면

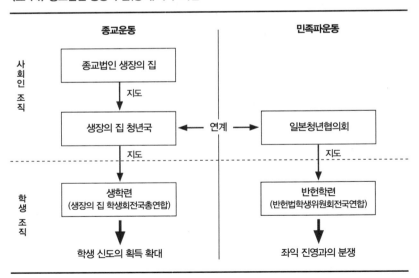

있는 생장의 집 청년국도, 가바시마 유조가 있는 일본청년협의회도, '나가사키대학 학원 정상화 운동'의 지도자에 의해 주도되었던 것이다.

이렇게 탄생한 반헌학련은 니혼대학 등에서 좌익 진영 학생들과 맹렬한 투쟁을 전개해나간다. 또한 학내에서 좌익 진영과 경쟁하기 위해 논리적 무장의 충실을 목표로 왕성한 합숙 등을 열어 조직원 교육에 임했다.

그때 그들이 이용한 텍스트들을 입수했다.

판권지에는 텍스트 편집을 담당한 스태프의 이름이 나열되어 있다. 판권지의 표기를 믿는다면, 이 목록에 올라 있는 멤버는 '반헌학련 중앙이론국'에 소속되어 있었다고 볼 수밖에 없다.

그들이 2016년 현재 무엇을 하고 있는지 〈표 15〉로 정리했다. 9명 중 운동에서 직함을 가지고 있지 않은 요코마에(橫前), 소식이 닿지 않은 야마모토(山本) 이 2명 외 7명은 지금도 현역으로 전국 각지에서 일본회의 무리의 운동에 종사하고 있다. 그들은 학생운동 시절의 인맥을 지금도 유지하고, 그 인맥 그대로 운동에 종사하고 있다. 판권지에 쇼와 53년, 즉 1978년이라고 되어 있다. 이 텍스트가 나오고 나서 40년 가까운 세월이 흘렀다. 그럼에도 불구하고 그들은 여전히 동료 간 유대를 유지하고 운동을 계속하고 있다. 게다가 기후, 구마모토, 미야자키, 도쿄 등 물리적으로 떨어져 있음에도 불구하고 깔끔하게 연계를 유지하면서 운동을 전개하고 있다.

대단한 열정. 대단한 지속력. 이것이 '다니구치 마사하루가 죽은 뒤에도, 그들의 열정을 지속시키는 존재가 있을 것이다'라는 가설을 제기할 수밖에 없는 이유다. 그렇지 않다면 이런 일이 가능할 리가 없지 않을까.

여기에서 주의가 필요한 것은, 반헌학련의 멤버가 일본회의 주변뿐 아니라 각 방면에서 운동에 종사하고 있다는 점이다. 예를 들자면 마에하라

반헌학련이 사용한 텍스트들과 『대동아전쟁(大東亜戦争)』 판권지.

〈표 15〉 반헌학련 텍스트 판권지에 실린 멤버의 2016년 상황

이름	소속 직위	비고
니시자와 가즈아키(西澤和明)	일본회의 상임이사	
다쿠 요시로(多久善郎)	일본청년협의회 이사장, 일본회의 전국조직본부장	
요코마에 다다유키(横前忠幸)	현직 회사 사장	전 생장의 집 직원이었다는 정보가 있음
마에하라 유키히로(前原幸博)	'다니구치 선생을 배우는 모임' 부대표	
기타바야시 미키오(北林幹雄)	노베오카 시 의회 의원	에토 세이이치(衛藤晟一)의 비서 시절, 일본회의국회의원 간담회 사무국 직원을 역임
야마모토 슈야(山本修也)	현직 불명	전 반헌학련 수도권 구역장 취임까지는 확인
마부치 마사노리(馬淵雅宣)	일본회의 기후 사무이사	
노하라 기요시(野原淸詞)	고교 교사 '구하는 모임' 전국협의회	전 고교 교사, '만드는 모임' 전신인 '자유주의사관연구회'가 출판한 『교과서가 가르치지 않는 역사』의 공저자
나카야마 나오야(中山直也)	일본청년협의회 대표	건국기념의 날 봉축식전의 사회를 담당

유키히로(前原幸博). 그는 '교단 그룹'으로 '다니구치 마사하루 선생을 배우는 모임'의 부대표를 맡고 있다. 그의 운동 영역은 일본회의가 아니다. 다시 말해 마에하라 유키히로는 '일본회의' 영역의 우두머리인 가바시마 유조의 지휘를 따르는 상황이 아니다. 어디까지나 마에하라는 종교운동에 종사하고 있을 뿐이다.

40년 이상 전에 시작된 그들의 운동은 지금 이렇게 3개 영역으로 나뉘어 있으며, 이 3개 영역이 면밀한 연계를 취하면서, 각 방면으로 전개하고 있다……라고 해석하는 것이 역시 자연스러울 것이다.

- 일본회의
- 일본정책연구센터
- 다니구치 마사하루 선생을 배우는 모임

따라서 이 3개 영역의 우두머리들(가바시마 유조, 이토 데쓰오, 나카지마 쇼지)을 '그들의 운동을 묶는 존재'로 볼 수는 없다. 회사 조직으로 말하자면 이 세 사람은 사업본부장 같은 존재일 것이다. 이 사업본부장들을 묶고, 운동 전체를 바라보는 위치의 인물이 있을 것이다. 이 사실로 볼 때도 가바시마 유조 이전에 학협 대표를 맡았고, '생장의 집' 교단 안에서는 이토 데쓰오의 상사를 지낸 안도 이와오야말로 '다니구치 마사하루의 사후에도 그들의 열정을 지속시키는 존재' '운동 전체를 바라보는 위치에 있는 인물'이라고 할 수밖에 없는 것이다.

안도 이와오는 어디에서 왔는가?

여기에서 안도 이와오의 이력을 확인해보자.

안도 이와오의 이름이 등장하는 간행물은 적다. 가바시마 유조와 이토 데쓰오는 스스로가 메이저 매체에 기고하거나, 운동에 현장을 드러내거나 하기 때문에 비교적 많은 사람이 그들의 동정에 대해 언급한다. 그러나 안도 이와오는 어디까지나 생장의 집 직원. 교단 외부의 미디어가 그에 대해 언급한 사례는 거의 없다.

그 얼마 안 되는 사례 중 하나가 무라카미 마사쿠니의 반생애를 우오즈미 아키라가 듣고서 쓴『증언 무라카미 마사쿠니: 나, 나라에 배신당할지라도』다. 이 책에서 무라카미 마사쿠니는 (그가 목격한) '생장의 집 교단'의 노선 변경을 따르지 않고 운동을 이탈한 사람들을 돌아보고 있다.

> 마사하루 선생의 가르침을 받은 우수한 민족파 활동가는 많았다. 예를 들어 '일본을 지키는 모임'과 '일본을 지키는 국민회의'의 사무국을 맡고 있는 가바시마 유조 씨. 나중에 아베 총리의 브레인이라고 불리게 되는 이토 데쓰오 씨. '새로운 역사 교과서를 만드는 모임'의 부회장이 되는 다카하시 시로 씨. 또 자민당 참의원 의원으로 활약하는 에토 세이이치 씨. 그리고 교단의 간부 직원이었다가 내 비서가 되어 헤이세이 7년(1995)에 참의원 의원이 된 고야마 다카오(小山孝雄) 씨 등이다.(우오즈미, 2007, 168쪽)

이렇게 '마사하루 선생의 가르침을 받은' 활동가들의 이름을 열거한 뒤, 무라카미 마사쿠니는 그러한 활동가들은 교단의 노선 변경에 따라 배제되거나 스스로 이탈한 것이라고 했다.

그러나 1명 예외가 있다고 무라카미는
말한다.

『나의 생각 한결같이』.

> 다만 이러한 활동가들 중 단 1명, 마사노
> 부(雅宣) 씨(생장의 집 3대 총재. 마사하루의
> 손자. 노선 변경의 주도자)가 잘라내지 않
> 은 것이 젊은이들의 리더 격으로 주목받던
> 안도 이와오 씨다. 안도 씨는 결핵으로 여
> 러 번 죽을 뻔했을 때 생장의 집의 가르침
> 에 의해 구원받은 사람으로, 그 자신이 병
> 으로 고통받는 많은 사람들을 신앙의 힘으로 구원해왔다. 신도들의 덕망도
> 두꺼웠다. 게다가 그는 마사노부 씨로부터 여러 가지 과제를 받았지만 그
> 것을 훌륭하게 수행했다.(우오즈미, 168~169쪽)

무라카미 마사쿠니는 "안도 이와오는 젊은이들의 리더 격으로 주목받
았다"라고 말하고, 우오즈미 아키라는 그것을 명확하게 기록으로 남기고
있다. 이 사례를 제외하고 일반 서적에서 안도 이와오의 이름을 찾아내기
는 어렵다.

더 자세한 경력을 확인하기 위해서는 역시 교단이 낸 출판물을 확인할
수밖에 없을 것이다. 각 방면을 훑던 도중 그가 쓴 것으로 보이는 책을 찾
아냈다. 제목은 『나의 생각 한결같이(わが思い　ひたぶるに)』. 발행은 '생장
의 집 청년회 중앙부'라고 되어 있다. 판권지에는 안도 이와오의 상세한

경력이 적혀 있었다.

판권지에 있는 출판 시점은 '쇼와 55년 8월 15일'이라고 되어 있다. 즉
이 책은 1980년 출판되었다. 1980년은 '생장의 집'이 정치운동에서 철수
하기 불과 3년 전이다. 그리고 일본청년협의회가 처음으로 '어른의 운동'
을 수행해 훌륭한 성과를 올린 '원호 법제화 운동'이 결실을 본 1979년의
이듬해에 해당한다. '생장의 집 정치운동'이 그 정점에 달했을 무렵이다.
그 타이밍에서 '정치국 정치부장'이라는 정치운동의 가장 요직에 있던 남
자가 안도 이와오라는 이야기가 된다.

이 경력에는 매우 중요한 키워드가 담겨 있다. 9년간의 와병 후 『생명의
실상』을 접하고 부활, 27세에 고등학교에 복학, 나가사키대학 학원 정상화
운동, 「이상 세계」 100만 부 운동 등. 그리고 이 하나하나의 키워드가 안도
이와오로 하여금 카리스마를 갖게 하고 있다.

'선배' 안도 이와오

안도 이와오 자신의 저작 『나의 생각 한결같이』에 나오는 그의 경력대
로라면, 안도는 쇼와 14년, 즉 1939년에 태어났다. 이 책 출간 시점에 77세.
1939년은 중일전쟁의 발단이 된 로코쿄(盧溝橋, 루거우차오)사건 2년 후. 나
치 독일과 반공 협정을 원한 히라누마 기이치로(平沼騏一郞) 내각의 탄생과
일본 관동군이 소련·몽골 연합군에 패해 만주국과 몽골의 국경선이 확정
된 노몬한(Nomonhan)사건 등 '귀환불능지점(point of no return)'을 넘어선
일본이 파멸을 향해 한 걸음 더 앞으로 나아간 해이기도 하다. 그러나 아

직 태평양전쟁은 시작하지도 않았다.

한편 우리가 쫓아왔던 '한 무리의 사람들'의 주요 멤버들은 모두 전후에 태어났다. 가바시마 유조는 1945년생. 일본청년협의회의 멤버이며, 현재 아베 총리의 총리보좌관을 맡고 있는 에토 세이이치는 1947년생. '일본정책연구센터'를 이끄는 이토 데쓰오도 1947년생이다. 덧붙여서 운동 안에서는 가바시마 유조와 이토 데쓰오보다 서열이 낮은 모모치 아키라와 다카하시 시로는 각각 1946년, 1950년에 태어났다. 이처럼 그들 운동의 주요 멤버들은 1940년대 후반까지 태어난 사람들이 많고, 세대로 말하면 바로 '단카이(団塊: 베이비 붐) 세대'에 속한다. 말할 것도 없이 '단카이 세대'는 1970년 안보투쟁 운동을 담당한 세대다. 지금까지 봐온 것처럼 가바시마 유조 등도 '단카이 세대'의 청년으로서 시대의 소용돌이에 몸을 던졌다.

그러나 안도 이와오는 단카이 세대가 아니다. 오히려 그 위의 1960년 안보투쟁 세대에 가깝다. 국회 앞 시위 때 사망해 '1960년 안보투쟁'의 상징이라고도 할 수 있는 존재가 된 간바 미치코(樺美智子)는 1937년생. 안도와 2년밖에 차이가 나지 않는다.

1960년 안보투쟁 세대인 안도 이와오. 1970년 안보투쟁 세대인 가바시마 유조 등. 이 세대 차이는 크다. 연공서열 의식이 짙은 옛 세대 사람들이 그렇듯, 그들에게 이 차이는 어찌할 수 없는 것이 틀림없다. 이렇게나 세대가 떨어지면 안도 이와오는 이미 가만히 앉아 있기만 해도 되는 '선배'다. 그런데 왜 안도 이와오는 세대가 하나 아래인 가바시마 유조 등과 행동을 함께하게 되었을까?

'신의 아들' 안도 이와오

원래대로라면 1960년 안보투쟁 세대여야 할 안도 이와오는 고등학교 2학년 때 중병을 앓았다. 병명은 폐동맥협착증. 심장판막증의 일종으로 심한 경우 죽음에 이르는 중병이다. 그렇기 때문에 그는 고등학교를 휴학하고 병상에서 보냈다. 이때가 1956년. 이시하라 신타로(石原慎太郎)의 소설 『태양의 계절(太陽の季節)』이 영화화되어 신타로의 동생 유지로(裕次郎)가 데뷔한 그해다. 또한 이때부터 이른바 '고도 경제성장기'가 시작된다. 시대는 가속하면서 앞으로 나아가려고 하고 있었다. 그런 시기에 그는 병으로 누워 있었다. 당연히 대학 진학 등은 포기할 수밖에 없었다.

병상에 누워 있던 그는 무슨 생각을 하고 어떤 생활을 보냈을까. 그 모습을 매우 상세하게 이야기해 후세에 기록으로 남긴 인물이 있다. 바로 생장의 집 창시자 다니구치 마사하루다.

다니구치 마사하루는 생전에 방대한 저작을 남겼다. 그와 동시에 전국 각지에서 강연 활동을 했다. 그의 강연은 인기를 끌면서 개최될 때마다 성황을 이루었다. 새로운 종교의 창시자가 하는 강연회로는 드물게 다니구치의 강연에는 '생장의 집' 신도뿐 아니라 신앙이 없는 사람까지 다수 참가했고, 그의 독특한 말투는 사람들을 매료시켰다. 그 강연 중 하나를 수록해 나중에 '생장의 집' 교단에 의해 발매된 강연 녹음이 「생명의 실상 강의」다.

이 카세트테이프에 다니구치 마사하루가 안도 이와오에 대해 언급한 내용이 기록되어 있다.

그…… 쇼와 38년 12월 7일에 후쿠오카 시민회관에서 생장의 집 강습회가

있었을 때, 안도 이와호 씨라는 24세 분이

다니구치는 '안도 이와호'라고 말했지만 '쇼와 38년'에 '24세'라면, 쇼와 14년(1939)에 태어난 안도 이와오의 이력에 딱 들어맞는다. 다니구치는 이어서 말한다.

이 안도 이와호 씨는 심장판막증의 일종으로, 폐동맥협착증이라는 어려운 이름, 폐동맥협착증이라고 말하는데, 마지막에는 손도 다리도 움직이지 못하게 되어 폐인 같은 생활을 7년간이나 했다고 한다. 그런데 이렇게 치유된 실제 사례가 나와서 화제가 되었다. 잠깐 그 체험담의 필기를 낭독해보겠다.

다니구치 마사하루는 안도 이와오의 '체험담'을 강연에서 낭독했다. 아래에 요약해서 그 내용을 소개한다.

다니구치 마사하루가 말한 '안도 이와오'에게 일어난 기적

폐동맥협착증의 병세는 점점 더 악화할 뿐이었다. 결국 오랫동안 병상에 누워 있었기 때문인지 손발도 굳어 움직이지 않게 되었다. 집이 가난해서 고통스러운 얼굴을 하고 있을 때 외에는 어머니가 약을 사주지 않았고, 걱정도 해주지 않았다. 그런 상태로 병상 생활은 7년째를 맞이했다. 1956년부터 7년간은 마침 60년 안보투쟁의 파도와 겹친다. 안도의 동급생들은 속속 대학에 진학했다. 그중에는 안보투쟁에 참여한 친구도 있었을 것이다. 또한 세월은 흘러, 예전 동급생들의 대학 졸업과 취직 결정 같은 소식이 그에게도 전해진다. 그런 이야기를 들을 때마다 안도는 병상에서 벗어나지 못하는 것은 충분한 치료를 제공하지 않는 어머니 탓이라며, 어머니를 원망했다.

그런 그에게 전환점이 찾아온다. '너무 비참한 나의 처지를 세상에 호소하고 싶다. 본래 나는 우수한 고등학생이었다. 지금쯤 예전 동급생들처럼, 아니, 그들 이상의 활약을 하고 있었을 것이다. 그런 내가 지금 병 때문에 드러누워 있다. 분명 같은 고통을 겪고 있는 사람들도 있을 것이다. 그런 사람들과 연결되고 싶다.' 그런 일념으로 그는 「아사히신문」에 투고했다(2016년 현재 그가 이끄는 '한 무리의 사람들'이 기를 쓰고 「아사히신문」을 공격하고 있는 것을 생각하면, 당시 안도 이와오가 「아사히신문」 독자였다는 것은 정말 아이러니다). 만약을 위해 조사해보니, 1962년 6월 1일 「아사히신문」 석간(서부본사판)에 과연 안도의 투고가 실제로 실려 있었다. 역시 안도는 증언대로 「아사히신문」에 투고했던 것이다.

「병우회를(病友会を)」이라는 제목의 투고는 "심장이 나빠 병상 생활 7년, 사회의 변화는 격렬해 혼자 남겨져 있는 것 같은 기분이다"라는 자기소개로 시작된다. 그리고 "긴 병상 생활을 보내고 있는 모든 분과 서로 격려하는 모임을 만들 수 없는 것일까요"라는 호소로 이어진다. 병상에 있으면서도 같은 처지의 사람들에게 '병우회'라는 조직의 설립을 호소하는 안도 이와오의 모습은, '희대의 조직자' '천재적 조직인'이라고 평가받는 훗날 그의 모습을 연상시킨다. 그러나 어디까지나 이 투고에 한해서만 말하자면, 병으로 청춘을 허비하는 청년의 비통한 외침에 지나지 않는다.

그 외침이 닿았던 것일까, 안도에게 격려의 편지가 온다. 하지만 그 안

「아사히신문」 석간(서부본사판) 1962년 6월 1일 자.

에 한 통, 황당한 엽서가 섞여 있었다.

"'병우회' 결성보다 '광명회(光明会)' 결성이야말로 귀하의 사명이다."

이렇게 그 엽서에 적혀 있었다. '광명'은 '생장의 집'이 그 가르침의 체계를 표현할 때 사용하는 말이다. 같은 사람이 「월간 생장의 집」도 보내주었다.

안도는 배달된 「월간 생장의 집」을 탐독했다. 엽서를 보낸 사람과 편지 왕래도 이어졌다. 이렇게 처음으로 '생장의 집'의 가르침을 접한 그는, 다니구치 마사하루가 말하는 교리에 매료되어간다. 잡지와 서신 교환으로 만족할 수 없게 된 그는 다니구치 마사하루의 주요 저서이며 '생장의 집'의 기본 경전인 『생명의 실상』을 읽게 되고, 점점 그 가르침의 포로가 되었다. 『생명의 실상』은 "인간은 신의 아들, 본래, 병 없음"이라고 말한다. 안도는 그 한 구절을 반복하고 또 반복하며 열심히 주창했다. 그러더니 "인간은 신의 아들, 본래, 병 없음"이라는 다니구치 마사하루의 가르침을 마음으로부터 '깨달았다'고 말할 수 있는 경지에 도달했다. 그 순간 병세는 가벼워지고, 상반신을 조금이나마 움직이게 되었다. 그러나 하반신은 아직 움직이지 않았다.

그래서 생장의 집 지방 강사[48]에게 개인지도를 받았다. 이 지방 강사는 "부모에 대한 감사가 없으면 병을 치유할 수 없다"라고 바짝 지도를 했고, 안도 이와오는 지금까지 어머니를 원망했던 것을 뉘우치고, 부모님에게 감사를 느끼게 된다. 그러자 금세 병이 나아 서서 걸을 정도까지 회복되어, '생장의 집' 청년부 활동에 매진할 수 있을 정도가 되었다.

안도를 '신의 아들'로 만든 것

그야말로 신흥 종교에 흔히 있을 법한 에피소드기는 하다. 신흥 종교뿐 아니라 종교와 '질병 치료'는 불가분이라고 해도 좋다. 이 안도 이와오의 에피소드를 '그런 흔히 있는 종교적 우화의 하나'라고 치부해버릴 수도 있을 것이다. 하지만 당사자에게는 다르다. 당사자에게는 이런 '치유'는 어디까지나 실제의 일이다. 남들이 뭐라고 해도 당사자의 인식 속에서는 그 치유가 이루어진 것은 흔들리지 않는 사실로서 존재한다. 특히 '질병 치유'의 공덕으로 신도를 다수 획득해온 '생장의 집' 교단과 신도들에게, 이 안도 이와오의 치유 에피소드는 매우 중요한 의미를 갖는다.

이런 신비한 체험은 안도 이와오에게 묘한 힘을 주었다. 이 '묘한 힘'에 대해서는 나중에 자세히 설명하겠다. 지금은 '안도 이와오의 신앙 체험이 다른 누구도 아닌 다니구치 마사하루에 의해 언급되었다'는 사실에 주목하고자 한다.

가바시마 유조 등 '생장의 집 학생운동' 출신들은 모두 열렬한 '생장의 집' 신도다.

　모모치 아키라에 이르러서는 '생장의 집' 원리주의 운동이라고도 할 '다니구치 마사하루 선생을 배우는 모임'의 설립에 참여할 정도로 열심이었다. 그러나 이들 중 다니구치 마사하루가 직접 이름을 언급한 인물은 없다. 조사하는 과정에서 현존하는 다니구치 마사하루의 육성 데이터는 거의 모두 들었다. 그런데 다수의 청중 앞에서 다니구치 마사하루가 육성으로 성과 이름을 모두 부른 '한 무리의 사람들'에 속하는 인물은 안도 이와오 단 1명이다.[49] 이제는 '신의 아들'이라고 해도 좋을 것이다. 그런 안도 이와오가 '한 무리의 사람들' 안에서 리더 격으로 주목받게 된 것은 지극히 당연한 결과였다.

　청춘의 7년간을 허무하게 병상에서 보냈던 안도 이와오는 이제 결연히 일어나 사회에 첫발을 내디뎠다. 어머니를 원망하고, 대학에 진학한 동급생들을 부러워할 뿐이었던 병약한 안도 이와오는 이제 없다. 신앙으로 병을 치유하고 다시 태어났다. 더 이상 청춘을 허비할 수 없다. 청춘을 되찾지 않으면 안 된다. 1966년 비틀스가 일본을 방문한 그해에 안도 이와오는 나가사키대학에 진학한다. 미일안보조약 개정이 이루어진 1970년을 4년 앞두고, 세상은 또 소란의 냄새를 풍기기 시작했다.

　이 나가사키대학에서 안도는 6살 연하인 가바시마 유조와 만난다. 그 후 안도와 가바시마가 시작한 '학원 정상화 운동'은 크게 성장하고, 에토 세이이치·모모치 아키라·다카하시 시로 등을 끌어들이면서 마침내 '민족파의 전학련'이라고 불린 '전국학협'으로까지 발전해간다.

　그 과정에서 '신의 아들' 안도 이와오는 항상 운동의 최전선에 있었다. 그들의 운동이 나가사키대학에서 규슈 전역으로 퍼지고, 규슈에서 전국 각지로 파급되어, 대립하는 인물을 무너뜨리고, 쫓아내고, 또는 좌익 학생들과 분쟁을 거듭하는…… 이런 일련의 과정에서 그는 여기저기에서 '묘한 힘'을 계속 발휘하고, 운동을 완전히 장악하기에 이른다.

모든 일의 시작, 나가사키대학 학원 정상화 운동

안도 이와오의 '묘한 힘'을 보기 위해서라도, 이제 한번 나가사키대학에서 시작된 '학원 정상화 운동'의 실태를 되돌아보자.

안도와 가바시마의 운동은 좌익 학생 진영에 밀리는 쪽이었던 당시 민족파 학생들에게 한 가닥 희망이었다. 이 희망에 매달린 학생들은 생장의 집 학생 신도만이 아니었다. 온갖 당파의 민족파 학생들이 이 운동에 모여들었다. 그 결과 안도 이와오와 가바시마 유조가 시작한 이 운동을, 마치 '내 일'처럼 말하는 자료가 대량으로 존재한다. 그러나 그런 자료는 대부분 다른 당파를 공격하기 위한 지나친 생각으로 자기변호투성이라서 신뢰하기가 어렵다. 아무래도 1차 자료가 필요하다.

당시의 일을 아는 사람들을 찾아다녀봤지만 모두 입이 무겁다. 취재에 응해주는 사람들은 다수 있지만, 모두 그 운동에서 배제되거나 스스로 떠나간 사람뿐이다. 입이 무거운 것은 그런 열등감 탓도 있다. 그 사람들로부터 청취한 다양한 증언을 이어 맞춰가면 안도 이와오와 가바시마 유조에 대한 원망의 목소리뿐이다. 모두 그들을 미워하고 있다. 그들을 미워하는 사람들의 증언을 맞춰봐야 공평한 기록이 되지 않을 것이다.

가바시마 유조 본인의 입으로 당시의 일을 듣기 위해 취재를 신청했다.

등기우편으로 보낸 취재 신청은 지금까지 답이 없다. 묵살되고 있다. 안도 이와오는 연락처조차 찾을 수 없다. 방대한 자료 중에서 당사자가 당시 실시간으로 써서 남긴 것을 발굴하는 수밖에 없다.

전국 각지의 도서관과 자료실을 뛰어다니면서 어렵사리 하나 찾아냈다. 다름 아닌 안도 이와오가 남긴 자료다. "특별기고 민족파 학생들의 유일한 전국 조직 '전국학협'의 역사와 전망: 학원 정상화 투쟁"이라는 제목의 논설은 안도와 가바시마의 만남에서 전국학협 결성까지 4년간의 운동 궤적을 상세하게 이야기하고 있었다.

안도에 따르면 이 논설의 목적은 "우리의 운동은 후배에게 계승돼야 한다. 그러므로 우리는 이 '전국학협' 결성의 날을 맞이해, 여기에 이르기까지 우리 활동의 역사를 정리하고, 뒤를 잇는 여러분의 분발을 촉구"하기 위해서라고 한다. 그래서인지 내용은 매우 극명하다. 때는 1969년. 안도 이와오가 나가사키대학 4학년 시절에 쓴 글이다. 당시의 직함은 '전국학협 서기장'이라고 되어 있다. 우선 그들의 운동 출발점을 보자.

"너희, 무슨 생각으로 이런 전단지를 돌리는 거냐!!" 하면서 퍽 소리가 나게 손으로 후려치자 가바시마 씨의 몸이 옆으로 쓰러졌다. 오늘 아침까지 밤을 새워 만든 2,000장의 전단이 여기저기 흩어져 짓밟힌다. 쇼와 41년(1966) 7월 3일, 나가사키대학 정문 앞에서 벌어진 일이다.

이날의 일을 나는 영원히 잊지 못한다. 왜냐하면 이 사건이야말로 우리가 학원 정상화에 달려들게 된 직접적인 원인이기 때문이다.(안도, 1969)

이렇게 적혀 있다. 그리고 이어진다.

가바시마 씨와 나 이렇게 둘이서 학원정상화유지회(園正常化有志会)를 결
성해 '데모 반대 · 전학련 반대' 전단지를 막 배포하려던 순간의 린치였다.
입학하고 얼마 되지 않은 내가 이로 인해 큰 충격을 받았다고 해도 당연한
일이다. 꾸깃꾸깃해진 등사된 전단지를 쥐면서 치밀어오는 분노를 도저히
억누를 수가 없었다.(안도 1969)

좌익에게 얻어맞았다……. 뭐랄까, 강렬한 '운동 데뷔'랄까. 냉정하게
보면 천황관도, 국방론도, 헌법론도 서로 크게 다른 다양한 종교단체와 시
민단체가 '좌익이 싫다'는 단 한 가지만으로 일본회의 무리에 결집해 있는
현재 그들의 운동 모습은 이미 이 단계에서 싹트고 있었다.
　안도의 분노는 좌익 학생에 대한 것에만 머무르지 않았다.

그러나 가장 나를 격노케 한 것, 그것은 이런 상황에 놓여 있는데도 더욱
침묵을 지키는 일반 학우의 모습이었다. 내가 전학련 타도를 결의한 것은
바로 이때다. 좌익 자치회가 있는 한 '학원에서 폭력은 사라지지 않는다'고
생각했기 때문이다.(안도 1969)

좌익으로부터 린치를 당한 자신들을 무시하는 일반 학생에게도 안도의
분노가 미치고 있다. 그리고 그 순간, 그는 '전학련 타도'를 맹세했다.
　린치로부터 3개월 후인 1966년 10월, 처음으로 '좌익 타도'의 염원이
이루어지는 날이 온다.

선거는 10월이었지만 우리는 여름방학을 반납하고 이것 하나에 매진했다.

그리고 드디어 10월, 예상대로 나가사키대학 선거는 시작부터 격전이 되었다. 왜냐하면 민청(민주청년동맹)·3파(마르크스학생동맹중핵파, 사회주의학생동맹, 전국반제학생평의회연합) 이외의 학생이 선거에 입후보한 것은 이때가 처음이었기 때문이다. 강의실 안에서의 집단 곤욕, 귀갓길의 집단 린치, 선거관리위원회의 압박 등 우리는 여러 압력 아래에서 싸워야 했다. 그러나 우리는 승리했다. 364 대 293. 모두 울면서 그 보고를 받았다. (……) 지금 생각해보면 이 승리야말로 국립대학 유일의 양식파 자치회의 탄생이며, 한편 또 '나가사키대학학생협의회'의 설립 모태로 새로운 학생 운동의 출발점이었다.(안도, 1969)

여기에서 안도 이와오가 일부러 "국립대학 유일"이라는 문구를 집어넣은 것에는 깊은 의미가 있다. 그 점에 대해서는 나중에 자세히 다루기로 하고, 그들의 운동이 그 뒤 어떻게 전개되었는지를 살펴보자.

1966년 10월 선거 이후, 그들은 자치회 선거에서 계속 이겼다. 처음에는 접전이었지만 일반 학생의 지지가 점차 높아져 선거를 거듭할 때마다 득표수는 늘어났다. 자치회 장악 후 그들이 가장 먼저 한 일은 좌익 학생들의 손에 의해 봉쇄된 학생회관을 '해방'하는 것이었다. 그들은 대학 당국과 협상을 거듭한 끝에 학생회관 규약을 개정해 2년 만에 개관하기에 이르렀다.

그런데 좌익 전학련은 "이번 개관은 강제 개관이므로 인정할 수 없다"며 학우들을 선동, 우리를 리콜(해임)하자는 운동을 전개함과 동시에, 학관에 바리케이드를 구축하며 동맹 휴교를 획책했다.

다행히 여름방학에 들어가 리콜은 피할 수 있었지만, 이 사태의 추이 속에서 우리의 일반 학생에 대한 불신감은 결정적인 것이 되었다. 즉 800 대 400이라는 압도적인 지지율로 학관 찬성파인 우리를 선출해놓고, 한 차례 좌익이 선동하자 깊이 생각하지도 않고 뒤바뀌어 리콜로 기우는 절개 없음에 대한 불신감이다.(안도, 1969)

이 '불신감'은 점차 깊어지고, 안도 등은 '일반 학생의 지지뿐'인 운동을 버리게 된다. 기분과 분위기로 흘러가는 유상무상의 대중에게 의존하는 것만으로는 '좌익'과의 싸움에서 이길 수 없다고 깨달은 것이다. 그래서 그들은 자신들의 운동을 '조직화'하는 데 전념한다. 이렇게 해서 '나가사키대학학생협의회'가 태어났다.

학생협의회의 결성은 이기적인 일반 학생들과의 결별 선언이며, 비정치 자치회로부터의 탈각 선언이었던 것이다.

그 외 결성 이유를 정리해보면

① "자치회 집행부를 떠받치는 것은 무관심파 또는 무책임한 행동을 하는 일반 학생이 아니라 일본인이라는 자각을 가진 강력한 하나의 조직이라는 인식"

② "민청, 3파와의 전술 항쟁에 힘쓰느라 이론 학습을 할 수 없는 집행부를 대신해 학습 장소를 확보할 필요성"

③ "만약 자치회 선거에서 지더라도 언제든지 일어설 수 있는 장소의 확보"

이렇게 3가지다.

이미 우리는 알고 있다. '나가사키대학학생협의회'는 그 뒤 '전국학협'으로 발전하고, 결국 사회인 조직 '일본청년협의회'를 낳고, 가바시마 유조는 현재도 '일본청년협의회' 회장으로서 일본회의 사무총장을 겸임하며 '일본 최대의 우파 조직'을 이끌고 있다는 것을. 현재 우리가 목격하고 있는 '일본회의' 무리의 운동은 바로 여기에서 안도 이와오가 제시하는 '3종 세트'와 참으로 훌륭하게 부합한다.

① "자치회 집행부를 떠받치는 것은 무관심파 또는 무책임한 행동을 하는 일반 학생이 아니라 일본인이라는 자각을 가진 강력한 하나의 조직이라는 인식"→일본회의

② "민청, 3파와의 전술 항쟁에 힘쓰느라 이론 학습을 할 수 없는 집행부를 대신해 학습 장소를 확보할 필요성"→「조국과 청년」「내일의 선택」이라는 기관지 및 세미나

③ "만약 자치회 선거에서 지더라도 언제든지 일어설 수 있는 장소의 확보"→일본청년협의회 · 일본정책연구센터 · 다니구치 마사하루 선생을 배우는 모임 등 그들의 운동체

이렇게 보면, 그들의 운동 형태는 나가사키대학 정상화 운동 시절부터 하나도 변하지 않았음을 알 수 있다. 그로부터 50년, 그들은 여전히 이 운동을 계속하고 있다.

스즈키 구니오와 안도 이와오

　나가사키대학 자치회를 장악하던 모습을 설명할 때 안도 이와오는 일부러 "국립대학 유일"이라는 말을 사용했다. 여기에는 '안도·가바시마에 의한 선거의 승리'가 '국립대학으로는 처음 있는 일이다'라는 '사실의 제시'를 넘어선 안도의 '안배'가 남몰래 담겨 있다.

　민족파 학생, 일반 학생의 지지를 얻어 학내 투쟁에서 좌익 학생들을 이긴 것은 나가사키대학이 맨 처음이 아니다. 안도 등이 나가사키대학 자치회 선거에서 처음 승리한 것은 1966년 10월. 그 반년 전에 와세다대학에서 좌익이 아닌 학생들이 일반 학생의 지지를 얻어 선거에서 승리해, 좌익 학생들의 바리케이드를 철거하는 성과를 거두었다.

　그 운동을 이끈 것이 스즈키 구니오(鈴木邦男)다. 나중에 '잇스이카이(一水会)'를 조직하고 '신우익' 운동에 불을 붙이는 스즈키는 당시 와세다대학 학생으로서 '와세다대학학생연맹'의 대표를 맡고 있었다.[이즈음의 민족파 학생운동에 대해 기술한 자료는 많다. 그중 1989년 니주잇세이키쇼보(21世紀書房)에서 출판된 야마다이라 시게키(山平重樹)의『끝없는 꿈 다큐멘터리 신우익(果てなき夢 ドキュメント新右翼)』[50]이 가장 좋은 자료일 것이다. 이후의 기술은 그 책의 내용에 많이 의존하고 있음을 미리 알려둔다.]

　스즈키 구니오 자신이 여러 저서에서 종종 스스로 언급하고 있는 것처럼, 당시의 그는 열렬한 생장의 집 신도였다. 1963년 와세다대학에 입학한 스즈키는 노기자카에 있던 '생장의 집 학생 도장'에 입주한다. 입주 조건은 '생장의 집 학생운동에 종사하는 것'이었다고 한다. 매일 아침 4시 50분에 기상하고, 신상관(神想観: 생장의 집의 기도 방법), 국기 게양과 국가 제창, 세탁, 청소 등 엄격한 기숙사 생활이었던 것 같다. 그런 생활을 계속하던 중 스즈키는 생장의 집 학생운동에서 두각을 나타내고, 학내 동아리 '광명사상연구회(光明思想研究会)'의 대표가 되었다. 때마침 나중에 '와세다 분쟁'이라고 불리는 1970년 안보투쟁의 선구가 된 와세다대학 학원 분쟁이 최고조를 맞이하고 있었다. 1965년 1월 수업료 인상 반대 운동에서 시작된 와세다대학 분쟁은 '전 학부 동맹 휴교'라는 전대미문의 단계에 돌입한다.

이 흐름에 반대하기 위해 조직된 것이 '와세다대학학생유지회의(早稲田大学学生有志会議: 유지회)'다.

유지회는 스즈키가 이끄는 '광명사상연구회'와 '일본문화연구회' '토요회' 등 다양한 학생단체의 집합체였다. 그럼에도 유지회야말로 민족파 학생운동의 원점으로 봐야 한다. 훗날 '방패의 모임' 초대 학생부장이 되는 모치마루 히로시(持丸博)도, 일학동(日学同) 중앙집행위원장이 되는 사이토 도시히데(斉藤俊英)도 이 유지회에 소속되어 있었다. 유지회는 우선 '입시 완전 실시'를 운동 목표로 삼고, 입시를 방해하려는 민청과 사청동해방파(社青同解放派) 등 좌익 학생 감시, 수험생 안내, 학부모에게 상황 설명 등을 실시해 운동 목표를 달성한다. 이에 따라 유지회는 발전적으로 해산하고, 입시 마지막 날인 1966년 3월 6일 '와세다대학학생연맹(早稲田大学学生連盟)'이 결성된다. 이 초대 위원장으로 선출된 것이 스즈키 구니오였다.

이후 스즈키의 활동은 눈부셨다. 스즈키는 안도 이와오나 가바시마 유조와 달리 "좌익에게 얻어맞았다……"라고 구시렁거리는 유형이 아니다. 좌익 학생 수백 명이 스크럼을 짜고 있는 것을 보고는, "이 자식들!" 하며 혼자서 달려들 정도로 무력투쟁파다. 당연히 뭇매를 맞지만, 그래도 스즈키는 몇 번이고 맞서고 몽둥이 사이를 빠져나가면서 좌익들을 후려갈긴다. 그것에 이끌려 주저하고 있던 민족파 학생들도 스즈키와 함께 맞선다. 그것이 스즈키의 운동 방식이었다. 이런 폭력 노선뿐 아니라, 와세다대학 학생연맹은 전단지 배포 및 가두선전 등으로 일반 학생의 지지를 얻는 운동에도 힘을 쏟았다. 마침내 그해 4월 그들의 운동은 열매를 맺어 전 학부 동맹 휴교는 해제되기에 이른다.

스즈키가 이끈 와세다대학 운동은 생장의 집 학생 신도만으로 구성된 것이 아니다. 모치마루 히로시와 사이토 도시히데도 생장의 집과는 무관하다. 스즈키도 무리하게 그들을 생장의 집에 끌어들이지 않았다. 그러나 필연적으로 "와세다에서 생장의 집 학생 신도가 좌익을 무너뜨렸다"라는 뉴스는 교단 내부에서 높은 평가를 받게 된다. 스즈키는 생장의 집 학생운동의 영웅이 되어, 이 공적으로 같은 해 5월 1일 결성된 '생장의 집 학생회 전국총연합(생학련)'의 초대 서기장으로 선출되었다.

암살

그로부터 반년 후 안도 이와오 등의 나가사키대학 학원 정상화가 열매를 맺는다. 이 운동은 스즈키의 운동과는 달리 어디까지나 전단지 배포와 가두선전을 주로 하는 비폭력 노선 운동이었다는 것은 조금 전 살펴본 대로다. 스즈키가 와세다대학에서 보여준 것과 같은 폭력 노선은 채택하지 않았지만, 스즈키 등의 운동에는 없는 '이론'과 '조직'은 있다. 바꿔 말하면 스즈키와 같은 담력과 힘이 없었지만 안도 이와오·가바시마 유조의 운동 방식은 누구나 복제할 수 있는 것이었다. 게다가 안도와 가바시마는 나가사키대학에서 반제학평이나 중핵파 등 신좌익 진영과 자치회 탈취를 둘러싸고 투쟁을 반복하면서, 그 운동 방법을 '학협 운영 안내'라는 상세한 매뉴얼로 정리해놓기까지 했다. 이미 '생학련'이 존재하는 데도 불구하고 생학련의 지방 지부가 아니라 '지방 학협'이 전국 각지에서 일제히 결성된 배경에는 이런 안도와 가바시마에 의한 '운동의 표준화·매뉴얼화'라는 꾸준한 노력이 있었다.

그런데 1969년 5월 결성된 '전국학협'의 초대 위원장으로 선출된 것은 안도 이와오가 아니라 스즈키 구니오였다. 그렇지만 운동 스타일도, 이론도 스즈키의 것은 아니었다. 어디까지나 안도의 것이었다.

'신원 비밀 엄수'를 조건으로 그동안의 경위를 자세히 말해준 인물이 있다. 시코쿠 지방의 한 현에 거주하는 생장의 집 예전 신자로, 당시 수도권의 모 국공립대학에 다니고 있었다.

"안도 씨 입장에서는 재미가 없었을 것이다. 스즈키 씨는 생장의 집 교단의 영웅. 반면 안도 씨는 어디까지나 지방 학생운동의 영웅. 그래서 안도 씨는 운동의 자초지종을 「생학련신문」을 비롯한 당시의 학생 대상 교단 발행물에 계속 기고했다. 조금이라도 공적을 어필하고 싶었을 것이다. 반면 스즈키 씨의 문장 따위는 실린 적이 없지 않을까? 하지만 결국 스즈키 씨가 천하를 가졌다. 분했을 것이다."

확실히 그랬을 것이다. 안도 입장에서는 재미가 없었을 것이다. 그러나 그 뒤가 문제다.

"그런데 이것이 안도 씨의 무서운 점으로, 그런 사실을 절대 얼굴에 드러내지 않는다. 오히려 싱글벙글하고 있다. 스즈키 씨를 선배 선배 하면서 치켜세운다. 우리도 스즈키 구니오 위원장·안도 이와오 서기장이라는 체제로 운동해나가는구나 하고 생각했다. 그런데 틀렸다. 안도 씨, 이때 스즈키 씨를 '죽인다'고 결정하고 있었다. 물론 그런 말을 입 밖으로 꺼내지는 않았다."

전국학협 결성 직후부터 안도의 암약은 시작되었다.

"믿을 수 있는 후배에게 밀명을 주는 것이다. 스즈키를 미행하라고. 스즈키에게 여자를 만나게 하라고. 방에 몰래 들어가 소지품을 뒤지라고. 스즈키 씨, 원래 바쁘고, 시원스러운 성격이라서, 그런 책략이 있다는 것은 꿈에도 모른다. 그래서 만나고 싶다는 사람이 있으면 누구든 성큼 만나버린다. 여러 가지 이야기도 한다. 그것이 안도 씨 방식의 허니 트랩(미인계)이란 것이었다."(앞서 언급한 증언자)

스즈키는 이 허니 트랩을 비롯해 안도가 설치한 함정에 감쪽같이 걸린다. 안도의 손에는 '스즈키의 비행 이력' 보고가 속속 전해졌다고 한다. 게다가 일학동과 스즈키의 관계가 화가 되었다. 안도는 '전국학협'은 어디까지나 나가사키대학 학원 정상화 운동을 원점으로 하는 운동이며, 스즈키가 일학동과 함께 전개한 와세다대학 분쟁은 전혀 관계가 없다는 입장이다. 안도의 눈에는 스즈키가 '생학련의 운동을 일학동에 팔아버린 놈'으로밖에 보이지 않는다. 또한 스즈키의 무투파 노선도 문제다. 스즈키는 곧바로 좌익을 때린다. 이즈음 한때 연대했던 '전국학협'과 '일학동'은 내부 분쟁 상태에 접어들었고, 스즈키는 '생학련을 일학동에 팔았다'는 풍문을 지우기 위해서라도, 일학동과의 무력 투쟁에서 누구에게도 지지 않는 무투파의 모습을 보였다. 실제로 싸움에 강하다. 그렇기 때문에 와세다대학 학원 정상화 운동은 성공했다. 그러나 스즈키의 이런 무투파 노선은 점차 주위로부터 "믿음이 부족하다" "노선이 다르다"는 비난을 받게 되었다.

여기까지 재료가 갖춰지면, 나머지는 안도의 계략대로 흘러간다.

"실로 교묘했다. 자신은 결코 움직이지 않고 '스즈키는 일학동에 운동을 팔았다'라든가 '폭력을 휘두르는 것은 생장의 집 신도로서 어떤가'라는 풍문을 후배 학생들에게 불어넣는 것이다. 그리고 사람을 써서 하라주쿠(생장의 집 본부를 가리킴)에도 스즈키 씨의 악평을 흘린다. 주위의 그런 공기를 알아챈 스즈키 씨는 점점 소행이 나빠져버렸다."(앞서 언급한 증언자)

이렇게 스즈키는 고립무원이 되었다. 한편 안도의 교섭은 꾸준히 진행된다.

"안도 씨에게는 묘한 힘이 있다. 무섭다거나 한 게 아니다. 뭐라고 할까, '이 사람의 말을 듣는 것이 행복으로 이어진다. 나아가 나라를 위한 것이 된다'라고 생각해버리는 것이다. 나도 안도 씨로부터 직접 모략 요구를 받은 적이 있다. 말하고 싶지 않을 정도로 더러운 내용이다. 그렇지만 안도 씨를 응시하면서 이야기를 듣고 있으니 이상하게도 기분이 좋아졌다. 마지막에는 울어버리기까지 했다. 그렇게 해서 도쿄의 멤버들도 속속 안도 씨의 말을 듣게 되었다."

파국은 전국학협 결성 대회로부터 불과 1달 후인 6월에 벌어진다. 그날 신주쿠의 '사가미 여관'에서 중앙집행위원회가 극비리에 개최되어 스즈키는 위원장에서 해임된다.

'사가미 여관'에서 열린 중앙집행위원회는 어디까지나 밀실회의였다. 암살된 것과 같은 격이다. 스즈키가 대표로 선출된 것은 전국대회 대회장. 2,000명 안팎의 관중으로부터 우레와 같은 박수로 대표 취임이 승인되었다. 그로부터 불과 1개월 후 밀실회의 계략에 숙청된 것으로, 스즈키로서는 납득할 수 있는 상황이 아니었다. 당연히 스즈키는 반격에 나선다. 그 뒤 몇

달 동안 전국학협의 이벤트가 있을 때마다 대회장에 난입해 단상에 뛰어올라, 안도 이와오 서기장을 규탄하고 부당한 인사를 비판했다. 그러나 결과는 참담했다. 사방에서 들려오는 '물러가라는 외침'에 이제는 학생운동에도, 생장의 집에도 자신의 발판이 없다는 것을 스즈키는 깨닫는다. 이윽고 1969년 말, 모든 것을 잃은 스즈키는 실의에 빠진 채 센다이로 귀향한다.

그 이후 그가, 안도 이와오·가바시마 유조 등과 결별한 다른 동료들과 함께 '잇스이카이(一水会)'를 시작하기까지는 미시마 사건을 사이에 두고 5년 가까운 세월이 필요했다.

질병 치료, 안도 지배력의 근원

앞서 증언자가 말해준 안도의 '묘한 힘'에는 다양한 에피소드가 있다.

"안도가 이야기를 한다. 안도는 말을 잘한다. 하지만 그게 다가 아니다. 휠체어에 타고 있던 할머니가 안도의 이야기를 즐거운 듯이 듣고 나서, 어찌된 셈인지, 걸어서 돌아간다."

이런 이야기는 곳곳에서 들었다. 물론 덜컥 믿기는 어렵다. 그러나 94세 노인인 생장의 집 고참 신자는 이렇게 말한다.

"다니구치 마사하루 선생과 안도 씨가 병을 고치는 게 아니다. 그들의 이야기와 단어가 병든 사람에게 스스로 치료할 힘을 주는 것이다. 멋진 연극을 보거나 음악을 듣거나 하면 몸도 마음도 맑아질 때가 있지 않나. 그것과 같다고 생각한다."

나도 지금까지 3번쯤 안도 이와오의 강연을 직접 들었다. 그는 앞으로는 나서지 않고 있지만, 신도를 위한 강연은 아직 하고 있다. 신도로 혼잡한 대회장에서 그의 이야기를 듣고 있노라면, 취재의 의도와 목적을 잊어버리고 이야기에 빨려 들어가, 폭소했다가 통곡했다가 하는 나 자신을 발견하곤 했다. 폭소와 통곡이 2분 간격으로 발생한다. 아마 20세쯤 이 연설 기법을 접했다면 심취했을지도 모르겠다. 이것이 안도 연설의 특징이다.

앞에 나왔던 시코쿠의 증언자는 이렇게 평가한다.

"안도 씨의 그것은, 천부적이라고 생각하겠지만, 그렇지 않다. 나는 그게 안도 씨의 단련의 성과물이라고 생각한다. 인생의 가장 다감한 청춘 시절을 이불 안에서 보낸 것이다, 안도 씨는 그때 할 일이 없었기 때문에, 책을 읽고 라디오를 마구 들었던 것이다. 쇼와 30년대의 라디오라면 만담이다. 그런 냄새가 난다."

안도는 학생운동 시절 모두가 선동하는 연설을 하는 가운데 홀연히 나타나 산뜻한 연설을 해서 청중을 열광시켰다고 한다.

"스즈키 씨를 제거한 뒤 그는 점점 뒤쪽으로 돈다. 거의 앞으로 나서지 않게 된다. '좀처럼 들을 수 없다'는 점에서도 신쇼(志ん生: 만담가 이름)다, 그것은."

이렇게 시코쿠의 증언자는 당시를 술회한다.

이 증언대로 스즈키를 제거한 뒤 안도는 점점 학생운동의 최전선에서 모습을 감춘다. 물론 후배들을 꼭두각시로 조종하고 있기 때문에 실권은 안도가 쥐고 있다.

「이상 세계」 100만 부 운동

1970년 안도는 생장의 집 교단에 취직해 청년국 직원이 된다. 안도는 나가사키대학을 무사히 졸업했지만, 가바시마는 나가사키대학을 졸업하지 않았다. 당시 생장의 집 교단은 대졸밖에 채용하지 않았다. 가바시마는 취직하고 싶어도 할 수 없었다. 그래서 가바시마는 '일본청년협의회'를 결성해 운동의 세계에서 살아가게 된다. 이윽고 미시마 사건이 일어나고, 그 재판 투쟁의 결과 '전국학협'과 '일본청년협의회'의 대립이 시작되어 나중에 결별하게 된다.

"안도 씨가 교단 안에 있었다. 그리고 가바시마 씨가 일본청년협의회에 있었다. 그 무렵 우리는 이 체제를 '2마력 체제'라고 불렀다. 표면적으로 교단과 청년협의회는 관계가 없는 것으로 되어 있었다. 하지만 안도 씨와 가바시마 씨가 일심동체라고 모두 알고 있었다. 게다가 생장의 집 대회라든지 가보면 아무렇지도 않게 일본청년협의회의 「조국과 청년」 같은 것을 팔고 있었다. 하나가 돼서 하고 있는 것이다. 모든 것을."

시코쿠의 증언자는 이 무렵까지 그들의 운동에 푹 빠져 있었다.

"나도 필사적으로 운동을 했다. 오로지 생장의 집 활동이었지만. 그래도 청년협의회 운동인지 생장의 집 운동인지, 지금 생각해보면 수상한 것이었다. 경계 같은 게 없다. 안도 씨의 사병 집단이었다."

'2마력 체제'에서 운동은 어떤 것이었는지도 말해주었다.

"우리가 가장 필사적이었던 것은 생장의 집 전국대회 등에서의 책 판매였다. 그때 판매한 것은 생장의 집 책이었다. 다니구치 마사하루 선생의 책. 야구장에서 맥주를 팔며 돌아다니는 사람이 있지 않나? 그런 느낌으로, 상자에 책을 채워주면 목에 걸고 도시락을 파는 것처럼 해서 행사장 안에서 팔고 다녔다. 그러면 대회에 참가한 아저씨와 아줌마가 '오, 학생이 열심히 하고 있네'라면서 책을 사주었다. 모두 이미 가지고 있는 책이더라도 사주었다. 이 일을 필사적으로 하라는 얘기를 들었고, 나도 후배들에게 일렀다. 여기에는 이유가 있다. 이렇게 올린 매출 중 일반도서 유통으로 말하면 소매 마진에 해당하는 금액은 생학련의 몫이 된다. 즉 안도 씨 사병 집단의 군자금이 된다."

이렇게 모아진 '군자금'이 무엇에 쓰였는지는 시코쿠의 증언자도 모른다고 했다. 다만 아무런 의심 없이 자신도 책을 팔고, 후배들도 그 활동을 하도록 열심히 설파했던 모양이다.

그러나 책 판매만으로는 군자금은 벌어도 운동은 안 될 것이다. 신자 수의 확대도, 시민운동으로의 발전도 기대할 수 없을 것이다.

"안도 씨가 대단한 것은 바로 이것이다. 다음 운동을 제대로 준비하고 있다는 것. 미시마 사건 이후 재판에서 엉망진창이 되어 아무것도 할 수 없었을 것 아닌가. 실제로 없었다. 쟁점도 없었다. 좌익은 애당초 기운이 없었다. 거기서 창을 꺼내 든 것이 「이상 세계」 100만 부 운동이다."(앞에 나온 시코쿠의 증언자)

「이상 세계」는 생장의 집 청년회 기관지다. 생장의 집이 '출판 종교'라는 별명을 얻은 것은 이전에도 언급했다. 이 교단은 '잡지 구독자'를 신자 수로 계산하던 시절이 있었다. 청년회뿐 아니라 부인부나 기타 부서도 각각 기관지를 보유하고 있었다. 그중 부인부의 기관지 「흰 비둘기」는 공칭 100만 부로 최대 발행 부수를 자랑했다. 이에 비해 청년회의 「이상 세계」는 실제 부수가 5만 부로 비교가 되지 않았다. 안도는 이를 100만 부까지

늘리는 운동을 시작한 것이다.

1971년 말 시작된 「이상 세계」 100만 부 운동은 거의 3년째인 1975년에 훌륭하게 목표를 달성한다.

내 수중에 있는 『전진하라 100만 운동』이라는 제목의 운동 방침과 운동 총괄문이 정리된 문집에는 당시 '생장의 집 청년회'가 어떤 운동을 전개했는지 구체적으로 기록되어 있다. 아마 1950년대에 있었던 창가학회의 '절복대행진(折伏大行進: 권유 운동)'을 모방한 것이리라. '절복대행진'과 '이상 세계 100만 부 운동'의 유사점과 차이점을 연구하는 것은 매우 중요한 가치가 있을 것이다. 이 두 운동의 결과 각각 태어난 운동체가 지금 공명당과 일본회의라는 형태로 일본의 집권 여당을 떠받치고 있기 때문이다.

그리고 '이상 세계」 100만 부 운동'은 '생장의 집' 교단 자체도 변화시켜버렸다. 전쟁 전·전쟁 중·전쟁 후 우여곡절을 겪으면서도 '자기계발 동아리' 같은 색채를 간신히 간직해왔던 생장의 집 교단은 「이상 세계」 100만 부 운동'의 결과, 완전히 '정치운동 조직'이 되었다. 운동 참가자 중 자살자가 나왔다고 이야기될 정도로 가혹하기 그지없었던 이 운동은 다양한 사람들의 인생을 파괴하고, 또는 구제하면서 전개되었다. 안도는 이 운동을 완수해낸다. 그 운동 기간이 가바시마 유조가 지금도 성과를 자랑하는 '원호 법제화 운동' 시기와 완전히 일치한다는 사실에 주목해야 할 것이다.

즉 '2마력 체제'는 안으로 「이상 세계」 100만 부 운동', 밖으로 '원호 법제화 운동'이라는 성과를 올린 것이다. 그들의 운동은 학생운동에서 사회인 운동으로 발전한 데뷔전부터 '정교일체(政教一体)'였던 셈이다.

종교와 정치의 교차점

'「이상 세계」 100만 부 운동'의 달성으로 안도의 권위는 확고한 것이 되었다. 학생 시절에는 '민족파의 전학련'으로 평가받은 전국학협을 세우고, 사회인이 되고 나서는 '생장의 집' 청년회를 확대시켜 교단의 기둥으로 만들었다. 이제 누구도 그의 권위를 거스를 수 없다.

근본적으로 무리인 100만 부 달성을 위해 청년회 소속 학생과 사회인 초년생은 소비자금융(신용대출)에 손을 대면서까지 「이상 세계」를 살 수밖에 없었다. 당시 소비자금융의 추심은 사회문제가 되었을 정도로 가혹했다.

안도는 "다니구치 마사하루 스승의 가르침을 일본 청년에게 확산해야 한다. 그러기 위해서는 여러분의 '빛의 탄환'이 필요하다"라고 연설했고, 주변은 거기에 심취했으며, 열광이 집단을 지배하고 있었다.

이 '빛의 탄환'은 돈이다. 안도는 결코 돈을 내놓으라고는 말하지 않는다. 또한 시주를 권장하지도 않고, 어디까지나 「이상 세계」를 사라고 말할 뿐이다. 그러나 그것은 동시에 창가학회로 치면 '재무(財務)'로 불리는 헌금 활동과 다를 게 없다. '재무' 결과 괴로워하는 사람이 나왔다 하더라도 안도가 제시한 운동 목표를 훌륭하게 완수했다는 사실은 흔들리지 않는다. 이러한 활동을 거쳐, 이후 그는 생장의 집 정치국 정치부장에 취임한다.

그 후 최고조에 달했던 '생장의 집 정치운동'을 안도는 선두에서 계속 이끈다. 다마키 가즈오(玉置和郎), 무라카미 마사쿠니(村上正邦) 같은 사람들이 자민당 총재 선거에까지 영향력을 행사할 정도로 커다란 세력이 된 '생장의 집 정치운동'은 안도 이와오가 실무를 혼자 도맡아 하고 있었던 것이다 .

그 무렵의 안도를 아는 인물이 기타칸토(北関東) 지방의 어떤 현에 있다.

그 증언자에 따르면 이랬다.

"안도 씨, 대단했다. 허리를 낮췄고, 겸손했다. 어디까지나 성실한 청년. 겉으로 눈에 띄는 사람은 안도 씨가 아니다. 청년회 때는 모리타 마사시(森田征史) 씨가 회장으로서 간판이었다. 정치운동은 다마키 선생이나 무라카미 선생이 간판. 그렇지만 모든 뒷면은 안도 씨. 정말 철저했다. 자신이 겉으로 나서지 않는 것은. 그렇기 때문에 활동가들은 안도를 만나면 기뻐했다. 안도의 이야기를 듣고 울면서도 기뻐했다."

이 방식은 지금도 변함이 없다. 운동의 전면에 나서는 것은 가바시마 유조, 이토 데쓰오, 나카지마 쇼지다. 안도의 모습은 보이지 않는다.

"안도 씨의 이야기는 패턴이 있다. '다니구치 마사하루 스승이 무엇을 말씀하셨나'가 포인트. 물론 정말로 마사하루 선생이 그렇게 말했는지는 확인할 수가 없다. 하지만 그런 이야기를 들으면, 그런가, 그럼 해야지, 이렇게 된다."

생장의 집 교리에는 '중심 귀일(中心歸一)'이라는 개념이 있다. 다니구치 마사하루가 설파한 바에 따르면 '아메노미나카누시노카미(天之御中主神: 모든 세상의 주인인 신)→아마테라스오미카미(天照大御神: 신도의 최고 신)=천황(天皇, 덴노)'이라는 '중심'이 있고, 거기에 일체의 진리가 있어, 그 진리를 믿는 것이 '중심 귀일'이라고 한다. 다른 종교 지도자처럼, 자신이야말로 신이라고 다니구치 마사하루는 결코 말하지 않는다. 그는 어디까지나 진리의 대변자다. 하지만 안도는 여기에 자신의 독자적 해석을 더한 것이다. 이 기타칸토의 증언자뿐 아니라 다른 증언자도 안도가 다니구치 마사하루의 말을 인용하는 모습을 여러 차례 알려주었다. 그런 증언에 따르면 안도는 '중심 귀일' 개념을 '아메노미나카누시노카미→아마테라스오미카미=

천황'에서 '아메노미나카누시노카미 → 아마테라스오미카미 = 천황 → 다니구치 마사하루'로 확대한 것으로 생각된다. 이러한 개념의 근원에서는 다니구치 마사하루의 말씀이 곧 신의 말씀이 된다. 그리고 '다니구치 마사하루의 말씀'을 이야기하는 사람이야말로 신의 대변자로서 행동하게 되는 것이다.

실제로 그랬다. 여러 번 직접 들어본 안도의 연설은 다니구치 마사하루와 안도 이와오의 개인적 유대를 보여주는 에피소드가 반드시 들어가 있었다. "크고 부드러운 손으로 악수해주셨다" "일부러 말을 걸어주셨다" 등 곳곳에 다니구치 마사하루의 신뢰가 매우 두터웠다는 일화가 들어가 있다.

"당시 원호 법제화 운동이 끝난 직후에 가바시마 유조 씨와 이야기를 나누었을 때, 가바시마 씨가 '안도 이와오 씨와 알게 된 지 벌써 몇 년이나 되었지만, 아직도 그 사람 앞에 서면 등골이 오싹하다' 했던 것을 기억한다"라고 기타칸토의 증언자는 말해주었다.

안도 이와오의 유례가 드문 책사·운동가·조직가·명연설가로서 실적과 그 개인의 인격적 매력, 그리고 '다니구치 마사하루와 개인적 유대'가 뒷받침하는 권위. 이래서는 안도 이와오에게 누구도 거역할 수 없을 것이다.

"정말 그렇다. 안도 이와오 씨에게는 누구도 거역할 수 없다. 아직까지 가바시마 씨, 이토 씨, 모모치 씨, 다카하시 씨는 매달 안도 이와오 씨의 집에서 모임을 하고 있을 것이다. 적어도 원호가 헤이세이로 바뀔 무렵까지는 매월 안도 씨의 집에 모였다. 모두 안도 씨 앞에서는 직립 부동이었다. 안도 씨가 여러 가지 운동 지시를 내린다. 그러면 각자가 운동의 현장에 돌아가 '안도 씨는 이렇게 말씀하셨다'라고 자신의 부하에게 말한다. 잘 훈련된 파벌이다. 진짜 파벌. 웃기지 않나. 그런데 그들은 진지하다. 그때 당시 그대로 학생운동을 계속하고 있다."

그들은 지금도 여전히 학생운동을 하고 있다. 1970년 안보투쟁 시대의 공기를 두른 채 운동을 계속하고 있다. 그리고 그 출발점이 나가사키대학 정문 앞에서 고심해서 찍은 등사판 전단지를 짓밟히고 좌익에게 얻어맞았을 때, 안도 이와오와 가바시마 유조가 다짐한 '좌익 타도'의 맹세라는 것을 우리는 직시해야 할 것이다.

그리고 그 맹세는 지금 아베 정권을 지탱하며 '개헌'이라는 그들의 비원에서 결실을 이루려 하고 있다. 그들은 비원 달성을 위해 50년 가까운 세월을 거쳐 축적해온 운동 노하우의 총력을 투입해 '좌익 타도'의 맹세를 성취하는 최후의 싸움에 도전하고 있는 것이다.

우리는 아직 나가사키대학 정문 앞 폭력 분쟁의 연장선에서 살고 있다.

맺으며

약 1년에 걸쳐 일본회의를 쫓아왔다.

그동안 거의 매일 도서관을 드나들며 고서를 뒤지고, 사람을 만나고, 현장에 가고, 노트를 계속 써왔다. 다시 돌아보면 A4 사이즈의 취재 노트는 7권을 넘고, 모은 자료는 종이상자 12개 분량 정도가 된다. 자료의 많음이나 취재량을 자랑하려는 것은 아니다. 이만큼 대량의 취재와 자료를 가지고도 쓴 것보다 쓰지 못한 많은 자료에 지금 쩔쩔매고 있다. "쓰지 않으면 안 되는 것"이 너무 많다. 취재비가 더 있다면, 시간이 더 있다면…… 하며 후회할 뿐이다.

연재 개시 당초는 "왜 미디어는 지금까지 일본회의에 대한 것을 쓰지 않았을까" 하는 분노가 집필 동기였다. 특히 2015년 여름은 안보법제 심의를 곁눈질로 보면서 작업했기 때문에, 그 분노는 높아지기만 할 뿐이었다. 그러나 지금이라면 알 수 있다. 이것은 미디어는 쓸 수 없다. 미디어가 능력이 없다는 뜻이 아니다. 속보성과 정확성이 무엇보다 필요한 대형 미디어의 업무 범위가 아닌 것이다. 조사·보고는 역시 신문과 TV 이외의 일이다. 또한 학문의 범위도 아닐 것이다. 학문의 대상으로 하기에는 너무 생생하다. TV·신문의 보도가 커버하기에는 역사가 너무 길고, 학문의 대상으로 하기에는 역사가 너무 짧다. 그런 틈새에 '일본회의'는 존재하고 있다.

그 일본회의의 모습을 어떻게든 알아내려고 발버둥친 것이 이 1년이었다고도 할 수 있다. 연재 개시 당초는 '거대 조직 일본회의'라는 이미지를 나도 갖고 있었다. 그러나 사실을 축적하면서 자연스럽게 일본회의의 작음과 약함이 눈에 들어왔다. 활동 자금이 윤택한 것도, 재계에 강력한 후원자가 있는 것도 아니다. 정말 소수의 사람이 유상·무상의 집단을 묶고 있는 것에 지나지 않는다. 이 정도의 단체는 1980년대 이전이라면 단순한 '압력단체 중 하나'로 취급되었을 것이다. 당시의 농협·토건업조합·의사회·각종 업계 단체 등과 비교하면 지금의 일본회의는 규모도 작고, 통일성도 부족하다. 하지만 그런 단체들은 고령화와 장기 불황 탓에 힘을 잃었다.

불황에 영향을 받지 않고 세대교체도 자연스럽게 진행된 종교단체만이, 그 수는 감소 추세라고는 하지만, 간신히 압력단체로서 규모를 유지하고 있는 것이다. 일본회의가 크거나 강한 것이 아니다. 다른 단체가 작고 약해진 것일 뿐이다.

그러나 그 규모와 영향력을 유지해온 사람들의 오랜 열정은 주목할 만하다. 이 책에서 되돌아본 1970년 안보투쟁 시대에 연원을 가진 안도 이와오, 가바시마 유조, 에토 세이이치, 모모치 아키라, 다카하시 시로, 이토 데쓰오 등 '한 무리의 사람들'은 그 시대부터 쉬지 않고 운동을 계속해 다양한 좌절과 실패를 딛고, 지금 아베 정권을 지탱하면서 비원 달성을 눈앞에 두고 승부를 걸고 있다. 그동안 그들은 어떤 좌익·진보 진영보다 빈번하게 데모를 하고, 스터디를 개최하고, 진정 활동을 하고, 서명을 모았다. 그들이야말로 시민운동이 조롱의 대상으로 전락한 1980년대 이후 일본에서 굴하지 않고 우직하게 시민운동의 왕도를 걸어온 사람들이다. 그 꾸준한 시민 활동이 이제 '개헌'이라는 결실을 맞이하려 하고 있다. 그들이 받드는 개헌 계획은 '비상사태 조항'이고, '가족 보호 조항'이다. 대체로 민주적이라고도 근대적이라고도 부를 수 없는 것이다. 오히려 속내는 '메이지헌법 복원'을 숨긴 고색창연한 것이다. 그러나 그들의 수법은 확실히 민주적이다.

내게 일본의 현재 상황은 민주주의에 복수를 하고 있는 것처럼 보인다.

해봐야 의미가 없다, 그런 것은 어린애들이나 하는 일이다, 학생도 아니고……라며, 일본 사회가 합세해서 실컷 바보 취급하고, 조롱하고, 발길질해왔던 데모·진정·서명·항의 집회·스터디 등 '민주적인 시민운동'을 계속해왔던 것은, 매우 비민주적인 사상을 가진 사람들이었던 것이다. 그리고 일반적인 '민주적인 시민운동'에 대한 인식과는 반대로 그 운동은 확실하게 효과를 낳고, 아베 정권을 지탱할 정도로 성장하고, 국가의 헌법을 변경할 정도의 세력이 되었다. 이대로 가면 '민주적인 시민운동'이 일본의 민주주의를 죽일 것이다.

이 무슨 아이러니인가. 이래서야 희비극이 아닌가!

하지만 만약 민주주의를 죽이는 것이 '민주적인 시민운동'이라면 민주주의를 살리는 것도 '민주적인 시민운동'일 것이다. 거기에서 희망을 찾을 수밖에 없다. 현명한 시민이 연대해, 그들의 운동을 모방하고 꾸준히 활동하면 민주주의는 지킬 수 있다. 2016년 여름의 참의원 선거까지 앞으로 몇

개월. 절망하기에는 아직 이르다.

　마지막이 되었지만, 지난 1년간 내 취재 활동을 지원하고 연재를 계속 게재해준 후쇼샤의 '하버 비즈니스 온라인' 편집부 여러분, 그리고 취재와 자료 입수를 위해 신세를 진 귀중한 당사자 증언을 해주신 분들, 내 노골적인 질문과 의문에 대해 적절한 충고를 해주신 여러 선배들, 그리고 무엇보다 지난 1년간 왔다 갔다 하는 내 연재를 읽어주고 출판을 바란다는 목소리까지 보내주신 독자 여러분께 이 자리를 빌려 진심으로 감사드린다. 정말 감사한다.

스가노 다모쓰

2016년 3월

미주

1. [옮긴이] 특정비밀보호법은 일본의 안전보장에 관한 정보 중 '특히 은닉할 필요가 있는 것'을 '특정 비밀'로 지정하고 취급자의 적정 평가 실시와 누설한 경우 벌칙 등을 결정하는 것을 목표로 한 법안으로, 2013년 12월 13일 공포되었다. 민주주의 훼손 우려로 비판받는다.

집단적 자위권은 동맹국 등이 공격을 받았을 때 자국이 공격받은 것으로 간주해 대신 반격할 수 있는 권리다. 자위대는 그동안 공격을 받았을 경우에만 반격에 나서는 '전수방위(專守防衛)' 원칙을 지켜왔으나 집단적 자위권을 허용키로 함에 따라 필요한 경우 선제공격도 가능해졌다. 일본 헌법 9조는 군대 보유와 국제 분쟁 해결을 위한 무력 사용을 금지하고 있어 집단적 자위권 용인은 위헌이라는 논란이 여전하다.

안보법제는 평화안전법제(平和安全法制)를 가리키는 말로, 자위대법·무력공격사태 등에 관한 법·중요영향사태안전확보법·유엔평화유지활동협력법 등 10개 개정 법안으로 이루어진 평화안전법제정비법, 그리고 외국 군대에 대한 협력과 지원에 관한 국제평화지원법, 이 2가지 법안의 총칭이다. 다르게는 안전보장관련법안, 안전보장관련법, 안보법안, 안보법이라고 부른다. 야당들의 거센 반대와 위헌 논란 속에서도 아베 정권은 2015년 9월 19일 새벽 국회에서 관련 법안들을 수의 우위를 앞세워 강행 통과시켰다. 이 법안들은 2016년 3월 29일 발효되었다. 이를 통해 집단적 자위권 행사를 허용하고 자위대 활동을 대폭 확대함으로써 제3국의 분쟁에 직접 개입할 수 있는 법적 근거가 마련되었다.

2. [옮긴이] 실즈는 '자유와 민주주의를 위한 학생 긴급 행동(自由と民主主義のための学生緊急行動, Students Emergency Action for Liberal Democracy-s)'의 약칭으로, 2015년 5월부터 2016년 8월까지 활동한 일본의 학생운동단체다. 메이지가쿠인대학(明治学院大学) 학생 등이 중심이 되어 안보법제 반대 투쟁을 했다. 2015년 9월 국회 앞에서 12만 명에 달하는 시민이 모인 집회를 열기도 했는데, 마치 축제와 같은 새로운 시위 방식으로 일본 사회에 신선함을 안겨주었다. 2016년 7월 참의원 선거를 앞두고 야권 후보 단일화를 이뤄내는 데 힘을 보태기도 했다.

그러나 이 선거에서 집권 자민당을 중심으로 한 개헌 세력은 3분의 2 이상 의석 확보에 성공했다. 개헌 세력은 중의원에서도 3분의 2 이상 의석을 확보하고 있었다. 일본에서는 개헌안을 발의하려면 중의원과 참의원 각각 3분의 2 이상이 찬성해야 한다. 실즈는 참의원 선거 후 해산하겠다고 공언했던 대로 이후 활동을 접었다.

3. [옮긴이] 아사키 아키요는 일본의 여성 정치가로 도쿄 히가시무라야마 시 시의회 의원이었다. 1987년 4월 첫 당선 이후 1991년 4월, 1995년 4월 잇따라 당선되었다. 그녀는 시의원으로 일하면서 창가학회 및 공명당과 사이가 좋지 않았다. 그러다 1995년 6월 19일 히가시무라야마 시의 한 가게에서 발생한 절도 사건의 용의자로 3차례 경찰 조사를 받았으나 일관되게 혐의를 부인했다. 그녀는 "창가학회 회원인 점주가 창가학회의 뜻에 따라 절도 사건을 거짓으로 만들어냈다"라는 주장을 언론사들에 보내 일부 언론에 보도되었다. 이후 절도 피의자로 도쿄지방검찰청 사정청취를 앞둔 1995년 9월 1일 오후 10시쯤 히가시무라야마 역 앞 빌딩에서 떨어졌고, 구급차로 병원에 이송되었으나 이튿날 새벽 숨졌다. 그녀의 죽음에 대해 친족과 지지자를 중심으

로 누군가에 의해 살해되었다는 의혹이 제기되었다. 그러나 경찰은 자살로 범죄성이 희박하다며 서류송검(1995년 12월) 했고, 도쿄지방검찰청도 1997년 4월 자살 가능성이 크다고 결론 내렸다.

창가학회는 1930년 창설된 불교계 신흥 종교단체다. 경전은 법화경이며 '남묘호렌게쿄(南無妙法蓮華経, 남무묘법연화경)'라는 문구를 기도문으로 삼아서 이 이름으로 흔히 알려져 있다. 제2차 세계대전 들어 일제 군부의 국가신도(國家神道)를 통한 사상통제 정책을 거부하다 탄압을 받아 세력이 급격히 약화되었으나, 전쟁 후 조직을 재정비하고 교세를 확장해 크게 부흥했다.

4. [옮긴이] 2006년 필리핀인 칼데론 씨 일가의 불법체류 사실이 발각되었다. 이후 도쿄입국관리국은 강제 퇴거 처분을 내렸다. 1993년 일본에 와 10년 넘게 성실히 살아온 칼데론 부부는 이에 불복해 처분 취소를 요구하며 제소했으나, 2008년 9월 최고재판소에서 처분이 확정되었다. 이후 여러 차례 법무성과 도쿄입국관리국에 처분의 재검토를 요구하고 시민들이 서명 운동도 벌였으나 받아들여지지 않았다. 2009년 4월 칼데론 부부는 필리핀으로 돌아갔고, 일본에서 태어나 당시 중학생이던 딸만 특별 허가를 받아 일본에 남았다. 딸은 일본 체류 자격이 있는 친척 집에 맡겨졌다. 당시 불법체류 문제와 가족이 떨어져 살게 한다는 인권 문제가 부각되어 논란이 일었고, 유엔인권위원회 특별보고관이 일본을 방문해 조사하기도 했다. 우익단체 회원들은 칼데론 씨 딸이 다니는 중학교로 몰려가 범죄자 가족을 내쫓으라며 시위를 벌였다.

5. [옮긴이] 2채널은 1999년 개설된 일본 최대 규모 익명 게시판 사이트다. 잘못된 정보가 많고, 이 게시판의 내용을 편집해 전재하는 사이트까지 생겨나 문제를 확대하기도 한다. 한국 혐오(혐한) 내용도 많다. 주 이용자는 10~30대 젊은 남성이며 극우 성향이 주류를 이루고 있다.

6. 예를 들면 "총리 사임 '무책임' 70%"(「아사히신문(朝日新聞)」2007년 9월 14일 자 조간) 등, 각 언론사가 공개한 여론조사 결과는 신랄했다.

7. 이때의 보수 잡지 동향과 논조에 대해서는 노가와 모토카즈(能川元一)·하야카와 다 다노리(早川タダノリ), 『증오의 광고: 우파계 오피니언지 '애국' '혐중·혐한'의 계 보(憎悪の広告 右派系オピニオン誌「愛国」「嫌中·嫌韓」の系譜)』(고도슈판合同出版, 2015)에 상세하게 나온다. 또한 더 장기간에 걸친 보수 잡지의 동향을 이해하려면 조 마루 요이치(上丸洋一), 『쇼군(諸君)!』「세론(正論)」의 연구: 보수 언론은 어떻게 변 해왔는가(『諸君!』『正論』の研究: 保守言論はどう変容してきたか)』(이와나미쇼텐岩波 書店, 2011)를 참조하기 바란다.

8. 내가 noiehoie('노이호이' 또는 '노이에호이에')라는 필명으로 쓴 『보수의 본분(保守 の本分)』(후소샤신쇼扶桑社新書, 2013)을 참조하라.

9. "헌법 개정 원안 발의, 참의원 선거 후가 '상식' 총리"(「니혼게이자이신문(日本經濟 新聞)」2015년 2월 4일), "국민투표, 참의원 선거 이후에 총리, 헌법 개정 의향"(「아사 히 신문」2015년 2월 4일) 등.

10. [옮긴이] 호소카와 내각 성립을 가리킨다. 호소카와 내각은 호소카와 모리히로(細 川護熙)가 제79대 총리가 되어 1993년 8월 9일부터 1994년 4월 28일까지 정권을 잡은 비(非)자민당·비(非)공산당 연립정권이다. 이때 자민당은 1955년 창당 후 38 년 만에 처음으로 야당이 되었다.

11. 이 글을 발표한 이후, 일본회의 내 임원 인사 변경에 따라 미요시 도루는 명예회장 으로, 다쿠보 다다에는 회장으로 각각 취임했다.

12. [옮긴이] 쇼와헌법은 일본의 현행 헌법을 말한다. 쇼와 21년인 1946년 11월 3일 '일 본국헌법(日本国憲法)'으로 공포되었으며, 그로부터 6개월 뒤인 1947년 5월 3일 시 행되었다. 9조에 "전쟁의 포기, 전력의 불보유, 교전권의 부인"을 명시하여 평화헌

법(平和憲法) 또는 전후헌법(戰後憲法)이라고도 한다. 이에 앞서 제2차 세계대전 이전 일본에는 1890년 시행된 '대일본제국헌법(大日本帝国憲法)'이 있었다. 당시 천황의 연호를 따서 메이지헌법(明治憲法)이라고도 하며 제국헌법(帝国憲法) 또는 구헌법(旧憲法)이라고도 부른다.

13. 그들의 주장에 새롭고 기묘한 것이 없다고 해서 문제가 없다고는 생각하지 않는다는 사실에 주의하기 바란다. 그들의 주장이나 정책 목표의 문제점과 위험성에 대해서는 별도로 지적해나갈 것이다.

14. 2014년 12월에 '개헌 의견서'를 채택한 지방자치단체가 많음에 주목하기 바란다. 추측이지만 2014년 말 실시된 총선거를 노리고, 여론 조성을 위해 의견서 채택을 서둘렀던 것으로 볼 수 있다.

15. 「도쿄신문」 기사에 대해 일본회의는 "「도쿄신문」 7월 31일 자 '여기는 특보부' 기사에 대한 견해"라는 제목의 항의문을 내놓았다.(http://www.nipponkaigi.org. opinion/archives/6977) 이 항의문에서 일본회의는 '종교 우파'라는 딱지에 대해서는 항의하고 있으나 종교단체와의 관련을 부정하지는 않았다.

16. 이 표가 인터넷에 처음 등장한 것은 2015년 3월 11일이다. 그 후 이 표를 모방한 것으로 보이는 표가 각종 매체(「아에라(AERA)」 2016년 1월 25일호 등)에 등장했다. 그 표는 '일본회의 홈페이지'를 출처로 삼아 작성되었다고 했다. 그러나 이 표에 실린 종교단체 중에는 '일본회의 홈페이지'로는 짐작할 수 없는 단체도 포함되어 있다. 이 표는 각종 자료의 크로스 체크, 당사자 인터뷰를 통해 내가 독자적으로 작성한 것이다. 절차를 무시한 경박한 표절에 강력한 항의를 표한다.

17. [옮긴이] 신도(神道)는 일본의 토착신앙으로 자연이나 조상 등을 신으로 모신다. 신사신도계의 교단 대부분은 신사(神社)를 중심으로 구성되어 있다. 현재 종교법인인 신사는 약 8만 개며, 종교법인은 아니지만 사람들의 숭배를 받고 있는 신사도 많

다. 대부분 신사본청(이세신궁에 본청을 두고 일본 신사 전체를 총괄하며 신도를 대변하는 종교법인)에 가입해 있다.

교파신도계 교단들은 신도 전통 안에서 특정 조직자·제창자를 중심으로 그들의 가르침이나 종교 체험을 따르는 신자로 이루어진 조직이다. 막부시대 말기에 생겨나 메이지시대에 교파로 공인된 13개 교단과 그 산하에 있다가 분리·독립한 교단을 가리킨다.

신사신도계나 교파신도계와 별개로 성립된 교단들은 신교신도계(신교파계)로 분류된다.

불교는 6세기 중엽 중국과 한반도를 거쳐 일본에 전해졌으며, 제교는 신도·불교·기독교에 속하지 않는 나머지 종교를 일컫는다.

18. [옮긴이] 분트(ブント)는 1958년 결성된 일본 '공산주의자동맹'으로, 명칭은 같은 뜻의 독일어 'der Bund der Kommunisten'에서 유래했다. 1960년 안보투쟁, 즉 1960년 미일안보조약(일본과 미국 간의 안전보장을 목적으로 일본에 주일 미군이 주둔하는 것 등을 정한 조약. 1960년 1월 체결, 6월 발효) 반대 투쟁을 이끌다 그해 7월 이후 사실상 해체되었다. 이후 1966년 재건되었으나 1970년 다시 해체되었다. 1966년 분트, 중핵파(혁명적공산주의자동맹전국위원회), 사청동해방파(일본사회주의청년동맹전국학생반협의회해방파) 3개 파가 전학련 재건 대회를 메이지대학에서 개최했다. 그리고 1967년 하네다 투쟁에서는 이 3개 파가 주도하는 '삼파전학련'이 등장했다. 하네다 투쟁은 1967년 10월 8일과 11월 12일 일본 도쿄 오타 구에서 사토 에이사쿠 당시 총리의 미국 방문 저지를 시도하던 좌익 세력과 경찰 기동대가 충돌한 사건이다. 베트남전쟁에서 일본의 미국 지원을 반대하기 위한 투쟁이었다.

전학학생공동투쟁회의(전공투)는 1968년부터 1969년에 걸쳐 일본의 각 대학에서 무력을 포함한 학생운동이 펼쳐질 때 각 파를 넘어서 조직된 대학 내 연합체다. 그중에서도 도쿄대학 전공투, 니혼대학 전공투가 유명하다.

1970년 안보투쟁은 미일안보조약이 자동 연장되는 그해에 맞춰 이를 저지해 조약 파기를 선언하게 하려던 학생운동이다. 헬멧과 몽둥이로 무장하고 돌과 화염병을 투척하며 경찰 기동대와 싸웠다.

19. [옮긴이] 도쿄대학 학생들은 1968년 7월부터 6개월여 동안 강당을 점거하고 바리케이드를 쳐서 봉쇄했다. 1969년 1월 18일 대학 측의 의뢰를 받은 경찰이 8개 기동대를 투입해 약 35시간에 걸쳐 치열한 공방전을 벌인 뒤 학생들을 해산시켰다. 이때 무력 충돌이 벌어져 학생과 경찰 다수가 다쳤다. 의학부 인턴제도 개선 요구로 시작된 이 사건은 대학 당국의 정책 비판, 정부의 친미 태도 비판, 베트남전쟁 반대 등이 주요 이슈였다.

그에 앞서 1968년 5월 세무 당국의 압수 수색으로 니혼대학에서 용도가 불분명한 22억 엔의 자금이 발견되었다. 이 문제를 계기로 학생들이 시위에 나섰고 9월 30일 학생과 학교 당국의 교섭이 강당에서 열렸다. 장시간 협상 끝에 학교 측이 이사 전원 퇴진 등 학생 측 요구를 일단 수용했으나 이튿날 학생 측과 한 약속을 철회했다. 강당에 일본도를 든 한 학생이 난입했고 그 직후 기동대가 돌입하자 전공투 측 학생들은 박수로 맞이했다. 그러나 기동대는 오히려 전공투 측 학생들을 진압했다.

이 사건들을 계기로 학생들의 시위는 시들해졌다.

20. [옮긴이] 아베 정권은 자위대 창설 60주년인 2014년 7월 각료회의에서 정부의 기존 헌법 해석을 변경해 자위대의 집단적 자위권을 인정하는 '해석 개헌'을 단행했다. 그전까지 일본 정부는 집단적 자위권을, 군대 보유와 국제 분쟁 해결을 위한 무력 사용을 금지한 헌법에 위배된다며 인정하지 않았다.

21. [옮긴이] 1993년 8월 고노 요헤이 당시 관방장관은 일본군위안부에 대한 일본군의 관여와 강제성을 인정하는 담화를 발표했다. 이를 '고노 담화'라고 부른다.

그로부터 2년 뒤 일본 패전 50주년인 1995년 8월 무라야마 도미이치 당시 일본 총리는 태평양전쟁 때 일본이 저지른 식민지 지배와 침략을 인정하고 반성과 사죄를 하는 내용을 담은 담화를 발표했다. 이를 '무라야마 담화'라고 한다.

그 10년 뒤인 2005년 고이즈미 준이치 당시 일본 총리가 무라야마 담화의 핵심인 식민지 지배와 침략을 인정하고 반성과 사죄를 하는 내용을 계승한 '고이즈미 담화'를 발표했다.

22. [옮긴이] 우생보호법은 1948년 시행된 법으로, 불량한 자손의 출생 억제를 목적으로 일부 장애인이나 나병환자에게 강제로 불임수술을 시켰다. 또 전후 과도한 인구 문제와 원치 않는 임신 문제를 해결하기 위해 임신중절의 합법화 수단으로 이용된 측면도 있다. 1996년 법률명이 모체보호법(母体保護法)으로 바뀌었다.

23. [옮긴이] 마사카키는 비쭈기나무로 만든 제사 물품이다. 화환처럼 생겼으며, 제단 좌우에 세운다.

24. 『경비 판례 해설집(警備判例解説集)』 등 경찰 관련 서적 전문 출판사인 다치바나쇼보(立花書房)가 출간한 『우익의 조류(右翼の潮流)』(우익문제연구회, 1998)를 보면, '일본청년협의회'는 방위청 돌입 사건을 일으킨 '일본청년사(日本青年社)', 나가사키 시장 살인미수 사건을 일으킨 '세기주쿠(正気塾)'와 함께 '단일 우익단체'로 나와 있다.(위 책, 208쪽) 거의 경찰 자료라고 해도 좋은 다치바나쇼보의 책에 '우익단체'로 실려 있는 이상, 이 책에서도 '우익단체'로 표기한다.

25. [옮긴이] 일본 헌법 9조는 군대 보유와 국제 분쟁 해결을 위한 무력 사용을 금지하고 있다. 그 때문에 일본 헌법을 '평화헌법'이라고 부르기도 한다. 9조 1항은 "일본 국민은 정의와 질서를 기조로 하는 국제 평화를 성실히 희구하고, 국권의 발동에 의거한 전쟁 및 무력에 의한 위협 또는 무력의 행사는 국제분쟁을 해결하는 수단으로서는 영구히 이를 포기한다"라고 되어 있다. 또 9조 2항은 "전항의 목적을 성취하기

위하여 육해공군 및 그 이외의 어떠한 전력도 보유하지 않는다. 국가의 교전권 역시 인정하지 않는다"라고 규정하고 있다.

26. 『신국의 구상』은 52쪽이나 되는 분량이기 때문에 팸플릿이라기보다는 책자에 가깝다. 그러나 판권지가 없다. 따라서 출판 연도를 그 책 28쪽에 나오는 "우리 생장의 집 청년회가 지난 쇼와 47년 1월부터 전개한 「이상 세계」 100만 부 운동은"이라는 구절을 참조해 쇼와 48년, 즉 1973년이라고 추정했다.

27. [옮긴이] 일본 헌법 24조는 혼인과 개인의 존엄, 그리고 양성평등을 규정하고 있다. 1항은 "혼인은 양성의 합의에 기초하여 성립하며, 부부가 평등의 권리가 있음을 기본으로 상호 협력에 의하여 유지되어야 한다"라고 되어 있다. 2항은 "배우자의 선택, 재산권, 상속, 거주의 선정, 이혼, 혼인 및 가족에 관한 기타 사항에 관해 법률은 개인의 존엄과 양성의 본질적 평등에 입각하여 제정되지 않으면 안 된다"라고 규정하고 있다.

28. 그 이후 조사해서 확인했는데 대표자 이름과 단체 주소지 모두 '일본회의 지요다 · 미나토 지부'로 동일했다.

29. 미나토 구 의회에서는 '구민의 청원권을 지킨다'는 관점에서 어지간히 황당무계한 내용이 아닌 이상 의원 가운데 누군가가 서명해 위원회에 회부된다.

30. 설문 대상은 국정선거 후보자뿐 아니라 지방의회 선거 후보자도 포함되어 있다. 즉 전국 약 1,700개, 시 · 정 · 촌 합병이 진행되기 전이라면 약 3,300개 자치단체의 모든 선거 후보자에게 이런 설문을 실시해온 것으로, 그 규모의 방대함을 미루어 짐작할 수 있다.

31. 2009년 12월 4일 '재일 특권을 용납하지 않는 시민의 모임(재특회)'이 '조선학교 학생들이 인접 어린이공원을 불법 점거하고 있다'고 시비를 걸며, 교토 조선학교(교토조선제일초등학교京都朝鮮第一初級学校)를 습격한 사건.

32. 2010년 4월 14일 '재일 특권을 용납하지 않는 시민의 모임'의 '팀 간사이'에 소속된 활동가들이 도쿠시마 현 교원조합이 시코쿠조선초중급학교(四国朝鮮初中級学校)에 기부하고 있는 것에 항의하려고 조합 사무소에 난입해 항의 행동이라고 주장하며 행패를 부려, 업무방해 등의 혐의가 적용된 사건.

33. [옮긴이] '행동하는 보수'는 일본에서 2000년대 후반부터 일어난 보수계 정치운동 가운데 하나다. 언론을 통해서만 주장하는 기존 보수 정치운동을 '말뿐인 보수'라고 비판하며 조선학교에 대한 항의 행동 같은 시위와 가두서명 및 모금 활동 등 시민운 동을 벌인다.

34. [옮긴이] '재일 특권을 용납하지 않는 모임(재특회)'은 2007년 발족한 일본의 극우 성향 단체다. '재일 특권'은 옛 일본 국민이었던 재일 한국인에게 주어진 '특별 영주 자격'을 말한다. 재특회는 관련법을 폐지하고 재일 한국인을 다른 외국인과 동등하 게 취급하라고 요구하고 있다.

35. [옮긴이] 2013년 7월 미국 캘리포니아 주 글렌데일 시 중앙도서관 앞 시립공원에 해외에서는 처음으로 일본군위안부의 비극을 폭로하는 동상인 '평화의 소녀상'이 세워졌다. 일본 우익 세력과 재미 일본계 인사들은 이 동상을 철거하라고 시 측에 요구하고 있다. 캘리포니아 거주 일본계 주민들이 결성한 극우단체 '역사의 진실을 구하는 세계연합회(GAHT)'는 소녀상 철거 소송을 제기했으나 1심과 2심에서 모두 패소했으며, 그러자 다시 연방대법원에 상고했다.

36. 대회 종료 시각은 내 시계로 오후 4시 3분. 정치가와 경영자 등 말이 길고 이기적인 인 사의 연설이 이어진 대회임에도 불구하고 어김없이 예정 시간 내에 마쳤다. 이것도 일본 회의 무리가 지닌 사무 처리 능력의 높은 수준을 말해주는 에피소드일 것이다.

37. [옮긴이] 고바야시 요시노리는 일본의 만화가이자 평론가다. 우익 성향이라는 평가 를 받는다. 도쿄대학 입시 열풍을 풍자한『도쿄대 일직선(東大一直線)』, 거만한 재벌

가 아들을 다룬 『왕괴짜 돈만이(おぼっちゃまくん)』, 그리고 극우 만화 『고마니즘
선언(ゴーマニズム宣言)』 등으로 유명하다.

38. 가쓰라 후쿠와카(桂福若)의 내력을 설명할 때 제시했던 '다니구치 마사하루 선생을
배우는 모임' 전국대회 팸플릿에 일본청년협의회의 개헌 이론가인 니혼대학 교수
모모치 아키라(百地章)가 등장하는 사실이 단적인 예일 것이다.

39. 이 원고를 집필 중이던 2015년 12월 15일에도 전일본학생문화회의는 고쿠가쿠인
대학에서 이토 데쓰오(伊藤哲夫)의 강연회를 열고 있음을 확인했다. 그럼에도 학내
에 제출된 포스터를 보면 연락처가 무슨 이유인지 센슈대학(専修大学) 학생으로 되
어 있다. 거점 학교인 고쿠가쿠인대학에서마저 자체 운영하는 사무 인력을 마련하
지 못할 정도의 세력인 모양이다. 현재 학내 동아리면서 외부 학생을 창구로 한 이
벤트를 개최하는 것은 규정 위반임을 말해둔다.

40. [옮긴이] 『고마니즘 선언』은 일본의 우익 성향 만화가 고바야시 요시노리의 작품이
다. '고마니즘'은 작가가 만들어낸 말로, 제목은 『공산당(코뮤니즘) 선언』을 패러디
한 것이다. '고만'은 '오만(傲慢)'의 일본어 발음으로, 고마니즘은 '오만주의'로 읽힐
수 있다. 후소샤(扶桑社)의 종합 주간지 「스파!(SPA!)」에 1992년 1월부터 1995년 8
월까지 연재되었으며, 우익 관점에서 사회문제를 적극적으로 다루었다는 평가를 받
는다. 이 연재가 끝난 뒤 1995년 9월부터 쇼가쿠칸(小学館)의 월간 국제정보지 「사
피오(SAPIO)」에 『신 고마니즘 선언』 연재를 시작했다.

41. 와세다대학 멤버는 '생장의 집'이라고 생각한 듯하나, 이 책에서 수차례 지적하고
있는 것처럼 이 조직은 '종교법인 생장의 집'이 아니다.

42. [옮긴이] 간사이 지방의 4개 명문 사립대학을 일컫는 말. 간사이대학(関西大学), 간
사이가쿠인대학(関西学院大学), 도시샤대학(同志社大学), 리쓰메이칸대학(立命館大
学)을 가리킨다.

43. [옮긴이] '행복의 과학'은 1986년 일본에서 시작되어 세계로 퍼져 나간 종교단체다. 세계적으로는 '해피 사이언스(Happy Science)'라는 이름을 쓴다. 불교의 진리를 유포해 인류를 행복하게 한다는 기치를 내걸고 있다. 설립자인 오카와 류호(大川隆法)가 부처의 목소리를 듣고 자동으로 기록했다는 『정심법어(正心法語)』가 기본 경전이다.

44. [옮긴이] 2010년 일본 대학입시센터시험(한국의 수능 시험에 해당)에서 현대사회 과목의 문제 중 외국인 참정권 관련 기술에 대해 모모치 아키라 니혼대학 교수가 문부과학성에 항의하면서 이 문제가 널리 관심을 끌었다. 당시 잘못된 것을 고르는 객관식 문제에서 "최고재판소(대법원 겸 헌법재판소)는 외국인 가운데 영주자 등에 대해 지방선거의 선거권을 법률로 부여하는 것은 헌법상 금지되어 있지 않다고 판단한다"는 예시문이 옳은 내용으로 제시되었다. 이에 대해 모모치 교수는 "부적절한 문제다. 외국인 참정권 부여는 법적으로나 정치적으로나 많은 비판이 있으며, 현재 중대한 정치 쟁점이 되고 있다. 판결 자체는 어디까지나 헌법에 비추어 인정되지 않는다는 입장이며, 방론(傍論: 판결 이유가 아닌, 판사가 덧붙인 의견)의 한 도막만 뽑아 최고재판소의 입장이라고 하는 것은 불공정하게 한쪽으로 치우친 것"이라고 주장하면서 문부과학성에 항의해 유명해졌다. 이에 대해 대학입시센터는 "시험 문제는 교과서를 기초로 출제되었으며, 많은 '현대사회' 교과서에서 언급되어 있는 최고재판소 판결을 선택지의 하나로 고른 것"이라는 입장을 밝혔다.

영주 자격을 가진 재일 한국인 등이 선거권을 요구하면서 제기한 소송에서 1995년 최고재판소는 "참정권은 국민 주권에서 나오며, 헌법상 일본 국적을 가진 국민에 한정된다"라며 원고 측 패소 판결을 내렸다. 그러나 판결의 방론에서는 "법률에 지방자치단체의 장, 그 의회의 의원 등에 대한 선거권을 부여하는 조치를 강구하는 것은 헌법상 금지되어 있는 것은 아니다"라고 명시했다.

45. 이 이벤트의 참가자들은 자신들의 활동과 운동을 '본류 운동(本流運動)'이라고 부르고 있다. 그러나 '생장의 집'의 분파 활동은 이 외에도 여러 그룹이 존재하며, 모두 '본류 운동'을 자처하고 있다. 이 책에서는 혼란을 피하기 위해, 또한 이 이벤트의 참가자들이 「다니구치 마사하루 선생을 배운다」 잡지를 중심으로 하고 있기 때문에, 이 집단을 '생장의 집 원리주의자', 그 주장 내용을 '생장의 집 원리주의'라고 부른다.

46. 일학동은 모치마루 히로시(持丸博)를 비롯해 초기 '방패의 모임'에 다수의 활동가를 배출한 민족파 학생단체다. 일학동이야말로 그 시대 민족파 학생운동에 논리와 운동 방식을 도입했다고 말할 수 있다. 이 책은 필연적으로 전국학협에 축을 둘 수밖에 없으므로, 일학동의 사상과 운동에 대해 언급하지 못했지만, 언젠가 기회가 있다면 그들에 대해서도 쓰고 싶다.

47. 미시마 사건 전후의 동향은 현재의 관점에서는 매우 중요한 의미를 가진다. 일학동·전국학협뿐 아니라 실로 많은 사람들이 미시마 사건 전후에 자신의 운동을 다시 총괄하고 운동의 색채를 바꿨다. 그 여파가 지금까지 계속되고 있는 것이다.

48. '생장의 집' 교단에서는 선교사와 같은 직분을 '강사'라고 부른다. 강사는 '지방 강사'와 '본부 강사' 2종류가 있으며, 본부 강사의 자격 취득은 매우 어렵다고 한다. 한편 안도 이와오의 이 에피소드보다 한참 훗날 '행복의 과학'에 입교하게 되는 오카와 류호(大川隆法)의 아버지는 '생장의 집' 지방 강사였다.

49. 다니구치 마사하루의 저작이나 잡지 투고에 이름이 등장한 인물은 그 밖에도 몇몇 존재한다. 예를 들면 제5장에서 소개한 다카하시 시로 등은 그 사례의 첫머리일 것이다. 또한 비공식 자리에서 측근들에게 "그 학생은 잘하고 있다"고 다니구치 마사하루가 느낌을 밝혔다는 등의 에피소드도 상당수 존재한다. 그러나 다니구치 마사하루의 주요 저서인 『생명의 실상』을 해설하는 맥락에서, 게다가 신자 획득·신자 부흥을 목적으로 한 자리에서 『생명의 실상』의 공덕의 실례로 다니구치 마사하루 본

인이 육성으로 이름을 거론한 사례는 안도 이와오 이외에는 확인되지 않는다.

50. 이 책은 다큐멘터리 소설로 쓰여 있기 때문에 등장하는 에피소드나 발언에 인용 표시가 없다. 따라서 인용할 때 이 책의 기술 내용에 대한 뒷받침 조사를 했다. 조사 결과는 야마다이라 시게키 씨의 기술 내용이 거의 100퍼센트 사실에 기초하고 있음을 보여주었다. 이 책은 신용할 수 있다. 또한 저자 야마다이라 시게키 씨와도 만나서 여러 가지 가르침을 받았다. 이 자리를 빌려 귀중한 시간을 내주신 야마다이라 시게키 씨에게 감사드린다.

참고문헌

赤坂太郎(아카사카 타로), 「安倍政權の命運を握る『新·四人組』『お友達』内閣の苦い教 訓は活かされるのか. 人事で占う安倍内閣の行方.(아베 정권의 명운을 쥔 '신 4인방' '친구' 내각의 쓰라린 교훈은 활용될까. 인사로 점치는 아베 내각의 행방.)」, 『文藝 春秋(분게이슌주)』, 2013.(http://gekkan.bunshun.jp/articles/-/530, 2016. 3. 17.)

安東巖(안도 이와오), 「民族派学生による唯一の全国組織『全国学協』の歷史と展望(민족 파 학생에 의한 유일한 전국 조직 '전국학협'의 역사와 전망)」, 『生学連新聞(생학련 신문)』, 1969년 5~6월호, 2쪽, 1969.

_____, 「わが思い ひたぶるに(나의 생각 한결같이)」, 生長の家青年会中央部(생장의 집 청 년회중앙부), 1980.

池尻和生·渡辺哲哉(이케지리 가즈오·와타나베 데쓰야), 「『改憲を』19県議会, 自民主導 意見書·請願, 『日本会議』提唱('개헌을' 19개 현의회, 자민 주도 의견서·청원, '일본 회의' 제창)」, 『朝日新聞(아사히신문)』, 2014. 8. 1.

石松恒(이시마쓰 히사시), 「[憲法改正]安倍首相, 国民投票の実施時期に具体的に言及([헌

법개정]아베 총리, 국민투표 실시 시기 구체적으로 언급」, 『ハフィントンポスト(허핑
턴포스트)』, 2016. 2. 5.(http://www.huffing tonpost.jp/2015/02/04/shinzo-abe-
constitutional-amendment_n_6617464. html, 2016. 3. 15.)

伊藤達美(이토 다쓰미), 「生長の家はなぜ自民党を見はなしたか(생장의 집은 왜 자민당
을 포기했을까)」, 『財界展望(자이카이텐보)』, 1988년 11월호, 86~93쪽, 1988.

伊藤哲夫(이토 데쓰오), 「この20年, われらは何を主張してきたのか 一日本政策研究セン
ター創立二十周年(최근 20년, 우리는 무엇을 주장해왔나 일본정책연구센터 창립 20주
년)」, 『明日への選択(내일의 선택)』, 2004년 5월호, 20~23쪽, 2004.

_____, 『憲法はかくして作られた(헌법은 이렇게 만들어졌다)』, 日本政策研究センタ
ー(일본정책연구센터), 2007.

猪野健治(이노 겐지), 「神道系中小教団の「新民族派」宣言(신도계 중소 교단의 '신민족파'
선언)」, 『現代の眼(겐다이노메)』, 1979년 11월호, 150~157쪽, 1979.

上杉聰(우에스기 사토시), 「日本における『宗教右翼』の台頭と『つくる会』『日本会議』(일
본에서 '종교 우익'의 대두와 '새로운 역사 교과서를 만드는 모임' '일본회의')」,
『戦争責任研究(전쟁 책임 연구)』, 39호, 44~56쪽, 91쪽, 2003.

魚住昭(우오즈미 아키라), 『我, 国に裏切られようとも: 証言村上正邦(나, 나라에 배신당
할지라도: 증언 무라카미 마사쿠니)』, 講談社(고단샤), 2007.

右翼問題研究会(우익문제연구회), 『右翼の潮流(우익의 조류)』, 立花書房(다치바나쇼보),
1998.

大澤広嗣(오사와 고지), 「宗教法人とは何か(종교법인이란 무엇인가)」, 高橋典史·塚田穂
高·岡本亮輔 編(다카하시 노리히토·쓰카다 호타카·오카모토 료스케 편), 『宗教と
社会のフロンティア: 宗教社会学からみる現代日本(종교와 사회의 프런티어: 종교
사회학으로 본 현대 일본)』, 勁草書房(게이소쇼보) 66, 2012.

九州学生協議会 編(규슈학생협의회 편), 『70年代を切り開く 九州学協"嵐の69年"その戦
いの記録(70년대를 열어젖힌 규슈학협 "폭풍의 69년" 그 싸움의 기록)』, 九州学協
書記長 村田紀雄 編集・発行(규슈학협서기장 무라타 노리오 편집・발행), 九州学生協
議会(규슈학생협의회), 비매품, 1970.

佐藤圭・篠ヶ瀬裕司・林啓太(사토 게이・사사가세 유지・하야시 게이타), 「日本最大の右
派組織日本会議を検証(일본 최대의 우파 조직 일본회의를 검증)」, 『東京新聞(도쿄
신문)』, 2014. 7. 31.

自由民主党(자유민주당), 『平成27年党運動方針(2015년 당 운동 방침)』, 2015.(https://
www.jimin.jp/aboutus/convention/82/127229.html, 2016. 3. 15.)

神社本庁時局対策本部 編(신사본청 시국대책본부 편), 『伝統回帰への潮流-元号法制化運
動の成果-(전통 회귀 조류: 원호 법제화 운동의 성과)』, 神社本庁時局対策本部(신
사본청 시국대책본부), 1979.

生長の家青年会中央部 編(생장의 집 청년회 중앙부 편), 『神国への構想-生長の家青年会
の任務とその課題(신국에 대한 구상: 생장의 집 청년회의 임무와 과제)』, 生長の家
青年会中央部(생장의 집 청년회 중앙부), 비매품, 1973.

─────, 『前進せよ百万運動-運動方針・総括集-(전진하라 100만 운동: 운동 방침・총
괄집)』, 生長の家青年会中央部(생장의 집 청년회 중앙부), 비매품, 1980.

生長の家本部広報・編集部 編(생장의 집 본부 홍보・편집부 편), 『生長の家の家は伸びる
-両軸体制ハンドブック-(생장의 집의 집은 늘어난다: 양축 체제 핸드북)』, 宗教法
人「生長の家」(종교법인 '생장의 집'), 1989.

生長の家本部政治局 編(생장의 집 본부 정치국 편), 『憲法はかくして作られた(헌법은
이렇게 만들어졌다)』, 明るい日本をつくるシリーズ刊行会(밝은 일본을 만드는 시
리즈 간행회), 1980.

竹内洋一・山川剛史(다케우치 요이치・야마카와 다케시), 「『安倍氏ブレーン』どんな 人? 靖国, 拉致, 教育問題…('아베 씨 브레인' 어떤 사람? 야스쿠니, 납치, 교육 문 제……)」, 『東京新聞(도쿄신문)』, 2006. 9. 9.

谷口将紀(다니구치 마사키), 「日本における左右対立(2003~2014)[일본의 좌우 대립 (2003~2014)]」, 『レバイアサン(리바이어던)』, 57호, 9~20쪽, 2015.

谷口雅春(다니구치 마사하루), 『御守護(神示集)[고슈고(신시집)]』, 日本教文社(닛폰쿄 분샤), 1981.

谷口雅春先生を学ぶ会 編(다니구치 마사하루 선생을 배우는 모임 편), 『月刊谷口雅春先 生を学ぶ創刊号(월간 다니구치 마사하루 선생을 배우자 창간호)』, 谷口雅春先生を 学ぶ会(다니구치 마사하루 선생을 배우는 모임), 2002.

taniguchimanabukai, 「ダイジェスト 第6回東京靖国一日見真会(다이제스트 제6 회 도쿄 야스쿠니 일일 견진회)」, 동영상 자료, 2012.(https://www.youtube.com/ watch?v=LAY2jsefbZA, 2016. 3. 17.)

俵義文(다와라 요시후미), 「草の根右派の最近の動向(풀뿌리 우파의 최근 동향)」, 『前衛 (젠에이)』, 2010년 9월호, 197~207쪽, 2010.

_____, 「地方における日本会議の策動, その動向(지방에서 일본회의의 책동, 그 향)」, 『前衛(젠에이)』, 2015년 3월호, 88~89쪽, 2015.

塚田穂高・藤本龍児(쓰카다 호타카・후지모토 류지), 「政治と宗教-現代日本の政教問題 (정치와 종교: 현대 일본의 정교 문제)」, 高橋典史・塚田穂高・岡本亮輔 編(다카하시 노리히토・쓰카다 호타카・오카모토 료스케 편), 『宗教と社会のフロンティア: 宗教 社会学からみる現代日本(종교와 사회의 프론티어: 종교사회학으로 보는 현대 일 본)』, 勁草書房(게이소쇼보), 197~218쪽, 2012.

長尾敬(나가오 다카시), 「船長が逃げ出した日本丸…ネット保守へのメッセージ(선장

이 도망친 닛폰마루…… 인터넷 보수에 대한 메시지)」, 『長尾たかしの…未来への
メッセージ(나가오 다카시의…… 미래에 대한 메시지)』, 2007.(http://blog.goo.
ne.jp/japan-n/e/f1232854e132d437f6f13e51eb6992b9, 2016. 3. 17.)

_____, 「東條由布子さんとのこと(도조 유코 씨의 일)」, 『長尾たかしの…未来へのメ
ッセージ(나가오 다카시의… 미래에 대한 메시지)』, 2012.(http://blog.goo.ne.jP/
japan-n/e/8a742e4a17cd7c57 3f040bf7d6920dc0, 2016. 3. 17.)

中曽千鶴子(나카소 지즈코), 「新聞「アイデンティティ」葛目浩一氏産経新聞阪神版『ひ
ょうご, この人あり』に登場(신문 「아이덴티티」 구즈메 고이치 씨「산케이신문」
한신판 "효고 현, 이 사람 있다"에 등장)」, 『おつるの秘密日記酒と薔薇と愛の日・
(오쓰루의 비밀 일기, 술과 장미와 사랑의 나날)』, 2013.(http://blog.zaq.ne.jp/
otsuru/artide/2472/, 2016. 3. 17.)

西尾幹二(니시오 간지), 「若い三候補者応援の旅(젊은 세 후보 응원 여행)」, 『西尾幹二の
インターネット日録(니시오 간지의 인터넷 일지)』, 2005.(https://ssl.nishiokanji.
jp/blog/?p=249, 2016. 3. 15.)

日本会議(일본회의), 「日本会議とは(일본회의란)」, 1997.(http://www.nipponkaigi.
org/about, 2016. 3. 15.)

_____, 「夫婦別姓に反対する国民大会(概要・運動方針)[부부 별성에 반대하는 국민
대회(개요・운동 방침)]」, 2010.(http://www.nipponkaigi.org/activity/
archives/912, 2016. 3. 17.)

日本政策研究センター(일본정책연구센터), 「日本政策研究センターとは(일본정책연구
센터란)」, 2002.(http://www.seisaku-center.net/aboutus, 2016. 3. 15.)

日本青年協議会 編(일본청년협의회 편), 『青年の力で, 築こう新生日本.(청년의 힘으로,
만들자 신생 일본.)』, 日本青年協議会(일본청년협의회), 비매품, 2001.

反憲学連中央理論局 編(반헌학련 중앙이론국 편), 『大東亜戦争(대동아전쟁)』, 日本青年協議会政策委員会監修(일본청년협의회 정책위원회 감수), 反憲学連中央委員会(반헌학련 중앙위원회), 비매품, 1978.

_____, 『天皇(천황)』, 反憲学連中央委員会(반헌학련 중앙위원회), 비매품, 1979.

文化サークル合同合宿実行委員会 編(문화동아리 합동합숙실행위원회 편), 『日本文化と人生(일본 문화와 인생)』, 文化サークル合同合宿実行委員会(문화동아리 합동합숙실행위원회), 비매품, 1981.

mahorobajapan, 「[村田春樹]沖縄支援集会in靖国-日本民族にとっての「沖縄戦」 ⑧([무라타 하루키]오키나와 지원 집회 in 야스쿠니: 일본 민족의 '오키나와전'⑧)」, 동영상 자료, 2013.(https://www.youtube.com/ watch?v=1_wx3ThKhuY&feature=youtu.be, 2016. 3. 17.)

森田征史・安東巖・伊藤哲夫(모리타 마사시·안도 이와오·이토 데쓰오), 「天皇陛下御在位五十年と青年会運動(천황 폐하 재위 50년과 청년회 운동)」, 『理想世界(이상 세계)』, 1976년 5월호, 60~70쪽, 1976.

山口智美(야마구치 도모미), 「地方からのフェミニズム批判(지방으로부터의 페미니즘 비판)」, 『社会運動の戸惑い(사회운동의 당혹감)』, 勁草書房(게이소쇼보), 49~99쪽, 2012.

_____, 「地方議会に波及する「慰安婦」問題「否定」右派系団体が展開する「草の根保守運動」戦略(지방의회에 파급하는 '위안부' 문제 '부정' 우파계 단체가 전개하는 '풀뿌리 보수 운동' 전략)」, 『週刊金曜日(슈칸킨요비)』, 2014년 10월 31일호, 24~25쪽, 2014.

山平重樹(야마다이라 시게키), 『果てなき夢-ドキュメント新右翼(끝없는 꿈: 기록 신우익)』, 二十一世紀書院(니주잇세이키쇼인), 1989.

ルオフ, ケネス(루오프, 케네스), 高橋紘監修(다카하시 히로시 감수), 木村剛久·福島睦
男訳(기무라 고큐·후쿠시마 무쓰오 옮김), 『国民の天皇-戰後日本の民主主義と天皇
制(국민의 천황: 전후 일본의 민주주의와 천황제)』, 共同通信社(교도통신사),2003.
(Kenneth J. Ruoff, *The People's Emperor: Democracy and the Japanese
Monarchy, 1945-1995*, Harvard University Asia Center, 2001.)

「ザ・サンクチュアリ(387) 日本会議-安倍の知られざる基盤-中核は宗教原理主義者[더
생크추어리(387) 일본회의: 아베의 알려지지 않은 기반: 핵심은 종교 원리주의
자]」, 『選択(센타쿠)』, 2006년 10월호, 54~57쪽. 2006.

「仏のマンガ祭から締め出された『日本人グループ』の裏に「幸福の科学」(프랑스 만화 축
제에서 배척당한 '일본인 그룹' 뒤에 '행복의 과학')」, 『週刊新潮(슈칸신초)』, 2014
년 2월 13일호, 2014.

「[憲法改正]自民·船田氏『9条改正は2回目以降で…』環境権や緊急事態から協議へ「天
皇=元首」など25は特に重要項目([헌법 개정]자민 후나다 씨 "9조 개정은 두 번
째 이후로……" 환경권이나 긴급사태부터 협의해 '천황=원수' 등 25는 특히 중요
항목)」, 『産経新聞(산케이신문)』, 2015. 2. 26.(http://www.sankei.com/politics/
news/150226/plt1502260049-n1.html, 2016. 3. 17.)

「[歴史戦]米慰安婦像撤去訴訟『なぜ日本政府から同調する意見表明ないのか?』審理で判
事か疑問発言, 結局は在米日本人側敗訴([역사전]미국 위안부상 철거 소송 "왜 일
본 정부로부터 동조하는 의견 표명이 없나?" 심리에서 판사가 의문 발언, 결국은
재미 일본인 측 패소)」, 『産経新聞(산케이신문)』, 2015. 2. 26.(http://www.sankei.
com/world/news/150226/ wor1502260006-n1.html, 2015. 2. 26.)

「『安倍晋三内閣の間か憲法改正の最大のチャンス』古屋圭司前拉致相がシンポジウムで
("아베 신조 내각 때가 헌법 개정의 최대 기회" 후루야 게이지 전 납치문제담당

상이 심포지엄에서)」,『産経新聞(산케이신문)』, 2015. 9. 30.(http://www.sankei.
    com/politics/news/150930/plt1509300035-n1.html, 2016. 3. 17.)

Hanna, J., "Abe: 'Profound grief' for WWII, but Japan can't keep apologizing",
    CNN, 2015.(http://www.cnn.com/2015/08/14/asia/japan-wwii-abe-
    apology/index.html, 2016. 3. 16.)

Padden, B., "Abe Expresses 'Deepest Remorse' on WWII Anniversary", VOA, 2015.
    (http://www.voanews.com/content/abe-expresses-deepest-remorse-on-
    wwii-70th-anniversary/2917748.html, 2016. 3. 16.)

참고자료

大原康男(오하라 야스오),『現代日本の国家と宗教(현대 일본의 국가와 종교)』, 展転社
    (텐덴샤), 2008.

宗教法人生長の家 編(종교법인 생장의 집 편),『生長の火をかざして永遠の谷口雅春先生
    (생장의 불을 높이 치켜든 영원한 다니구치 마사하루 선생)』, 1985.

神社新報社 編(진자신포샤 편),『検証神社本庁六十年先人の足跡-「神社新報」の紙面から
    -(검증 신사본청 60년 선인의 발자취:「진자신포」의 지면에서)』, 神社新報社(진자
    신포샤), 2006.

神社本庁研修所 編(신사본청 연수원 편),『神社本庁史稿(平成十八年二月増補)[신사본청사고
    (2006년 증보)]』(초간 1976), 神社本庁研修所(신사본청 연수원), 2006.

鈴木邦男(스즈키 구니오), 『增補失敗の愛国心(증보판 실패한 애국심)』, イーストプレス (이스트프레스), 2012.

生長の家本部 編(생장의 집 본부 편), 『生長の家三十年史(생장의 집 30년사)』, 日本教文 社(닛폰쿄분샤), 1959.

_____, 『生長の家四十年史(생장의 집 40년사)』, 日本教文社(닛폰쿄분샤), 1969.

_____, 『生長の家五十年史(생장의 집 50년사)』, 日本教文社(닛폰쿄분샤), 1980.

田中伸尚(다나카 노부마사), 『靖国の戦後史(야스쿠니의 전후사)』, 岩波害店(이와나미쇼 텐), 2002.

谷口雅春(다니구치 마사하루), 「神道篇日本国の世界的使命(신도편 일본국의 세계적 사 명)」, 『生命の實相信の巻(事變版)[생명의 실상 믿음 권(사변판)]』, 光明思想普及会 (광명사상보급회), 449~730쪽, 1938.

_____, 『無門關の日本的解釋(무문관의 일본적 해석)』, 光明思想普及会(광명사상보급 회), 1940.

_____, 『天皇絶対論とその影響(천황 절대론과 그 영향)』, 光明思想普及会(광명사상보 보급회), 1941.

_____, 『限りなく日本を愛す(한없이 일본을 사랑하다)』, 日本教文社(닛폰쿄분샤), 1953.

_____, 『大和の国日本(야마토 국가 일본)』, 日本教文社(닛폰쿄분샤), 1983.

玉置和郎記録集編賽委員会(다마키 가즈오 기록집 편찬위원회), 『政党政治家玉置和郎(정 당정치가 다마키 가즈오)』, 学習研究社(가쿠슈켄큐샤), 1988.

俵義文(다와라 요시후미), 『〈つくる会〉分裂と歴史偽造の深層－正念場の歴史教科書問題 ('새역모' 분열과 역사 위조의 심층: 고비의 역사 교과서 문제)』, 花伝社(가덴샤), 2008.

西尾幹二・平田文昭(니시오 간지・히라타 후미아키), 『保守の怒り(보수의 분노)』, 草思社

　　(소시샤), 2009.

日本青年協議会 編(일본청년협의회 편), 『グラフ―日本青年協議会40年の歩み日本の誇

　　り復活への志(그래프: 일본청년협의회 40년의 발자취 일본의 자랑 부활의 의지)』,

　　日本青年協議会・日本協議会(일본청년협의회・일본협의회), 비매품, 2011.

肥野仁彦(히노 마사히코), 『神と仏と自民党(신과 부처와 자민당)』, 徳間書店(도쿠마쇼

　　텐), 1979.

マックファ―ランド(맥팔랜드), H. N., 内藤豊・杉本武之訳(나이토 유타카・스기모토 다

　　케 옮김), 『神・のラッシュアワ―(신들의 러시아워)』, 社会思想社(샤카이시소샤),

　　1969.(Horace Neill McFarland, *The rush hour of the gods: a study of new*

　　religious movements in Japan, Macmillan, 1967.)

특기자료

猪野健治(이노 겐지), 『日本の右翼その系譜と展望(일본 우익의 계보와 전망)』, 日新報道

　　出版部(닛신호도출판부), 1973.

塚田穂高(쓰카다 호타카), 『宗教と政治の転轍点-保守合同と政教一致の宗教社会学(종교

　　와 정치의 전철점: 보수 합동과 정교일치의 종교사회학)』, 花伝社(가덴샤), 2015.

_____, 「日本会議と宗教(일본회의와 종교)」, 渡邊直樹責任編集(와타나베 나오키 책임

　　편집), 『宗教と現代がわかる本2016(종교와 현대가 이해되는 책 2016)』, 平凡社(헤

이본샤), 144~149쪽, 2016.

日隈威徳(히구마 다케노리), 『宗教と共産主義(종교와 공산주의)』, 新日本出版社(신니혼
　　출판사), 1985.

堀幸雄(호리 유키오), 『增補戰後の右翼勢力(증보판 전후의 우익 세력)』(초간 1983), 勁
　　草書房(게이소쇼보), 2001.

일본 우익 설계자들

펴낸날   초판 1쇄 2017년 3월 10일

지은이   스가노 다모쓰
옮긴이   우상규
펴낸이   심만수
펴낸곳   (주)살림출판사
출판등록   1989년 11월 1일 제9-210호

주소   경기도 파주시 광인사길 30
전화   031-955-1350   팩스 031-624-1356
홈페이지   http://www.sallimbooks.com
이메일   book@sallimbooks.com

ISBN   978-89-522-3598-5   03300

이 도서의 국립중앙도서관 출판시도서목록(CIP)은 서지정보유통지원시스템 홈페이지
(http://seoji.nl.go.kr)와 국가자료공동목록시스템(http://www.nl.go.kr/kolisnet)에서
이용하실 수 있습니다.(CIP제어번호: CIP2017003594)

책임편집 · 교정교열 성한경
기획 노만수